CONTRADIÇÕES URBANAS E JURÍDICO-INSTITUCIONAIS DO PROGRAMA MINHA CASA, MINHA VIDA – FAIXA 1 (2009-2020)

Uma análise da ação governamental

COLEÇÃO FÓRUM
DIREITO E POLÍTICAS PÚBLICAS

LIKEM EDSON SILVA DE JESUS

Prefácio
Janaina Zito Losada

Apresentação
Carolina Bessa Ferreira de Oliveira

CONTRADIÇÕES URBANAS E JURÍDICO-INSTITUCIONAIS DO PROGRAMA MINHA CASA, MINHA VIDA – FAIXA 1 (2009-2020)

Uma análise da ação governamental

12

Belo Horizonte

2024

COLEÇÃO FÓRUM
DIREITO E POLÍTICAS PÚBLICAS

© 2024 Editora Fórum Ltda.

É proibida a reprodução total ou parcial desta obra, por qualquer meio eletrônico, inclusive por processos xerográficos, sem autorização expressa do Editor.

Conselho Editorial

Adilson Abreu Dallari
Alécia Paolucci Nogueira Bicalho
Alexandre Coutinho Pagliarini
André Ramos Tavares
Carlos Ayres Britto
Carlos Mário da Silva Velloso
Cármen Lúcia Antunes Rocha
Cesar Augusto Guimarães Pereira
Clovis Beznos
Cristiana Fortini
Dinorá Adelaide Musetti Grotti
Diogo de Figueiredo Moreira Neto (*in memoriam*)
Egon Bockmann Moreira
Emerson Gabardo
Fabrício Motta
Fernando Rossi
Flávio Henrique Unes Pereira
Floriano de Azevedo Marques Neto
Gustavo Justino de Oliveira
Inês Virgínia Prado Soares
Jorge Ulisses Jacoby Fernandes
Juarez Freitas
Luciano Ferraz
Lúcio Delfino
Marcia Carla Pereira Ribeiro
Márcio Cammarosano
Marcos Ehrhardt Jr.
Maria Sylvia Zanella Di Pietro
Ney José de Freitas
Oswaldo Othon de Pontes Saraiva Filho
Paulo Modesto
Romeu Felipe Bacellar Filho
Sérgio Guerra
Walber de Moura Agra

FÓRUM
CONHECIMENTO JURÍDICO

Luís Cláudio Rodrigues Ferreira
Presidente e Editor

Coordenação editorial: Leonardo Eustáquio Siqueira Araújo
Aline Sobreira de Oliveira

Rua Paulo Ribeiro Bastos, 211 – Jardim Atlântico – CEP 31710-430
Belo Horizonte – Minas Gerais – Tel.: (31) 99412.0131
www.editoraforum.com.br – editoraforum@editoraforum.com.br

Técnica. Empenho. Zelo. Esses foram alguns dos cuidados aplicados na edição desta obra. No entanto, podem ocorrer erros de impressão, digitação ou mesmo restar alguma dúvida conceitual. Caso se constate algo assim, solicitamos a gentileza de nos comunicar através do *e-mail* editorial@editoraforum.com.br para que possamos esclarecer, no que couber. A sua contribuição é muito importante para mantermos a excelência editorial. A Editora Fórum agradece a sua contribuição.

Dados Internacionais de Catalogação na Publicação (CIP) de acordo com ISBD

J58c	Jesus, Likem Edson Silva de Contradições urbanas e jurídico-institucionais do Programa Minha Casa, Minha Vida - Faixa 1 (2009-2020): uma análise da ação governamental / Likem Edson Silva de Jesus. Belo Horizonte: Fórum, 2024. (Coleção Fórum Direito e Políticas Públicas, v. 12). 240p. 14,5x21,5cm (Coleção Fórum Direito e Políticas Públicas, v. 12). ISBN 978-65-5518-663-5 ISBN da coleção: 978-65-5518-447-1 1. Programa Minha Casa, Minha Vida. 2. Direito à cidade. 3. Políticas habitacionais. 4. Direito urbanístico. 5. Direito e políticas públicas. I. Título. CDD: 340 CDU: 34

Ficha catalográfica elaborada por Lissandra Ruas Lima – CRB/6 – 2851

Informação bibliográfica deste livro, conforme a NBR 6023:2018 da Associação Brasileira de Normas Técnicas (ABNT):

JESUS, Likem Edson Silva de. *Contradições urbanas e jurídico-institucionais do Programa Minha Casa, Minha Vida - Faixa 1 (2009-2020)*: uma análise da ação governamental. Belo Horizonte: Fórum, 2024. 240p. ISBN 978-65-5518-663-5. (Coleção Fórum Direito e Políticas Públicas, v. 12).

Para Joana Coelho (*in memoriam*), minha avó materna, que tanto me ensinou sobre o amor e sobre a possibilidade de transformar indignação em poder.

AGRADECIMENTOS

Especialmente agradeço:

Ao programa de pós-graduação em Estado e Sociedade da Universidade Federal do Sul da Bahia e à Fundação de Amparo à Pesquisa do Estado da Bahia, por terem tornado possível a pesquisa da qual esse livro se origina.

À Prof.ª Dra. Janaina Zito Losada, minha orientadora de doutorado e prefaciadora desta obra, pelos aconselhamentos tão acertados quanto afetuosos, por ter encarado o desafio da interdisciplinaridade (e me encorajado nesse percurso), mas principalmente pelo respeito plantado e cultivado em nossa relação.

À Prof.ª Dra. Carolina Bessa Ferreira de Oliveira, que me coorientou e gentilmente escreveu a apresentação deste livro, por ter me aproximado da abordagem Direito e Políticas Públicas e das leituras sobre interseccionalidade e pelas ricas oportunidades de pesquisa e extensão, imprescindíveis para a minha formação profissional e cidadã.

À Prof.ª Dra. Maria Paula Dallari Bucci – referência maior deste trabalho, cuja trajetória acadêmica me inspira e também me posiciona enquanto pesquisador – pela leitura atenta do meu texto, pelos valorosos direcionamentos propostos e pelo generoso convite para compor a presente coleção.

Às amizades fortalecidas em meio às dores e delícias do desenvolvimento de uma pesquisa, nomeadamente a Adriana Vilas-Boas, Eva Dayane, Fernanda Martins e Fernando Rios (*in memorian*), companheiras/os de estrada.

Aos familiares que acreditam e torcem pelo meu sucesso, em especial à Luciana Queiroz, minha tia, pelo incentivo à leitura desde o princípio.

Aos meus pais, Gilson Vicente e Maria Lúcia Queiroz, e ao meu irmão, Luckson, por não duvidarem dos meus sonhos e pelo amor infinito que nos une.

A Thaís, meu amor e minha companheira de vida, por seu abraço muito forte como aço, pela família que nos tornamos (com Orelhinha e Amarula) e, sobretudo, pelo lar que construímos, onde curo o meu cansaço e celebro as melhores coisas da minha vida.

A todos aqueles e aquelas com quem divido inquietações e reflito sobre as relações sociais na cidade, o direito à moradia e as políticas habitacionais de modo mais crítico, emancipatório, democrático e plural, na esperança de dias melhores.

Ao Deus que eu acredito, aos santos que me protegem, às orações que benzem, pela força que me ampara e me leva adiante.

Às coisas sagradas, que sempre permanecem.

Continuei escrevendo. Olhando as pessoas que estão circulando na minha rua. Posso dizer minha rua porque estou comprando uma casa no bairro.

Carolina Maria de Jesus. *Casa de alvenaria – diário de uma ex-favelada*

SUMÁRIO

APRESENTAÇÃO DA COLEÇÃO
Maria Paula Dallari Bucci 13

PREFÁCIO
Janaina Zito Losada 15

APRESENTAÇÃO
Carolina Bessa Ferreira de Oliveira 19

INTRODUÇÃO 23

CAPÍTULO 1
O DIREITO À CIDADE: APROXIMAÇÕES EM TORNO DE UM CONCEITO 35

1.1 Uma dimensão jurídica do direito à cidade é possível? Uma análise do caso brasileiro a partir da Constituição Federal de 1988 42

1.2 A moradia como pressuposto do direito à cidade: entre a sua afirmação enquanto direito social e a sua transformação em mercadoria 56

CAPÍTULO 2
O PROGRAMA MINHA CASA, MINHA VIDA, A QUE SERÁ QUE SE DESTINAVA? UMA LEITURA A PARTIR DO GOVERNO E DO EXERCÍCIO DO PODER POLÍTICO 61

2.1 A centralidade política da política pública e na tomada de decisão do governo: o plano macroinstitucional 67

2.1.1 Do Banco Nacional de Habitação ao Programa Minha Casa, Minha Vida: notas de uma memória institucional 68

2.1.2 A legitimação democrática da decisão: o governo em relação com a política, a economia e a Administração Pública 98

CAPÍTULO 3
A GRAMÁTICA JURÍDICA DOS PROCESSOS E DOS SENTIDOS DO PROGRAMA MINHA CASA, MINHA VIDA: O PLANO MICROINSTITUCIONAL 105

3.1   A tradução normativa da decisão governamental (ou como são e deixam de ser produzidos os direitos pelo Programa Minha Casa, Minha Vida) 113

3.1.1   Escala, público-alvo e alocação de recursos: a habitação entra no circuito da troca e se generaliza na sua dimensão de mercadoria 133

3.1.2   A articulação entre os agentes governamentais e não governamentais no PMCMV: o poder de decidir sobre a cidade nas mãos do mercado 151

CAPÍTULO 4
A PRODUÇÃO SOCIAL DO ESPAÇO URBANO PELO PROGRAMA MINHA CASA, MINHA VIDA 161

4.1   O papel dos municípios e a seleção dos/as beneficiários/as do Programa: critérios de inclusão para a reconfiguração de espaços periféricos e a reprodução da urbanização capitalista .. 179

4.2   Qual cidade para quais sujeitas? Repensando o direito à cidade a partir da interseccionalidade 198

CONCLUSÕES: PISTAS PARA A CONSTRUÇÃO DE NOVAS CENTRALIDADES URBANAS A PARTIR DAS POLÍTICAS HABITACIONAIS 213

REFERÊNCIAS 221

APRESENTAÇÃO DA COLEÇÃO

A *Coleção Fórum Direito e Políticas Públicas* tem o objetivo de apresentar ao leitor trabalhos acadêmicos inovadores que aprofundem a compreensão das políticas públicas sob a perspectiva jurídica, com triplo propósito.

Em primeiro lugar, visa satisfazer o crescente interesse pelo tema, para entender os avanços produzidos sob a democracia no Brasil depois da Constituição de 1988. É inegável que as políticas públicas de educação, saúde, assistência social, habitação, mobilidade urbana, entre outras estudadas nos trabalhos que compõem a coleção, construídas ao longo de várias gestões governamentais, mudaram o patamar da cidadania no país. Certamente, elas carecem de muitos aperfeiçoamentos, como alcançar a população excluída, melhorar a qualidade dos serviços e a eficiência do gasto público, assegurar a estabilidade do financiamento e, no que diz respeito à área do Direito, produzir arranjos jurídico-institucionais mais consistentes e menos suscetíveis à judicialização desenfreada. O desmantelamento produzido pela escalada autoritária iniciada em meados dos anos 2010, no entanto, explica-se não pelas deficiências dessas políticas e sim pelos seus méritos – não tolerados pelo movimento reacionário. Compreender a estrutura e a dinâmica jurídica das políticas públicas, bem como a legitimação social que vem da participação na sua construção e dos resultados, constitui trabalho importante para a credibilidade da reconstrução democrática.

O segundo objetivo da coleção é contribuir para o desenvolvimento teórico sobre as relações entre Direito e Políticas Públicas. Publicando trabalhos oriundos de teses e dissertações de pós-graduação, constitui-se um acervo de análises objetivas de programas de ação governamental, suas características recorrentes e seus processos e institucionalidade jurídicos. Neles estão documentados os impasses inerentes aos problemas públicos de escala ampla, e estudadas algumas soluções ao mesmo tempo jurídicas e políticas, presentes em práticas de coordenação e articulação, seja na alternância de governo, nas relações federativas, ou na atuação intersetorial. Assim, sem perder a multidisciplinaridade característica dessa abordagem, valendo-se da bibliografia jurídica em cotejo com a literatura especializada, publica-se material de pesquisa empírica (não quantitativa) da qual se extraem os conceitos e relações que numa organização sistemática dão base para a teorização jurídica da abordagem Direito e Políticas Públicas. Com essa preocupação, a coleção também publicará trabalhos de alguns dos raros autores estrangeiros com obras específicas na área.

Finalmente, o terceiro objetivo da coleção é contribuir para a renovação teórica do direito público brasileiro, fomentando o desenvolvimento de uma tecnologia da ação governamental democrática, engenharia jurídico-institucional para o avanço da cidadania do Brasil. Isso permitirá ampliar a escala de experiências bem-sucedidas, inspirar melhores desenhos institucionais pela comparação com experiências similares, além de avançar na cultura da avaliação, agora positivada na Constituição Federal.

São Paulo, 22 de agosto de 2022.

Maria Paula Dallari Bucci
Professora da Faculdade de Direito da Universidade de São Paulo. Coordenadora da *Coleção Fórum Direito e Políticas Públicas*.

PREFÁCIO

"A casa é um corpo..."
(Mia Couto)

De uma periferia latente e pulsante, o direito ao corpo, à casa e à cidade emergem como preocupações essenciais desta reflexão sobre o real, sobre as políticas públicas e sobre a vida urbana brasileira. O pulsar destes corpos periféricos atravessados pela estrutura social de uma contemporaneidade igualmente periférica centralizada no capital, no lucro e na burocracia são articulados nesta obra. A fome de casa é o que move cada linha deste livro. Uma fome coletiva, uma fome nacional, poderíamos dizer uma fome bem brasileira, mas não só. Este trabalho é sobre o exercício da liberdade na ocupação do espaço público, o desejo de uma utopia concreta, não os sonhos quiméricos, mas a justiça social. Justiça que se realiza com políticas públicas de acesso, mas que só se concretiza com a consolidação das transformações dos lugares de vida no tempo, sua permanência. E esta é uma história que está ainda em meio a sua escritura.

Esta história atravessou o autor, primeiro por meio da experiência da realidade, da vida nos bairros periféricos da cidade de Itabuna, na Bahia. Depois, por sua formação em Direito e pela trajetória interdisciplinar até o doutorado em Estado e Sociedade, realizado em Porto Seguro, no programa de pós-graduação em Estado e Sociedade da Universidade Federal do Sul da Bahia. Nesta altura, chamou a sua atenção a vida no bairro/conjunto habitacional "Minha Casa, Minha Vida" de Ferradas, na periferia de Itabuna. Este livro é o produto de sua tese.

Tudo isto aconteceu nas franjas destas periferias de batalhadores, das quais têm nascido os primeiros doutores de suas famílias. Aqui a periferia é o novo centro! E assim deve ser se desejarmos lutar pela igualdade e pelo acesso a direitos básicos e constitucionais que todas e todos deveríamos ter.

A perspectiva desta obra é debater a implementação da política pública deste programa que se constituiu um verdadeiro marco da história da política habitacional brasileira. Realiza mesmo uma história do Direito Urbano da segunda década do século XXI no Brasil. Um estudo minucioso e bem cuidado, que apresenta uma reflexão refinada e fartamente documentada. O leitor encontrará muitas camadas de leituras. A leitura das fontes legislacionais e sua decupagem analítica merece destaque. Amparado por um sólido referencial teórico, que se torna igualmente objeto de pesquisa e forma uma densa camada de análise das disputas e conflitos políticos em torno do Programa Minha Casa, Minha Vida, em seus processos de tomada de decisão, tradução normativa e regulamentação, dando atenção especial para a Faixa 1 de atendimento. Déficit habitacional e periferização dos empreendimentos constituem importantes referenciais para a leitura crítica aqui promovida. Referenciais que se completam com uma leitura sobre a interseccionalidade na construção histórica das políticas públicas que por vezes referendam os processos de segregação espacial, mesmo quando desejam combatê-lo.

No interior destas contradições políticas que são atravessadas por valores ideológicos e sociais, pela burocracia de alta intensidade e por processos de disputas e acomodação ao capitalismo contemporâneo, encontra-se o direito à moradia e o direito à cidade. Objetos de disputas sociais, objeto dos desejos "revolucionários" de fazer cumprir a Constituição cidadã de 1988 e o Estatuto das Cidades. Objetos de pesquisa que se tecem nos fios de uma população que, mesmo sujeitada, se implica historicamente e institui sua cidadania nas invenções das humanidades nos cotidianos dos bairros e ruas periféricas. Uma população que muitas vezes desconhece as construções políticas imbricadas de institucionalidades e que se configuram no público atendido por um sistema habitacional que articula inúmeros e múltiplos interesses de grupos sociais bem organizados e detentores de poderes muito concretos.

A concretude das paredes deste corpo/casa é atravessada por uma rede bem amarrada de interesses, conflitos, poderes, avanços e recuos que apenas cabe em um estudo interdisciplinar que traga para a mesa de trabalho os campos do Direito, da História, da Sociologia, da cultura e os faça dialogar no interior de uma reflexão que destaca os limites e as contradições internas de uma década de ação governamental de alta intensidade. Assim é esta obra. Mas o desejo do autor não é apenas interpretar os fatos da política pública e do mundo jurídico do urbanismo popular, é mesmo apontar os limites e denunciar os problemas para que a ação política contemporânea possa ainda se debruçar sobre o Programa Minha Casa, Minha Vida e reestruturar futuros possíveis.

O autor trabalha com os horizontes de uma utopia possível que possa não apenas minimizar o déficit habitacional, mas sobretudo restaurar a ideia de casa/corpo/cidade, organicamente em constante interação, atravessando as vidas individuais em suas profundas imbricações na complexidade da vida social. Uma utopia que possa assegurar nas cidades a segurança e a felicidade para os cidadãos e superar os muitos desmazelos que têm experimentado as gentes pobres, pretas e mulheres na experiência histórica brasileira. O desejo de uma moradia digna que se forja em uma política pública de grande impacto e importância histórica atravessa os saberes mobilizados nesta obra. Ou poderíamos afirmar, citando Michel Foucault em a *História da Sexualidade*: "as condições da possibilidade da história real são, ao mesmo tempo, as condições de seu saber" (2001: 308).

Se no mundo real a conquista da moradia imprime uma revolução na vida prática das pessoas, ela não basta para garantir a plenitude dos processos de cidadania que passam necessariamente pelos espaços públicos de circulação e produção de sentidos de cultura e pertencimento coletivo, que para além dos movimentos também produzem permanências, continuidades, experiências e saberes comuns. A complexidade das necessidades e urgências das populações imprime vulto a qualquer política pública nacional que verse sobre o tema. Assim, o escrutínio dos esforços legais, das concepções sociotécnicas e das disputas simbólicas e concretas dos universos da política e da justiça torna este livro um importante documento para aqueles que desejam singrar pelos caminhos da história e das análises sobre as políticas de urbanismo no Brasil, sobretudo do Programa Minha Casa, Minha Vida. Depois dos anos do abandono do Programa e de suas descontinuidades, já podemos observar os limites daquela experiência histórica para pensar nas possibilidades futuras do processo de retomada e de reconstrução desta política pública que marca de forma indelével as cidades brasileiras. Este desejo de futuro faz recordar o pensamento de Milton Santos de que o mundo é formado pelo que existe, mas, sobretudo, por aquilo "que pode efetivamente existir" e é neste processo de devir que esperançamos a partir da construção de um trabalho acadêmico, interdisciplinar e comprometido com a redução das desigualdades sociais. Desejo de futuro que foi mesmo uma necessidade de sobrevivência aos últimos anos de um governo da extrema direita que assolou a experiência política nacional. Desejo e necessidade que se expressam na vontade de poder ampliar hoje as expectativas, mas que por isso mesmo ampliam as pressões sobre as presentes e futuras versões do Minha Casa, Minha Vida.

Versões que façam o Programa mergulhar nos postulados do Estatuto das Cidades e nos direitos coletivos expressos na Constituição. Versões que se coloquem não apenas no binômio casa/vida, mas que se façam atravessar pelo direito à cidade, pela redução do papel central do mercado que atende mais as necessidades da especulação imobiliária e da voracidade do capital, do que as necessidades de uma população que é periferizada por sua inclusão, mas que deseja "comida, diversão e arte!". Versões que se complexifiquem e que incluam a participação popular nos processos decisórios, respondendo à urgência da tríade casa/cidade/vida.

Que este escrito possa, por meio de sua publicação, romper os muros da academia e circular pelas ruas das cidades, ganhando corpo e vida nas mãos e mentes dos seus leitores! E que possa chegar a um público amplo e se fazer presente nas mãos de jovens universitários nos pequenos apartamentos de um conjunto habitacional do programa ou nas bibliotecas que futuramente venham a ser instaladas nos conjuntos habitacionais para democratizar a leitura e que chegue mesmo aos gabinetes definidores da política pública, desde a capital federal até os mais distantes municípios, passando pelas mãos dos pedreiros e serventes que colocam em pé e materializam nas cidades estes espaços de habitação e vida. Esta também é outra utopia que perseguimos a cada tese defendida e a cada bom livro escrito.

Janaina Zito Losada
Doutora em História pela Universidade Federal do Paraná. Professora Adjunta da Universidade Federal do Sul da Bahia.

Bahia, dezembro de 2023.

APRESENTAÇÃO

Morar dignamente e viver a cidade: a que(m) será que se destina? Acessar moradia por meio de programas estatais/governamentais e desvendar suas contradições: que atores e ações condicionam sua realização? Debates, pesquisas e experiências de políticas públicas têm se debruçado sobre tais questões, em diferentes áreas do conhecimento, há cerca de 50 anos, desde a criação de programas destinados, de alguma forma, a promover o acesso à habitação digna à população com base na renda, com normativas federais e critérios municipais, além das relações com o mercado e das contradições próprias do sistema capitalista. Dessa forma, ancorados em um prisma interdisciplinar, podemos trilhar uma melhor compreensão da complexidade do tema, nomeadamente considerando a apreensão conceitual do campo das políticas públicas pelo Direito. Assim podemos ler – entre tantas e diferentes possibilidades interpretativas e analíticas – o livro *Contradições urbanas e jurídico-institucionais do Programa Minha Casa, Minha Vida – Faixa 1 (2009-2020): uma análise da ação governamental*, escrito por Likem Edson Silva de Jesus.

Ao buscar apresentar a questão central e os caminhos presentes nesta obra de desbravamento, ousadia e singularidade analítica, em que o autor – advogado, professor, pesquisador e parceiro de jornadas acadêmicas – se junta a outras análises e vozes do campo da pesquisa da abordagem Direito e Políticas Públicas, me sinto grata em registrar a alegria e a honra de apresentar uma obra que se origina de uma pesquisa de doutorado em um programa de pós-graduação interdisciplinar (Estado e Sociedade da UFSB), a qual pude acompanhar a construção, desafios e vicissitudes – acadêmicas, políticas, jurídicas e sociais – incluindo o período da pandemia de covid-19 e o desmantelamento do Estado Democrático de Direito, ante um golpe em 2016 e a eleição de um governo federal de extrema direita no Brasil em 2018. Em 2023 chegamos a um momento simbólico para a democracia brasileira, em que emergem esperanças quanto ao papel estatal promotor de ações que garantam direitos fundamentais à maior parte da população – que ainda vive em uma situação de exclusão, desigual acesso e negação de direitos já conquistados e insculpidos em normativas nacionais e internacionais. Nesse sentido, é evidente a pertinência da adoção da referida abordagem como lente teórico-metodológica e analítica pelo autor, voltada a descortinar as ditas contradições urbanas e jurídico-institucionais do PMCMV, tendo em vista o imbricamento existente entre Direito e políticas públicas, isto é, o esperado papel normatizador e formalizador do Direito ante as ações governamentais, reproduzindo (ou não) as hierarquias sociais.

O livro se estrutura em quatro capítulos, iniciando-se pelo debate sobre o direito à cidade (sua dimensão jurídica, social e econômica no capitalismo), seguido pela análise do PMCMV à luz da concepção de centralidade da política pública como tomada de decisão e ação governamental, e confluindo na discussão acerca dos sentidos do Programa e da produção do espaço urbano, com a reconfiguração de periferias. O último capítulo inclui a interseccionalidade como ferramenta investigativa acerca das pessoas participantes do Programa ante seus critérios para acesso, notadamente mulheres negras e periféricas. A obra demonstra que o prisma e debate interseccional é capaz de robustecer e atualizar de forma decisiva a análise da referida política pública, tendo em vista as complexas relações de poder no tecido social brasileiro marcado pelas diferenças e desigualdades nas experiências coletivas e individuais. Ao considerar e iluminar as categorias de raça, gênero e classe social, de forma inter-relacionada, sobrepostas e mutuamente implicadas, a análise interseccional construída pelo autor inova categoricamente.

Na melhor perspectiva que a interdisciplinaridade e a práxis crítica nos ensinam, Likem de Jesus mergulha nos documentos, normativas, indicadores, pesquisas anteriores, contextos institucionais e na história acerca do PMCMV, desde a sua criação até a sua inflexão e descontinuidade. O autor apresenta uma análise profunda, mobilizadora do estado da arte sobre o tema, ao lado de um conjunto corpulento de autoras/es em diálogo com a citada abordagem, evidentemente dotada de uma criticidade muito bem articulada e calcada em vigorosos fundamentos teóricos e jurídico-institucionais.

Por conseguinte, com uma pesquisa original, o autor vai ao ponto: as contradições – decorrentes do capitalismo e das escolhas estatais – entre o mercado imobiliário, o direito fundamental à moradia e à cidade e o papel do Estado na normatização e viabilização de políticas públicas e no enfrentamento às desigualdades. O espaço produzido a partir do Programa e o desenho jurídico-institucional de quem é selecionada/o para participar do Programa enquanto "beneficiária/o" é um ponto-chave para compreender tais contradições, pois há uma relação de inclusão-exclusão nos diferentes níveis de implantação da política e na reprodução da urbanização capitalista desigual.

O livro escrito por Likem se soma, portanto, ao conjunto de produções virtuosas inscritas no campo da abordagem Direito e Políticas Públicas, enaltece a obra e o referencial teórico-metodológico construído pela Professora Maria Paula Dallari Bucci – seminal referência na abordagem – e deixa um relevante legado acadêmico e social para as análises do PMCMV, sob um prisma interdisciplinar, crítico e interseccional, contribuindo competentemente para a compreensão dos sentidos iniciais, percursos e impactos atuais dessa política pública e da construção da cidadania no Brasil a partir do debate sobre acesso à moradia e à cidade. Uma obra de leitura necessária para quem se interessa pela abordagem e pelo tema aqui discutidos.

Com admiração,

Carolina Bessa Ferreira de Oliveira
Doutora em Educação pela Universidade de São Paulo.
Professora Adjunta da Universidade Federal do Sul da Bahia.

Bahia, dezembro de 2023.

INTRODUÇÃO

Analisar a segregação socioespacial nas cidades brasileiras implica se deparar com as contradições provocadas pela centralização da propriedade privada da riqueza, notadamente no mercado de terras, que se agrega à ação governamental para implementar políticas públicas que (re)constroem ciclicamente padrões de subdesenvolvimento. O meio urbano, local de disputas políticas, econômicas e ideológicas, cuja notória e não recente crise motiva esta obra, é uma dimensão importante para que se compreendam as relações necessárias para a reprodução do capitalismo.

Idealmente, a cidade deveria ser um lugar plural e de múltiplas expressões identitárias, não de fragmentação das populações, em que sujeitos historicamente determinados são lançados para fora do urbano, à margem dos processos formais de sua criação. Isso ocorre, contudo, por força de um modelo de urbanização que sustenta códigos excludentes (de renda, de raça, de gênero, dentre outros marcadores); mercantiliza o espaço, subordinando-o ao valor de troca e não ao valor de uso; e reduz tanto os locais de encontro e de convívio em que se compartilhariam e se confrontariam os diferentes modos de vida quanto as possibilidades de participação na formação da vontade coletiva por parte dos movimentos sociais urbanos, que reivindicam direitos sociais e buscam afirmar a cidadania por meio da luta democrática em diversas frentes.

A institucionalização desse fenômeno pelo Estado, que normatiza e materializa a reprodução do capitalismo nas cidades a partir de ações governamentais, apoiando-se em estruturas jurídico-institucionais que legitimam tais interesses, é o ponto de partida para a construção deste trabalho, que também reconhece a habitação enquanto pressuposto fundamental para o exercício de demais direitos nesses espaços. Esses são os elementos centrais da análise proposta pela pesquisa, que analisa o agravamento – ou, no mínimo, a manutenção – das contradições urbanas em consequência da implementação do Programa Minha Casa, Minha Vida (PMCMV) entre os anos de 2009 e 2020, uma política pública que, dentre os seus objetivos, visava promover a moradia para pessoas de baixa renda, o que sugere a existência de contradições inerentes à própria política.

De pronto, anunciam-se algumas concepções importantes para a análise das referidas contradições: a de política pública, a de habitação e a de direito à cidade. No trabalho, adota-se o conceito de política pública defendido por Maria Paula Bucci, que realça o papel do direito no disciplinamento das formas pelas quais se expressa a atuação dos governos, definindo-a como "o programa de ação governamental que resulta de um processo ou conjunto de processos juridicamente regulados [...] visando coordenar os meios à disposição do Estado e as atividades privadas, para realização de objetivos socialmente relevantes e politicamente determinados" (BUCCI, O conceito de política pública em direito, 2006, p. 39). Mais adiante, a autora avança na definição, ao informar que as políticas são respostas a demandas de grande escala sobre problemas complexos (BUCCI, Fundamentos para uma teoria jurídica das políticas públicas, 2021, p. 37).

A concepção da habitação nas cidades enquanto um direito é, por sua vez, complexa por definição, tendo em vista que aglutina em um único núcleo uma série de dimensões que exigem atenção pública: moradia, instalação de equipamentos sociais, acesso ao mercado de trabalho, mobilidade, desenvolvimento sustentável,[1] dentre outros elementos que viabilizam a integração à vida urbana, além do amadurecimento de legislações urbanísticas. Demais disso, o elevado custo da moradia, que ultrapassa a capacidade de pagamento da população pobre – sendo por essa razão caracterizada por Ermínia Maricato (1997) como uma "mercadoria especial" –, implica a necessária adoção, pelo Estado, de programas de ação que viabilizem a provisão[2] e favoreçam a produção desse bem, num cenário em que é preciso mediar as relações

---

[1] Nesse sentido, a Agenda 2030, ao tratar do Objetivo de Desenvolvimento Sustentável 11 – Cidades e comunidades sustentáveis, compreende a habitação como base da estabilidade e segurança de uma pessoa ou família.

[2] Shimbo (2010) destaca que a dimensão provisão está relacionada ao arcabouço institucional dos agentes que possibilitam, noutra dimensão, a produção efetiva da habitação.

entre o mercado imobiliário, o setor da construção civil e as demandas populares.

Nesse contexto da produção pública da habitação, tecnicamente chamada de habitação de interesse social, o Estado atua como o principal agente da cadeia, na medida em que "agencia a aquisição de terras (em geral, públicas), a seleção da demanda, a origem dos recursos e a construção das unidades habitacionais (contratando empresas construtoras)" (SHIMBO, 2010, p. 50). Além disso, ele também pode exercer o papel de regulador do financiamento habitacional, por meio da disponibilização de fundos públicos e semipúblicos e do estabelecimento de políticas de crédito (MORAIS, 2002), estratégias que consequentemente estimulam a produção privada de habitação.[3]

De acordo com Lúcia Shimbo (2010), essas condutas podem ora revelar a lógica universalizante da política habitacional, na perspectiva da habitação como um direito, ora fomentar o mercado capitalista de habitação, que procura a solvabilidade do sistema de financiamento, principalmente. Essa articulação entre Estado e mercado, que Maricato denomina de impasse (2014), cria aquilo que Shimbo chama de fronteira de indistinção entre as formas públicas e privadas de habitação de interesse social e aquela voltada para a habitação de mercado.

Nesse binômio Estado-mercado, que atravessa as análises sobre a produção das cidades no Brasil, é que se localiza o PMCMV, objeto deste estudo. A política, idealizada como uma medida anticíclica em resposta à crise financeira global iniciada nos Estados Unidos em 2008,[4]

---

[3] Nessa forma de produção, segundo Shimbo: "[...] podem estar presentes tanto o incentivo do Estado como os recursos públicos, mesmo que a apropriação do lucro da produção seja privada, regida sob uma lógica essencialmente capitalista. Ainda nessa forma, pode haver apenas recursos privados com uma apropriação privada – embora nunca esteja presente exclusivamente recurso privado para uma apropriação pública. Nela estão contidos os agentes da produção, assim considerada, formal da habitação que participam tanto do setor imobiliário como do setor produtivo, ligado à cadeia da construção civil" (SHIMBO, 2010, p. 51).

[4] Segundo a exposição de motivos da MP nº 459/2009: "2. De fato, diante do cenário de crise financeira mundial com o recrudescimento de seus impactos negativos sobre a atividade econômica, renda e nível de emprego do País é premente a necessidade de adoção de medidas de natureza anticíclicas no curto prazo, principalmente aquelas que possam garantir a melhoria da qualidade de vida da população de baixa renda e a manutenção do nível de atividade econômica. 3. As atuais restrições de crédito, ainda que por um período curto, podem gerar problemas no setor produtivo com consequências danosas para a economia nacional, sendo oportuna, portanto, a criação de mecanismo que reduza o risco de crédito associado às operações de financiamento habitacional, incentive o retorno dos empréstimos e viabilize a continuidade dos investimentos, principalmente no setor da construção civil, grande gerador emprego e renda às camadas de menor poder aquisitivo" (BRASIL, 2009).

foi criada com o objetivo de manter os níveis de renda e emprego no país por meio da produção de novas unidades habitacionais destinadas a três faixas de renda. Implantado em 25 de março de 2009, por meio da Medida Provisória nº 459, posteriormente convertida na Lei nº 11.977, de 7 de julho do mesmo ano, o Programa foi concebido pelos Ministérios da Fazenda e da Casa Civil em intenso diálogo com o setor empresarial,[5] ocupando o vazio no campo da habitação de interesse social deixado pela extinção do Banco Nacional de Habitação (BNH) em 1986 e pela ausência de uma estrutura de âmbito federal organizada para a condução das políticas habitacional e urbana (CARDOSO & ARAGÃO, 2013), ao tempo em que também fortalecia os ramos imobiliário e da construção civil, abalados pela crise e considerados pelo governo como estratégicos para o crescimento econômico (CHILVARQUER, 2018). A análise proposta tem um recorte temporal que vai desde esse momento, da criação do Programa, no governo Lula 2, até a sua descontinuação pelo governo Bolsonaro, em 2020.

Dentre as aludidas faixas de renda em que se dividem as modalidades do Programa, esta obra direciona a sua investigação para a mais popular, a faixa 1, destinada inicialmente às famílias com receita mensal de até três salários mínimos, onde historicamente se adensa o déficit habitacional no Brasil: em 2009, ano de lançamento da medida, segundo dados da Fundação João Pinheiro, o estrato concentrava 72,6% do déficit; em 2019, última estimativa realizada, esse número chegou em 89%. As pessoas que acessavam a política nesse segmento, em linhas gerais, poderiam adquirir uma unidade domiciliar subsidiada quase integralmente pelo governo, que, para tanto, utilizava recursos do Fundo de Arrendamento Residencial (FAR) para financiar a construção dos empreendimentos por empresas privadas, que protagonizavam o processo de produção da habitação – modalidade do Programa neste trabalho referenciada como MCMV-Empresas.

---

[5] Destaca-se que o país contava, naquele momento, com um Ministério das Cidades, que, criado em 2003, representava a retomada do planejamento estatal nas políticas urbanas e habitacionais, notadamente pelo aumento do volume de investimentos e subsídios no setor a partir de então. Dentre as ações da Pasta, pode ser mencionado como importante marco regulatório e institucional o estabelecimento da Política Nacional de Habitação (PNH), em 2004, e do Sistema Nacional de Habitação de Interesse Social (SNHIS) e Fundo Nacional de Habitação de Interesse Social (FNHIS), em 2005, com o objetivo de garantir que os recursos públicos fossem destinados exclusivamente à população de mais baixa renda. No entanto, conforme será explorado no trabalho, essa estrutura assumiu um papel subsidiário na concepção do PMCMV.

Sobre o tema, parte-se de algumas constatações já consolidadas na literatura produzida no âmbito dos estudos urbanos, dentre as quais, destacam-se: o papel ativo do PMCMV na reprodução da segregação em função da renda e na reafirmação da periferia como lugar dos pobres nas cidades brasileiras (Rolnik, Pereira, Moreira, Royer, Iacovini, & Nisida, 2015), sobretudo ao se considerar a precária infraestrutura de serviços disponibilizada pelo poder público nos arredores dos conjuntos habitacionais e a baixa qualidade dos imóveis entregues; a priorização dos interesses do capital imobiliário e a ausência de maior controle no uso e ocupação da terra urbana na formulação e execução da política, de modo que ela acaba por asseverar os problemas urbanos já presentes nas cidades brasileiras (SOUZA & SUGAI, 2018); a sua definição como o exemplo mais cabal da habitação social de mercado, sendo "social" porque a intervenção estatal ao longo dos últimos anos fomentou e ampliou significativamente o mercado da produção habitacional do país para a baixa renda, antes restrito ao segmento de luxo, e "de mercado" porque o mecanismo de captura dos fundos públicos se realizou pela lógica de apropriação privada do lucro da produção por empresas construtoras e incorporadoras, atingindo-se um novo patamar, uma produção em larga escala, inédita e sem precedentes na história da habitação popular brasileira (BUONFIGLIO, 2018); o fato de que, em que pesem os elementos negativos verificados, a propriedade do imóvel representa ascensão no *status* social para os/as moradores/as dos condomínios (SILVA & COSTA, 2018).

Esse é um panorama que destoa daquilo que se considera como horizonte epistemológico ao fenômeno urbano: o direito à cidade. O conceito é formulado por Henri Lefebvre, no ambiente das reivindicações do Maio de 1968 na França, que aborda a totalidade do social a partir do espaço onde ocorre o plano da vida – não no espaço filosófico ou no espaço cartesiano, mas no espaço enquanto produção social, em que se reproduzem as relações necessárias para a sobrevivência do capitalismo, de modo que nele se pode ler a realidade e as possibilidades concretas de realização da sociedade. Ao tratar do tema, a abordagem do autor não se direciona ao direito à moradia e ao acesso a serviços e equipamentos públicos de saúde, educação, assistência social e transporte, por exemplo, mas sim ao direito de transformar as relações de poder e de participar da vida urbana (LEFEBVRE, 2015; 2006; 2019), revelando o caráter revolucionário e utópico do seu trabalho, que se constitui muito mais enquanto uma plataforma política orientadora de lutas contra o capital.

Embora o termo cunhado por Lefebvre remonte a um contexto europeu de alargamento de direitos sociais, a sua compreensão se firma como um contraponto à ação pública, na medida em que ele não diz respeito a um bem juridicamente tutelado e normatizado pelo Estado, ainda que possa influenciar e estar parcialmente refletido em estruturas institucionais. Acredita-se numa aproximação do conceito para se propor uma análise das etapas de planejamento e implementação do PMCMV, a consecução dos fins sociais a que se destinou o Programa e a produção do espaço urbano a partir dele, entendendo-se que produzir moradia é também produzir cidade. Nesse sentido, as perspectivas trazidas por Lefebvre podem acender reflexões teóricas e práticas acerca das limitações e das possibilidades da ação do Estado para a transformação social, no intento de discutir algumas das contradições sugeridas pelo título do livro.

Não por outra razão, o diálogo proposto pelo autor foi absorvido pelos movimentos sociais urbanos com uma dupla função: reivindicar direitos sociais (moradia, transporte, trabalho, segurança, lazer, saneamento básico, dentre outros) e afirmar a cidadania por meio da luta democrática (Tavolari, Direito e cidade: uma aproximação teórica, 2015). É com essa feição também que por vezes se interpreta o direito à cidade reconhecido pela Constituição Federal de 1988, no capítulo dedicado à política urbana, e os instrumentos jurídico-urbanísticos propostos pelo Estatuto da Cidade, Lei nº 10.257/2001 (SAULE JUNIOR, 2007; FERNANDES, 2007; MOLINARO, 2009).

Acerca da ação governamental que impulsiona a criação do PMCMV, a hipótese levantada é a de que fortemente influenciada pela atuação do setor imobiliário e da construção civil junto ao governo, ao atribuir a coordenação das decisões do uso e planejamento do solo urbano ao mercado, acabou por imprimir uma maior fragmentação e hierarquização do espaço e o acirramento das desigualdades urbanas, tendo a estrutura jurídico-institucional do Programa estrategicamente contribuído para esse resultado.

Nesse sentido, diversas pesquisas constataram a má qualidade da produção habitacional para a faixa 1 do Programa, bem como a localização periférica dos empreendimentos, ditada na maioria das vezes por interesses especulativos do mercado de terras (MARICATO, 2012; ROLNIK E KLINK, 2011; PENALVA E DUARTE, 2010; BONDUKI,

2009; HIRATA, 2009). Com isso, nota-se que a distinção das faixas de renda não se mostra apenas como um fator de organização institucional, mas como instrumento de reprodução de desigualdades no espaço. A concentração dos empreendimentos da faixa 1 nas periferias pode ser entendida como consequência do papel desempenhado pelo setor empresarial na elaboração dos projetos, que, ao considerar o valor teto das unidades habitacionais (diferenciado para cada estrato de renda), buscou terrenos mais baratos e inseridos em locais com baixa infraestrutura, maximizando as suas margens de lucro.

Esse acercamento entre os setores econômicos e o Estado nas políticas urbanas, ao atuar contra o social, abre possibilidades concretas de mercantilização da cidade e na sua transformação em uma engrenagem a serviço do capital (Vieira, 2016), que por sua vez depende da permanência de segregações múltiplas. A partir do momento em que a cidade se torna o lócus da produção da vida, o cotidiano passa a ser parte importante do modo de reprodução capitalista e esse processo passa a ser traduzido normativamente pelas políticas que regulam o espaço, como é o caso do PMCMV.

Para a análise das razões jurídico-institucionais que ensejaram o aprofundamento da segregação socioespacial e a interdição de direitos na e à cidade para os/as moradores/as dos empreendimentos construídos na faixa 1 do referido Programa, principal mote desta obra, ampara-se em um referencial metodológico fundamentado, principalmente, nos trabalhos de Maria Paula Dallari Bucci, cuja abordagem teórico-metodológica, denominada Direito e Políticas Públicas (DPP), permite a identificação e sistematização das condições, regras e instituições jurídicas necessárias à implementação destas.

Trata-se de uma proposta em que se analisa a ação governamental "por dentro", a partir de uma visão crítica do próprio direito, da sua relação com a política e com as políticas públicas, e que considera o governo como motor das políticas públicas no interior do Estado, em simetria com a concepção de políticas públicas adotada neste trabalho, delineada pela mesma autora. Trabalhos dessa natureza, conforme Bucci, abrem oportunidade para

> [...] se examinar, com lente de aumento, os modos pelos quais se relacionam as dimensões política, de um lado, e técnica, ou, mais precisamente jurídico-institucional, de outro, e as práticas que combinam de maneira virtuosa as duas dimensões. Numa sociedade em desenvolvimento, a inovação governamental depende não apenas de inovações, propriamente

ditas, mas, em grande medida, da conjugação dessas com melhorias incrementais, cujos resultados criem condições de legitimação social e, com isso, permanência e realimentação positiva do processo. (BUCCI, Fundamentos para uma teoria jurídica das políticas públicas, 2021, p. 49)

Essa concepção está relacionada com a classificação de Coutinho (2013), que compreende os papéis do direito para as políticas públicas em quatro aspectos: a) direito como objetivo, que positiva opções políticas, formalizando-a como cogentes; b) direito como arranjo institucional, que define tarefas, competências e coordenações; c) direito como ferramenta, que oferece instrumentos e veículos para implementação dos fins das políticas; e d) direito como vocalizador de demandas, que assegura participação, *accountability* e mobilização. É pensando principalmente no segundo aspecto, ou seja, no papel que o direito ocupa na estrutura das políticas, que a metodologia pensada por Bucci foi desenvolvida.

Ao filiar-se a essa abordagem e compor essa agenda de pesquisa, adota-se uma perspectiva crítica da ação governamental e das consequências dos processos políticos e jurídicos que o Estado utiliza para promover direitos sociais. Isso implica analisar os próprios termos e fundamentos materiais das legislações e das políticas públicas, bem como o modo com que as demandas coletivas acabam sendo absorvidas e/ou esvaziadas por esses instrumentos, que as reinterpretam dentro dos limites estabelecidos pelo capital.

No que se refere às políticas de inclusão e de desenvolvimento, como as que cuidam da habitação de interesse social, depreende-se que elas dependem não apenas de uma leitura dos papéis dos agentes institucionais que atuam dentro e fora das estruturas do Estado, mas também das técnicas e ferramentas operacionais, seja na política tradicional, seja na execução prática das decisões governamentais. Nesse sentido, "o interesse é compreender, de maneira mais acurada, o funcionamento do governo enquanto disparador e condutor de processos de transformação, com o emprego dos meios próprios do Estado ou postos à sua disposição" (BUCCI, 2021, p. 49).

Ao se valer da proposta metodológica de Bucci, a análise examina o PMCMV em duas dimensões, a macro e a microinstitucional. A primeira, com o objetivo de conhecer o contexto político-institucional em que ele se insere, isto é, o ambiente em que se deu a conversão do impulso político em ação governamental, verificando-se a tensão entre a política e a política pública em análise, a fim de analisar a decisão governamental em torno do Programa. Na segunda, se discute a organização processual interna da atividade administrativa para execução da decisão governamental, notadamente a edição de atos normativos – em especial as portarias que instruem a atuação dos atores privados e do governo e complementam a regulação de matérias de competência de outros estatutos legislativos, como decretos, leis e medidas provisórias; a alocação de recursos e o planejamento orçamentário; e a distribuição de tarefas entre os agentes envolvidos, inclusive do ponto de vista dos arranjos interfederativos. Nesse último plano, o pressuposto analítico é o de que há um elemento processual estruturante nas políticas públicas que cumpre as funções de instrumentalizar a atuação concreta do gestor público na significação/produção de direitos e de favorecer o "aprendizado institucional", isto é, possibilitar eventuais replicações no enfrentamento de problemas análogos (BUCCI, Fundamentos para uma teoria jurídica das políticas públicas, 2021).

Para a leitura da esfera macroinstitucional, recorre-se a uma revisão interdisciplinar de literatura, sustentada em autores/as que tratam das políticas habitacionais no Brasil e, mais especificamente, do PMCMV. Já no plano da microinstitucionalidade, são analisadas a Lei nº 11.977/2009 – identificada como principal base normativa da política – e as portarias produzidas pelo Ministério das Cidades e pelo Ministério do Desenvolvimento Regional entre 2009 e 2020, relacionadas às categorias eleitas para o desenvolvimento do tópico: escala e público-alvo; alocação de recursos; e o papel dos agentes governamentais e não governamentais – confrontando esse último aspecto com o que dispõe o Estatuto da Cidade (Lei nº 10.251/2001), sua base principiológica e os instrumentos urbanísticos por ele estabelecidos, e pelo capítulo constitucional reservado à política urbana, marcos regulatórios que denotam a tentativa de apropriação, pelo ordenamento jurídico brasileiro, da ideia de direito à cidade.

Quanto às categorias mencionadas para análise do plano microinstitucional: a primeira delas diz respeito ao alcance esperado com a implementação da política e a identificação dos sujeitos/as dos direitos por ela veiculados, segmentados/as em faixas de renda; a segunda trata da alocação orçamentária pública em cada uma dessas faixas; e, por fim, a última volta-se às competências, atribuições e responsabilidades reservadas a cada agente que executa, sustenta e tensiona os aspectos do Programa, no sentido da decisão política. Combinando esses fatores, acredita-se ser possível lançar algumas luzes sobre a estratégia adotada no plano intragovernamental, bem como refletir sobre como esse desenho se coloca enquanto prática urbana e quais sentidos da produção social do espaço e de direito à cidade ele pôde produzir para pessoas do estrato inferior de renda abarcadas pelo Programa.

Esses são elementos que compõem o *Quadro de Referência de uma Política Pública*, método também estabelecido por Bucci que permite "isolar" os aspectos jurídicos da ação governamental, a fim de identificar qual a dinâmica, no sentido político, institucional e social, da agregação das decisões individuais em uma decisão coletiva para resolver um problema complexo (BUCCI, Quadro de Referência de uma Política Pública: primeiras linhas de uma visão jurídico-institucional, 2015), numa tentativa de visualizar as linhas de força que dão corpo a uma política pública, no sentido do objetivo geral proposto. Impende reforçar que, ao optar por realizar uma análise jurídico-institucional da formulação e implementação do PMCMV, não se defende a atribuição de um conteúdo jurídico ao direito à cidade, tendo em vista que o reconhecimento estatal pode "cumprir um papel de legitimação para ocultar a cidade real" (GAIO, 2019, p. 182), bem como banalizar o termo.[6] Parte-se disso, na verdade, para apresentar e discutir as contradições entre a macroestrutura do Programa e a produção social do espaço urbano para as camadas de mais baixa renda que o acessam.

Ainda na esteira do plano microinstitucional, propõe-se uma análise dos critérios adotados pela metodologia de seleção das pessoas que acessam a política, que permite considerar, além dos critérios de renda intrínsecos à divisão das faixas do Programa, outros marcadores sociais, numa perspectiva interseccional, em atenção às vulnerabilidades que compõem o tecido social brasileiro e aos dados históricos sobre a desigualdade, que possuem cor e gênero bastante determinados. Segundo dados do IPEA de 2014, 65% dos/as atendidos/as pelo Programa são pretos/as ou pardos/as, contra 51% da população, e 86% são mulheres e mães, índice bem acima dos 52% da população brasileira (IPEA, 2014).

A partir dessa janela aberta pela própria estrutura institucional do PMCMV, oportuniza-se uma discussão para uma revisão epistemológica do modo como as políticas habitacionais são institucionalizadas – em

---

[6] Diversos autores têm se posicionado contra esse movimento, dentre os quais David Harvey (2012), que vem tentando resgatar o caráter emancipatório do direito à cidade, enfatizando que se trata do exercício de um poder coletivo de dar uma nova forma ao processo de urbanização.

consonância com outras análises acerca da produção de políticas públicas e do direito à cidade (SILVA, 2021; FREITAS; GONÇALVES, 2021; TRINDADE e PAVAN, 2022) – no sentido de politizar os programas de ação que tratam da habitação a partir de parâmetros comprometidos com os atravessamentos entre raça, classe e gênero como estruturais e estruturantes das relações institucionais (PIRES, 2018) e da própria interdição do direito à moradia e à cidade. Nesse propósito, lança-se mão da interseccionalidade como ferramenta de análise e de práticas críticas[7] que permite compreender de modo mais apurado as dinâmicas capitalistas que afinal determinam a produção social do espaço e a produção de políticas públicas.

O livro está dividido em quatro capítulos. O primeiro deles trata do conceito de direito à cidade, abordando as (im)possibilidades de uma dimensão jurídica do termo, com base na experiência brasileira a partir de 1988. Além disso, discute-se a importância da moradia para que ele possa ser exercido, atentando para a importância da sua afirmação no arcabouço dos direitos institucionalmente previstos e a sua transformação em mercadoria pela urbanização capitalista.

Nos dois capítulos seguintes é realizada a análise jurídico-institucional do PMCMV a partir da abordagem DPP, com foco na faixa 1 e na modalidade MCMV-Empresas: inicialmente do plano macroinstitucional, em que se identificam os elementos que informam o processo de racionalização do poder e a decisão governamental que impulsionaram a sua criação, retomando a memória institucional brasileira no campo da habitação social e enfatizando a relação entre política e direito no âmbito do governo; e, em seguida, do plano microinstitucional, cujo cerne é a tradução normativa da referida decisão e a produção/interdição de direitos a partir daí, com especial atenção para as competências atribuídas aos agentes governamentais e não governamentais que atuaram no Programa.

O último capítulo se refere à produção social do espaço urbano pelos empreendimentos construídos para a faixa 1 do MCMV-Empresas,

---

[7] Bielge (2009, p. 70 *apud* PIRES, 2019, p. 190) entende a interseccionalidade como "uma teoria transdisciplinar que visa apreender a complexidade das identidades e das desigualdades sociais por intermédio de um enfoque integrado. Ela refuta o enclausuramento e a hierarquização dos grandes eixos da diferenciação social que são as categorias sexo/gênero, classe, raça, etnicidade, idade, deficiência e orientação sexual. O enfoque interseccional vai além do simples reconhecimento da multiplicidade dos sistemas de opressão que opera a partir dessas categorias e postula sua interação na produção e reprodução das desigualdades sociais".

partindo da análise das suas localizações periféricas e de aspectos abordados na análise da microinstitucionalidade do Programa, especialmente o papel assumido pelos municípios na sua implementação e a relação entre a base normativa da política e o Estatuto da Cidade, seus princípios e instrumentos jurídico-ur7⊛banísticos. Ademais, ao refletir sobre a experiência de cidade forjada pelo capital e proporcionada pelo PMCMV, retomando o debate teórico feito no primeiro capítulo, abre-se a oportunidade de um debate sobre as interseccionalidades que se cruzam na continuidade dos padrões de segregação socioespacial e acendem outras questões para que se pensem institucionalmente as ações governamentais no campo da habitação.

Registre-se que o presente trabalho é fruto de pesquisa de doutorado realizada entre os anos de 2019 e 2023, no programa de pós-graduação em Estado e Sociedade, da Universidade Federal do Sul da Bahia, com o apoio da Fundação de Amparo à Pesquisa do Estado da Bahia.

CAPÍTULO 1

O DIREITO À CIDADE: APROXIMAÇÕES EM TORNO DE UM CONCEITO

Milton Santos (2004, p. 86) ensina que "o espaço é a síntese, sempre provisória, entre o conteúdo social e as formas espaciais". Enquanto o célebre intelectual brasileiro aponta que a sociedade se geografiza por meio dessas últimas, atribuindo-lhes uma função que vai mudando ao longo da história e afirmando que não há contradição entre elas, mas sim entre a sociedade e o espaço,[8] Henri Lefebvre (Lefebvre, A produção do espaço, 2006), em sentido paralelo, assevera que a prática espacial de uma sociedade[9] é revelada pela decifração do seu espaço propriamente e indica três representações possíveis a ele relacionadas: o espaço percebido, que é o do cotidiano, do dia a dia; o espaço concebido, que é o do conhecimento, das proposições legislativas, dos planos e dos projetos; e o espaço vivido, que é o do afeto e da sensibilidade.[10]

---

[8] "O espaço é formado por um conjunto indissociável, solidário e também contraditório, de sistemas de objetos e sistemas de ações, não considerados isoladamente, mas como o quadro único no qual a história se dá" (Santos M., A natureza do espaço: técnica e tempo. Razões e Emoções, 2004, p. 63).

[9] Por prática espacial entende-se a dimensão material das atividades e das interações sociais. Nesse sentido, Lefebvre: "[...] A prática espacial, que engloba produção e reprodução, lugares especificados e conjuntos espaciais próprios a cada formação social, que assegura a continuidade numa relativa coesão. Essa coesão implica, no que concerne ao espaço social e à relação de cada membro de determinada sociedade ao seu espaço, ao mesmo tempo uma competência certa e uma certa performance" (Lefebvre, A produção do espaço, 2006, p. 36).

[10] Na obra original de Lefebvre, os termos em francês são: *l'espace perçu, l'espace conçu et l'espace vécu*. David Harvey, em referência à literatura de Lefebvre, também entende o espaço urbano sob três vértices: o espaço material, isto é, o espaço da experiência e da percepção aberto ao toque físico; a representação do espaço, como ele é concebido; e o espaço de representação, que é o vivido, das sensações, das emoções e significados.

Tanto para Milton Santos quanto para Lefebvre, o espaço e a cidade são núcleos centrais catalisadores das contradições sociais.

Na transição da cidade comercial para a industrial, marcada pela inflexão do agrário para o urbano, a cidade enquanto dimensão espacial aparece para Lefebvre como um desafio à análise da evolução do capitalismo,[11] na medida em que ela se converte no *locus* onde as relações de produção acontecem e se torna fundamental para entender a dinâmica social e o sentido da reprodução da sociedade. No início dessa nova fase, a indústria negou a cidade e a estrutura social inerente a ela, o que significa dizer que uma profunda descontinuidade histórica se instalou sobre a cidade comercial (ARAÚJO J. A., 2012). Acerca disso, Lefebvre (2016) considera que uma crise gigantesca, fruto de uma mudança radical, tem lugar na cidade.

Mas não só. David Harvey (2014) lembra que a sensibilidade de Lefebvre às vozes e aos movimentos que irrompiam nas ruas – notadamente quanto às reivindicações do Maio de 1968 na França, eventos contemporâneos à publicação do seminal trabalho do autor, *Direito à cidade* – o fez também identificar que elas, as ruas, seriam o lugar em que a resistência poderia constituir formas de superação criativa de um modelo de hierarquias espaciais excludentes e da organização burocrática da cidade em prol das exigências do capital (LEFEBVRE, 2016; HARVEY, 2014).

Conjugando essas dimensões, a consolidação da industrialização, para o autor, foi a força motriz dos problemas relativos ao crescimento e à planificação das cidades, o que, por sua vez, produziu o fenômeno urbano e a subordinação da vida cotidiana à sua lógica de concentração, similares à concentração de capital no sentido apontado por Marx[12] (LEFEBVRE, O direito à cidade, 2015). Nas palavras de Ana Fani Alessandri Carlos: "Neste momento desloca-se o foco central do processo de acumulação capitalista: da produção de mercadorias clássicas para a produção do espaço" (Carlos, Henri Lefebvre: o espaço, a cidade e o "direto à cidade", 2020, p. 352).

---

[11] Além da cidade comercial, que centralizou o mercado de trocas e criou uma estrutura social baseada no dinheiro e no patrimônio imobiliário, Lefebvre (2015) identifica, em fase anterior experimentada pela humanidade, a cidade política, realizada no modo de produção asiático, que organizava e mantinha influência sobre os arredores rurais.

[12] "A concentração de grandes quantidades de meios de produção nas mãos de capitalistas individuais é, pois, a condição material para a cooperação de trabalhadores assalariados, e a extensão da cooperação, ou a escala da produção, depende do grau dessa concentração" (MARX, 2013, p. 503).

Nesse cenário, em que as lutas populares por democracia urbana ameaçavam os interesses da nova classe dominante – a burguesia industrial, o predomínio de posturas tecnocráticas de organização do espaço atuou contra a cidade ao expulsar os trabalhadores para as suas franjas, destituindo-os da urbanidade e da vida urbana, isto é, da possibilidade de vivenciá-la.[13] A fim de demonstrar esses processos em termos espaciais, Lefebvre (2019) utiliza a metáfora do duplo movimento de "implosão-explosão" da cidade, também denominado de zona crítica, consistente, num primeiro momento, na negação da centralidade à cidade pela indústria (implosão) e, em seguida, na explosão da cidade em fragmentos múltiplos, como as periferias, os subúrbios e as aglomerações-satélites, formando uma extensa malha urbana que se projetava concretamente em vários níveis: da arquitetura, do urbanismo e da vida cotidiana.

Araújo (2012) aponta que, com isso, uma anticidade foi produzida, negando com extrema potência a cidade política-comercial. No mesmo sentido, Edward Soja, leitor de Lefebvre, aponta que a urbanização é uma metáfora da espacialização do capitalismo, dos seus efeitos homogeneizantes, por meio da sua produção e reprodução baseadas em um desenvolvimento geograficamente desigual (SOJA, 1993).

Para manter as relações de dominação e a potencialidade da acumulação capitalista, o fenômeno industrial que propiciou a urbanização transformou o espaço social e político em operacional, sob a intervenção do Estado. É a partir desse movimento que as relações sociais e todos os espaços-tempos da vida são subvertidos pelo mundo da mercadoria, em que prepondera o valor de troca, estrangulando as relações sociais nas cidades e alimentando o fenômeno da alienação entre a população, que não controla nem os meios de produção, nem as suas escolhas e rotinas cotidianas, o que contribui para a materialização fragmentada e excludente da sociedade.

Na sociedade industrial, alienada para a troca, a práxis social tende a ser substituída, impedida e cooptada por práticas programadas que apenas reproduzem o *status quo*, tolhendo a criatividade e os afetos que são próprios da natureza humana. Nesse cenário, os espaços

---

[13] Ao analisar historicamente esse fenômeno, Lefebvre se remete à reforma de Paris promovida pelo Barão Georges Haussmann entre 1853 e 1870, que destruiu os espaços criados progressivamente durante séculos e acabou por expulsar do centro a classe trabalhadora. Esse remanejamento do tecido espacial parisiense foi uma resposta da classe dominante às jornadas operárias de junho de 1848.

servem para o consumo dos produtos da indústria capitalista, ao tempo em que são também consumidos, sendo possível traçar um paralelo entre a condição de habitante nas relações socioespaciais capitalistas e a condição de trabalhador nas relações econômicas capitalistas. Isto é, o habitante é alienado pelo modo como o espaço é produzido e consumido da mesma forma que o trabalhador é alienado pelo modo como as mercadorias são produzidas e consumidas (Alomar, 2019).

A passagem da sociedade industrial para a sociedade urbana, por sua vez, não se trata de uma mera consequência exterior ao processo de industrialização: "O crescimento quantitativo da produção econômica produziu um fenômeno qualitativo que se traduz, ele próprio, por uma problemática nova: a problemática urbana" (LEFEBVRE, Espaço e Política: o direito à cidade II, 2016, p. 76). A nova cidade daí advinda não se reduz ao industrial, nem está a ele submetida. Nesse processo, Lefebvre (2006) identifica uma simultaneidade entre duas dinâmicas que se confrontam: a do "espaço abstrato" e a do "espaço social", de modo que na primeira, relacionada à instrumentalização do espaço, se expressariam estratégias de moldá-lo como forma adequada à reprodução do capital e à perturbação das relações sociais que lhe constituem; e a segunda seria forjada a partir das práticas da vida cotidiana, expressando a pluralidade de modos de vida e de formas de apropriação do espaço (PEREIRA, 2012). O urbano cumpre, assim, um duplo e contraditório papel.

Ao "explodir" em locais de subalternidade definidos pela distribuição da riqueza – noutras palavras, ao segregar socioespacialmente a classe trabalhadora –, embora a urbe aprofunde as relações capitalistas e crie ciclicamente as condições de sua própria realização continuada,[14] também expõe os seus problemas e traz possibilidades para a sua superação, uma vez que tem como atributos fundamentais as formas de simultaneidade e de centralidade, conteúdos propriamente espaciais cuja potência está na possibilidade de encontro real ou possível de toda a diversidade de sujeitos e objetos que podem existir no espaço para um ponto específico (LEFEBVRE, 2015; 2019).

A dimensão utópica da constituição da sociedade urbana e da condição estratégica do espaço é descortinada por Lefebvre ao introduzir

---

[14] "Lefebvre reitera, e é fundamental ressaltar, que um dos motivos da sobrevivência do capitalismo às crises é a produção do espaço, daí o espaço se reproduzir como 'o' campo cego da modernidade" (PETRELLA e PRIETO, 2020, p. 570).

o conceito de direito à cidade, delineando-o como o direito à vida urbana, à centralidade renovada, aos locais de encontro e de trocas, aos ritmos de vida e aos empregos do tempo que permitem o uso pleno e inteiro desses momentos e lugares:

> Se é verdade que as palavras e conceitos "cidade", "urbano", "espaço" correspondem a uma realidade global [...] e não designam um aspecto menor da realidade social, o *direito à cidade* se refere à globalidade assim visada. Não se trata de um direito natural, decerto nem contratual. Em termos tão "positivos" quanto possível o mesmo significa o direito dos cidadãos-citadinos e dos grupos que eles constituem (sobre a base das relações sociais) de figurar sobre todas as redes e circuitos de comunicação, de informação, de trocas. O que não depende nem de uma ideologia urbanística, nem de uma intervenção arquitetônica, mas de uma qualidade ou propriedade essencial do espaço urbano: a centralidade. Não existe realidade urbana [...] sem um centro, sem uma reunião de tudo o que pode nascer no espaço e nele ser produzido, sem encontro atual ou possível de todos os "objetos" e "sujeitos". (LEFEBVRE, *Espaço e Política*: o direito à cidade II, 2016, p. 31-32)

A perspectiva crítica – ou radical – do autor demanda, assim, a dominação do econômico pelo social, sem evidentemente desprezá-lo, incluindo o cotidiano como categoria de análise: "A sociedade urbana [...] tem uma lógica diferente da lógica da mercadoria. É um outro mundo. O urbano se baseia no valor de uso. Não se pode evitar o conflito" (LEFEBVRE, O direito à cidade, 2015, p. 87).

O conflito a ser encarado diz respeito ao embate travado entre a mercantilização da cidade e os movimentos populares que reivindicam o direito a ela como o direito à tomada de decisões sobre o espaço urbano como um todo, não somente a um recurso ou bem específico. Da mesma forma, contrapondo-se ao valor de troca, o valor de uso a que o autor faz menção diz respeito à concepção da cidade como uma obra e não como um produto, como apropriação e não como propriedade, implicando uma prática especial não fragmentada, em que o urbano restituirá o desejo como contraponto à satisfação das necessidades pelos códigos contratuais que regem a urbanidade capitalista.[15] Ao acionar

---

[15] "Trata-se da necessidade de uma atividade criadora, de obra e não apenas de produtos e de bens materiais consumíveis, necessidades de informação, de simbolismo, de imaginário, de atividades lúdicas" (LEFEBVRE, O direito à cidade, 2015, p. 105).

esse duplo registro, teórico-conceitual e prático-reivindicatório, Lefebvre questiona a definição daquilo a que serve uma cidade.

Nesse sentido, é ampliada a ideia de cidadania para além da garantia de direitos e deveres civis, de modo a abranger a democracia direta na produção comunitária da cidade como uma prática de desalienação, isto é, de encontro com a coletividade no espaço social e nas redes de relações entre diferentes grupos e indivíduos que acontecem no cotidiano. Esse lugar de encontro é onde uma anulação virtual das distâncias espaciais e temporais pode acontecer (SCHMID, 2014).

Fala-se, afinal, de um modo de se relacionar socialmente em que os círculos de tomada de decisões compõem-se pelos afetos e símbolos, bem como pelas ações e práticas de transformação material, da "possibilidade de transformar o nosso cotidiano, de forma que cada habitante possa de fato habitar e participar do espaço onde vive" (JACOBI, 1986, p. 22). É a partir desse prisma, da autogestão dos desafios, dos desejos, das necessidades, das vontades e dos interesses de forma local, mediante uma democracia direta, que se desafia o modelo de Estado Liberal baseado na representação política (PURCELL, 2003).

Não é um mundo ideal, também não é um caminho livre de contradições e conflitos, mas se anuncia enquanto um caminho com possibilidades de superação das contradições também para o tempo de agora, a sociedade neoliberal, em que a cidade é cada vez mais transformada em mercadoria e a sua reprodução econômica em negócio, escancarando o processo contraditório da produção do espaço e as suas externalidades.

O direito à cidade, nesses termos, não se resume e nem se confunde com uma política urbana estatal, com um projeto urbanístico ou com um marco regulatório específico, ainda que possa interferir e estar parcialmente reiterado nessas estruturas institucionais. Na verdade, as demandas por infraestrutura, equipamentos urbanos ou habitação social podem ser proporcionadas sem que nenhuma ruptura ocorra em relação ao modo de produção e, consequentemente, à maneira hierarquizante e segregadora com que o espaço é (re)produzido e apropriado (Frota, 2019).

Diante disso, é interessante mencionar a diferenciação feita por Peter Marcuse (2010) entre os "direitos nas cidades" e o "direito à cidade". Ao se referir aos primeiros, no plural, o autor atém-se à lógica jurídico-liberal que, ao fragmentar anseios e necessidades coletivas, promove uma simplificação que impede uma visão unitária capaz de levar ao entendimento da realidade urbana em sua totalidade. Isso tem um reflexo organizacional importante na medida em que os grupos e movimentos costumam atuar na reivindicação de direitos individualizados: habitação, transporte, trabalho, educação, liberdades individuais, entre outros. No entanto, a sua identidade em torno desses direitos segmentados dificulta a formação de coalizações mais amplas que sejam capazes de enfrentar os interesses das classes dominantes, além de viabilizar a cooptação de alguns movimentos por parte dos agentes políticos e econômicos, na medida em que a negociação ocorre nas bases de direitos separadamente (Marcuse, O direito nas cidades e o direito à cidade?, 2010).

Outra consequência destacada por Marcuse é que a concepção fragmentada de direitos frustra a expectativa de um futuro promissor, "que não se limita a evitar problemas em particular, mas que dê lugar a um mundo completamente diferente e melhor" (2010, p. 91).

A utopia encaminhada por Lefebvre de outro mundo possível no qual as relações sociais não estejam baseadas na dominação e subjugação de uns pelos outros tem como condicionante fundamental a construção de uma perspectiva de cidade mais unitária e aglutinadora. Não se deixa de reconhecer que a luta pelos "direitos nas cidades", em alguma medida, pode até proporcionar um caminho para essa concepção, mas ela será sempre parcial se não houver o entendimento complexo do direito à cidade, no singular, que indica uma demanda moral fundada em princípios de justiça reivindicada a partir da identificação das contradições que são inerentes ao modo de produção capitalista e que anunciam a possibilidade do novo nos espaços-tempos da vida cotidiana e da própria cidade, transformadas em arenas para a luta política.

Enquanto a ideia que se tem de cidade faz referência a uma realidade processual, mas concreta (prático-sensível), o urbano lefebvriano é um objeto em ato e em potencial, que só se esgotará lentamente ou nunca (LEFEBVRE, O direito à cidade, 2015). Pensar em caminhos e estratégias não fragmentadas para alcançar uma práxis urbana, contudo, ainda é a maior questão, mas nesse sentido Harvey aponta que o "mundo da cidadania e direitos, dentro de um corpo político de uma dimensão mais elevada, não é necessariamente oposto ao da classe e da luta" e que "reclamar e organizar as cidades para as lutas anticapitalistas é um grande ponto de partida" (2014, p. 153).

1.1 Uma dimensão jurídica do direito à cidade é possível? Uma análise do caso brasileiro a partir da Constituição Federal de 1988

Para responder à pergunta do título desta subseção, parte-se de uma abordagem distinta daquela originalmente pensada por Lefebvre, qual seja, a de uma ruptura com a ordem urbana capitalista e com o próprio modelo de organização social inerente a esse modo de produção. Ou seja, para questionar o que significa o direito à cidade no plano institucional e como isso é operacionalizado pelo campo jurídico, com especial recorte no caso brasileiro pós-1988, parte-se de uma contradição.

Já se indicou que o direito à cidade desenvolvido por Lefebvre, fruto de uma complexa elaboração teórica e filosófica e que se refere ao direito de experimentar e usufruir a centralidade urbana, não pode se subsumir à implementação de equipamentos coletivos públicos, nem a uma abordagem disciplinarizada. Na verdade, a perspectiva lefebvriana implica a superação do controle das cidades pelo Estado, este entendido como manifestação da alienação política das pessoas, e a sua apropriação efetiva pela população.

No entanto, também existem defesas no sentido de que, em certa medida, reivindicações dessa natureza, isto é, direcionadas ao Estado, também não devem ser de todo subestimadas, uma vez que abrem caminho para a sua conquista e para o despertar de noções mais complexas, como as de democracia, cidadania e autonomia, elementos comuns à formação dos movimentos sociais que desafiam a ação política e promovem uma reflexão insurgente em torno desse direito.[16] A esse respeito, Fernandes (2007), ao verificar uma crescente mobilização do conceito de Lefebvre, ressalta que a atividade legislativa historicamente desempenha papel determinante na (re)produção de desigualdades,

---

[16] Principalmente para grupos que historicamente experenciam múltiplas e interseccionais formas de exclusão e desigualdade, a afirmação jurídico-institucional de garantias que aproximem as suas realidades do exercício da cidadania são imprescindíveis ferramentas emancipatórias das quais eles não podem abrir mão. A interface desse argumento com o direito à cidade será explorada no capítulo 4, mas por enquanto vale registrar o pensamento de Patricia J. Williams, jurista e intelectual afro-americana, defensora da *Critical Race Theory*, de que o discurso dos direitos pode parecer uma espécie de "prisão semântica" para quem está no ponto privilegiado da balança: "para os historicamente oprimidos, a concessão de direitos é símbolo de todos os aspectos de sua humanidade que têm sido negados: os direitos implicam um respeito que os localiza em uma categoria referencial de 'eu' e 'outros', que eleva seu *status* de corpo humano ao de ser social" (WILLIAMS, 2003, p. 55, tradução nossa).

inclusive quanto à manutenção dos padrões excludentes e concentradores de riqueza da urbanização, cujas consequências recaem sobre as parcelas empobrecidas da sociedade.

O autor chega a afirmar que essa é uma lacuna teórica no trabalho de Lefebvre e entende que uma articulação com a ordem jurídico-institucional a partir de uma perspectiva crítica é condição essencial para o seu alcance na dimensão do real. Por outro lado, há que se reconhecer o direito como um fenômeno histórico (DIMOULIS, 2014), produto e instrumento de legitimidade das contradições que emergem do capitalismo, que fornece as condições de impessoalidade para a concentração, acumulação, gestão e mobilização de riquezas, suprimindo as brechas para aproximações com o direito à cidade.

Uma dimensão jurídica do termo, então, precisaria romper com a forma jurídica da propriedade privada da terra, à medida que ela confere ao seu detentor, pelo monopólio da sua posse, não apenas o seu uso, mas a possibilidade de absorver parte da riqueza social por intermédio da troca, liberando este capital imobilizado para entrar no circuito geral de valorização do capital (ALVAREZ, A segregação como conteúdo da produção do espaço urbano, 2013). É esse o fundamento da especulação imobiliária, elemento que configura as centralidades dos núcleos urbanos e a divisão social do espaço, fundando críticos padrões de segregação e um paradigma excludente para as políticas públicas relacionadas à urbe.

Tentando escapar dessas formulações e inspirar um novo modelo de urbanização, na atual configuração internacional, especialmente no campo dos direitos humanos, é importante registrar a definição de direito à cidade constante da Carta Mundial do Direito à Cidade, fruto de articulações múltiplas desde 2001, cuja redação é finalizada em 2005 e apresentada na edição do Fórum Social Mundial daquele ano, que ocorreu na cidade de Porto Alegre:

> O Direito à Cidade é definido como o usufruto equitativo das cidades dentro dos princípios de sustentabilidade, democracia e justiça social; é um direito que confere legitimidade à ação e organização, baseado em seus usos e costumes, com o objetivo de alcançar o pleno exercício do direito a um padrão de vida adequado. O Direito à Cidade é interdependente a todos os direitos humanos internacionalmente reconhecidos, concebidos integralmente, e inclui, portanto, todos os direitos civis, políticos, econômicos, sociais, culturais e ambientais que já estão regulamentados nos tratados internacionais de direitos

humanos. Este supõe a inclusão do direito ao trabalho em condições equitativas e satisfatórias; de fundar e afiliar-se a sindicatos; de acesso à seguridade social e à saúde pública; de alimentação, vestuário e moradia adequados; de acesso à água potável, à energia elétrica, o transporte e outros serviços sociais; a uma educação pública de qualidade; o direito à cultura e à informação; à participação política e ao acesso à justiça; o reconhecimento do direito de organização, reunião e manifestação; à segurança pública e à convivência pacífica. Inclui também o respeito às minorias e à pluralidade étnica, racial, sexual e cultural, e o respeito aos migrantes (CARTA MUNDIAL PELO DIREITO À CIDADE, 2005, p. 2).

Também segundo o documento, são princípios afetos ao tema: o exercício pleno da cidadania; a gestão democrática da cidade; a função social da cidade e da propriedade urbana; a igualdade e não discriminação; e a proteção dos mais vulneráveis. O texto foi determinante para o reconhecimento do direito à cidade na Nova Agenda Urbana, elaborada no curso da Conferência Habitat III, realizada pela ONU e sediada em Quito, em outubro de 2016, e aprovada por sua Assembleia Geral, em 23 de dezembro do mesmo ano. Ainda que a referida declaração não tenha força cogente, tendo sido editada em caráter de *soft law*, tem-se que o compromisso então assumido pelas Nações Unidas é fruto "de um longo processo, permeado por pressões dos movimentos sociais, resistências governamentais e significativos esforços diplomáticos" (ALFONSIN, Repercussões da Nova Agenda Urbana no Direito Público e Privado no Brasil e na América Latina: o Papel do Direito à Cidade, 2019, p. 217). Em seu parágrafo 11, tem-se que:

> Compartilhamos uma visão de cidades para todos e todas, aludindo ao uso e ao gozo igualitários de cidades e assentamentos humanos, com vistas a promover a inclusão e a assegurar que todos os habitantes, das gerações presentes e futuras, sem discriminação de qualquer ordem, possam habitar e produzir cidades e assentamentos humanos justos, seguros, saudáveis, acessíveis física e economicamente, resilientes e sustentáveis para fomentar a prosperidade e a qualidade de vida para todos e todas. Registramos os esforços empenhados por alguns governos nacionais e locais no sentido de integrar esta visão, conhecida como "direito à cidade", em suas legislações, declarações políticas e estatutos. (ONU, 2017, p. 5).

O que se percebe dos documentos citados é que o tratamento conferido ao direito à cidade no debate internacional ainda é genérico e abre espaço para que sua interpretação, boa parte do seu conteúdo e as tentativas de sua concretização sejam definidas em âmbito local. No caso Brasil, à mercê do caráter privado e patrimonialista do instituto da função social da propriedade, forma jurídica que media a relação entre a cidade e o Direito, e de uma perspectiva de urbanização pautada no consumo, propícia ao exercício dos capitais hegemônicos (SANTOS M., A urbanização brasileira, 2020):

> A função social da propriedade não tem inspiração socialista, antes é um conceito próprio do regime capitalista, que legitima o lucro e a propriedade privada dos bens de produção, ao configurar a execução da atividade do produtor de riquezas, dentro de certos parâmetros constitucionais, como exercida dentro do interesse geral. A função social passou a integrar o conceito de propriedade, justificando-a e legitimando-a. A função é o poder de dar à propriedade determinado destino, de vinculá-la a um objetivo. O qualificativo social indica que esse objetivo corresponde ao interesse coletivo, não ao interesse do proprietário. (BERCOVICI, Propriedade que descumpre função social não tem proteção constitucional, 2015)

Além disso, é preciso ressaltar que o fenômeno urbano no país é recente – e indissociável do capitalismo periférico a que ele foi submetido –, iniciando-se mais decisivamente apenas no século XX, por força da expansão da industrialização (Maricato, Habitação e cidade, 1997).[17] A tutela jurídica acerca dessas questões, consequentemente, veio a se constituir também há pouco tempo,[18] mas, apesar disso, a atual legislação brasileira em matéria urbanística é considerada uma das mais avançadas do mundo (FERNANDES e ALFONSIN, 2009; FERNANDES, 2007).

Retomando a utilização do termo *direito à cidade*, Tavolari (2015) aponta que ele teve inicialmente a finalidade de ampliar e congregar, nos fins da década de 1970, as lutas sociais desarticuladas por moradia,

---

[17] Uma reconstrução histórica da urbanização no Brasil escapa aos objetivos da presente obra, mas a esse respeito indicam-se as obras *A urbanização brasileira*, de Milton Santos, e *Habitação e cidade*, de Ermínia Maricato, ambas referenciadas neste trabalho.

[18] "O estudo do direito urbanístico aporta no Brasil na década de 70 do século passado, sem (i) uma lei nacional sobre urbanismo e planejamento urbano ou (ii) estruturas administrativas consolidadas, em que pese já certa experiência com planos urbanísticos municipais, de resultados questionáveis, entretanto. Some-se a isso frágeis regulamentação e compreensão do princípio da função social da propriedade, por força inclusive da herança patrimonialista brasileira, com consequências negativas a uma cultura do planejamento, e podemos talvez então perceber os desafios que se apresentavam aos primeiros comentadores" (BRUNO FILHO, 2015, p. 40-41).

equipamentos urbanos, infraestrutura e transporte, reunindo-as em torno de um denominador comum. Tais reivindicações pelo alargamento da cidadania e da participação política nas cidades ganharam força, sobretudo, no seio dos movimentos por redemocratização frente à ditadura militar – responsável por desmobilizar os setores alinhados em torno dessa plataforma (SOUZA M. L., Mudar a cidade: uma introdução crítica ao planejamento e à gestão urbanos, 2004) – e estavam ancorados notadamente na crítica à primazia da técnica para decidir sobre políticas urbanas.

Nesse contexto, o paradigma do direito à cidade sofreu uma simbiose com as expectativas da reforma urbana, que se centrava em "reduzir os níveis de injustiça social no meio urbano e promover uma maior democratização do planejamento e da gestão das cidades" (SOUZA M. L., Mudar a cidade: uma introdução crítica ao planejamento e à gestão urbanos, 2004, p. 158) e baseava as suas reivindicações no trinômio acesso à terra e à moradia; função social da propriedade e combate à especulação imobiliária; e gestão democrática das cidades. Alinhada a essa direção, Ermínia Maricato, em publicação de 1985, trata da necessidade de "ampliar a consciência" do direito à terra para "construir a consciência" do direito à cidade, como forma de dar uma qualidade nova às reivindicações populares (Maricato, Direito à terra ou direito à cidade?, 1985). Nessa medida, a utopia lefebvriana foi associada ao conjunto das reivindicações imediatas, tornando-se, portanto, uma espécie de palavra-chave que agrupava algumas lutas fragmentadas, que isoladas tinham menor potencial de influência na esfera pública.

O contexto de reivindicação de melhores condições materiais de vida, a mobilização pela constitucionalização de direitos e a maior autonomia dos governos locais fizeram surgir certa cumplicidade entre as lutas pela reforma urbana e por mais institucionalidade estatal, comumente tratando direito à cidade e direito de cidadania como termos de sentidos correlatos, especialmente no tocante à legislação, às políticas públicas e às estruturas de cogestão conhecidas como conselhos. Essa sinergia foi sendo gerada num ambiente metropolitano de práticas liberais exacerbadas que subordinavam o solo urbano à lógica do mercado privado de terras (MARICATO, 1996; 2010), o que favorecia o enriquecimento dos seus detentores e privava a população das camadas sociais mais baixas da habitação legal, alocando-as nas zonas mais precárias e mais distantes da centralidade urbana.

Como defendido por Maricato (1996), as classes populares tinham direito a alguma ocupação, mas não o direito à cidade propriamente. Esse fenômeno acontecia sob a anuência do poder público, que era conivente com a ilegalidade de tais ocupações e as tratava, em verdade, como uma estratégia política de amortecimento das tensões sociais (KOWARICK, A espoliação urbana, 1980), como um dispositivo de gerenciamento das margens da cidade associado a outras formas de controle (FELTRAN, 2011).

Alçar esse debate a uma arena jurídica significaria incluir o direito dentre os vários enfoques possíveis à análise urbana, que cada vez mais se apresenta como necessária à compreensão dos problemas da sociedade, cada vez mais articulados aos problemas de natureza espacial (GOTTDIENER, 2016). Ao passo em que se intensifica a urbanização e se desenvolvem as práticas que se impõem ao seu funcionamento numa ordem regida pelos dínamos do capital, se acentua a geração de desigualdade nas cidades, uma vez que, conforme elucida Soja (2009), o acúmulo de decisões locacionais nesse contexto tende à redistribuição da renda de forma desequilibrada entre os seus habitantes, injustiça que pode ser ainda mais agravada pelo racismo, pelo patriarcado, pela heteronormatividade e por outras formas de discriminação que se verifiquem no espaço. A produção da urbe – em suas circunstâncias econômicas, políticas e demográficas – precisa, portanto, ser de algum modo regulamentada sob pena de se aprofundarem as lacunas e antagonismos socioespaciais.

É nesse sentido que surge o Direito Urbanístico enquanto área própria da ciência jurídica, guiado para a democratização do espaço urbano e que tem como horizonte epistemológico o direito à cidade e a sua plataforma político-filosófica. Como já sugerido, o principal objeto de sua apreciação é o princípio da função social da propriedade e a defesa de sua subordinação ao interesse coletivo, que, embora já constasse formalmente nas Constituições brasileiras de 1934, 1946 e 1969, somente apareceu como base para a afirmação de uma política urbana seriamente pautada nesses critérios em 1988,[19] em que pesem as

---

[19] Segundo Fernandes, a base jurídica brasileira da noção de função social da propriedade "ao longo do século XX, foi dada pelo Código Civil de 1916 – aprovado quando apenas 10% de brasileiros viviam em cidades, no contexto de um país ainda fundamentalmente agrário, mas que vigorou até 2002" (FERNANDES, E. 2010, p. 61), que expressava de modo contundente a defesa da propriedade como um direito irrestrito e absoluto em face de qualquer outro, prevalecendo uma política de *laissez-faire* quanto à relação entre Estado e mercado, refletindo o paradigma jurídico do liberalismo clássico e estimulando largamente a

articulações conservadoras que limitaram avanços no sentido da criação de mecanismos urbanísticos e jurídicos para possibilitar a expropriação de terra urbana ociosa e regularizar favelas e ocupações (BONDUKI N., Do Projeto Moradia ao programa Minha Casa, Minha Vida, 2009).

No curso do processo constituinte que reinaugurou a ordem democrática no Brasil, entre 1986 e 1988, esse enfrentamento foi feito pelo Fórum Nacional da Reforma Urbana (FNRU),[20] que apresentou a Emenda Popular da Reforma Urbana com forte legitimação e engajamento popular, referendada por cerca de 200.000 assinaturas, incorporando ao debate um vasto acúmulo teórico sobre a questão. Tal proposta coletiva não visava apenas assegurar a função social da propriedade privada para garantir o direito à cidade e à cidadania, mas contemplava também a instauração de uma gestão democrática da urbe, por meio de procedimentos como a criação de conselhos populares, a realização de audiências públicas, de plebiscitos, de referendos e de iniciativas legislativas populares (GONÇALVES, 2013).

O capítulo constitucional pioneiro sobre a temática, ainda que composto por apenas dois artigos, 182 e 183,[21] e sem utilizar diretamente a expressão direito à cidade, absorveu parcialmente as proposições elaboradas no âmbito do FNRU e vinculou-se não por acaso ao Título "da ordem econômica e financeira". Esse novo quadro fortaleceu o

---

especulação imobiliária (CAMPOS FILHO, 1989; VILLAÇA, 1998). As produções doutrinárias em torno do tema, notadamente a partir dos anos 1970, dentre as quais se destaca *Direito urbanístico brasileiro*, do constitucionalista José Afonso da Silva, publicada em 1982, ainda durante a ditadura militar, tentavam dar conta minimamente da complexidade urbana, mas acabavam se restringindo a orientações técnicas quanto ao uso e ocupação do solo urbano, refletindo a ordem jurídico-constitucional da época.

[20] O Fórum se autodefine como uma articulação nacional que reúne movimentos populares, sociais, ONGs, associações de classe e instituições de pesquisa, instrumental na resistência e contestação contra as forças dominantes que têm determinado o atual modelo urbano, com a finalidade de lutar pelo direito à cidade, modificando o processo de segregação social e espacial para construirmos cidades verdadeiramente justas, inclusivas e democráticas, pressionando por políticas públicas distributivas, visando permitir acesso aos serviços públicos de qualidade a toda a população, exigindo que se garanta o cumprimento da função social da propriedade e se aprimore a democracia, com a criação de instâncias de participação e controle social que sejam efetivas. Informações disponíveis em: https://funcaosocial.wordpress.com/quem-somos/. Acesso em: 27 jun. 2023.

[21] Destaca-se o *caput* de cada um deles: "Art. 182. A política de desenvolvimento urbano, executada pelo Poder Público municipal, conforme diretrizes gerais fixadas em lei, tem por objetivo ordenar o pleno desenvolvimento das funções sociais da cidade e garantir o bem-estar de seus habitantes" e "Art. 183. Aquele que possuir como sua área urbana de até duzentos e cinquenta metros quadrados, por cinco anos, ininterruptamente e sem oposição, utilizando-a para sua moradia ou de sua família, adquirir-lhe-á o domínio, desde que não seja proprietário de outro imóvel urbano ou rural" (BRASIL, 1988).

Direito Urbanístico enquanto disciplina e enquanto campo do Direito preocupado em harmonizar as funções do meio ambiente urbano, na busca pela qualidade de vida da coletividade (DI SARNO, 2004), ao estabelecer normas que vinculassem tanto o poder público na execução da política de desenvolvimento urbano quanto os particulares na celebração da vida privada nas cidades.

No entanto, para que se tornassem efetivas as rupturas propostas pela nova ordem constitucional, era preciso muito mais do que o reconhecimento formal de princípios jurídicos, mas a implementação de políticas públicas em grande escala, o que demandaria um investimento elevado e uma reforma radical no padrão excludente de política urbana empreendido no Brasil até então. Acontece que a macroestrutura econômica global levou os governos nacionais para um caminho oposto: ao invés da expansão de políticas redistributivas, como anunciava a Constituição Dirigente de 1988, a ascensão do consenso neoliberal forçou os países, sobretudo os latino-americanos, a adotarem uma retração generalizada dos gastos públicos quanto aos direitos sociais (Bercovici & Massonetto, A constituição dirigente invertida: a blindagem da constituição financeira e a agonia da constituição econômica, 2006).

Prova disso é que os dispositivos mencionados só vieram a ser regulamentados em 2001 pelo Estatuto da Cidade, Lei nº 10.257/2001, instrumento que, em linhas gerais, visa a orientar o cumprimento da função social da propriedade, o reconhecimento dos territórios populares (regularização da posse urbana, diversidade de normas e formas autoproduzidas) e a implementação de instrumentos de gestão democrática da cidade. Apesar da distância temporal entre os dois dispositivos legais, é preciso atentar para o fato de que a mobilização em torno da regulamentação do capítulo constitucional acerca da Política Urbana é muito anterior à edição do Estatuto, que teve o seu projeto de lei protocolado em 1990, 11 anos antes.

Na transição democrática, por mais que novos atores, a exemplo dos movimentos sociais urbanos citados, tenham entrado na cena política (inclusive integrando os novos partidos políticos criados) e participado mais ativamente nos órgãos legislativos e executivos em nível local,[22]

---

[22] Em função disso, em que pese o governo em âmbito federal alinhado com o pensamento neoliberal que barrou a realização dos programas constitucionais, Rolnik recorda que muitas políticas habitacionais e urbanas inovadoras chegaram a ser implantadas no período, originárias da agenda pela reforma urbana, inspiradas pela plataforma política do direito à cidade e desenvolvidas pelas coalizões democrático-populares focalizadas em alguns

as antigas lideranças partidárias e oligárquicas ainda exerciam grande influência na arena pública. Esse conflito, entretanto, foi fundamental para que fosse realizada uma crítica à agenda conservadora daquele momento e se fortalecessem as pautas pela reforma urbana que culminaram, ainda que tardiamente, com a edição da Lei nº 10.257/2001, com o reconhecimento constitucional do direito à moradia como direito fundamental no ano anterior, por força da Emenda nº 26/2000, bem como com o refreamento da privatização de serviços urbanos essenciais, conquistas que são fruto das lutas pelo direito à cidade semeadas sobretudo pelas forças de oposição de esquerda, que acirraram uma verdadeira batalha ideológica em torno da Constituição (BERCOVICI, Constituição econômica e desenvolvimento, 2005). Em síntese, sobre o período destacado, pontua Raquel Rolnik:

> Em vez de promover os direitos sociais reconhecidos pela Constituição de 1988 ou as demandas dos movimentos sociais, a agenda governamental dos anos 1990 estava focada no retraimento de uma intervenção estatal, no ajuste e na consolidação de instituições de mercado. Se o recuo do papel do Estado sob o neoliberalismo provou ser mais um discurso retórico do que uma verdade, a natureza de suas ações mudou de forma drástica. Os gastos públicos não foram realmente reduzidos, como sugere o discurso dos apoiadores do modelo neoliberal, mas, sim, reorientados da promoção de direitos sociais – mesmo que numa dimensão muito limitada, no caso do Brasil – em direção à aceleração do desenvolvimento de um ambiente *market friendly*. (ROLNIK, Guerra dos Lugares, 2019)

Os avanços legislativos indicados, contudo, inauguraram uma nova ordem jurídica urbanística (FERNANDES & ALFONSIN, 2009), com principiologia específica e regras direcionadas à regulação das cidades e ao delineamento de vários instrumentos legais interventivos. A importância do Estatuto da Cidade revelou-se diante do estabelecimento de limitações ao direito individual de propriedade a fim de

---

municípios: "participação direta no processo decisório por meio da eleição de conselhos e câmaras populares, orçamento participativo, mutirões, programas de regularização de assentamentos informais e uso do zoneamento como instrumento para reconhecer ocupações e prover segurança da posse para assentamentos informais" (ROLNIK, Guerra dos Lugares, 2019, pp. 269-270). Entretanto, essas novas possibilidades foram cercadas pela retração orçamentária dos repasses feitos aos entes locais, que fragilizaram ainda mais as suas bases fiscais. Esse quadro político-institucional será melhor resgatado e explorado no capítulo seguinte, para tratar dos caminhos que levam até a formulação do Programa Minha Casa, Minha Vida.

assegurar uma mínima segurança aos cidadãos excluídos do mercado formal de habitação e de produção do espaço urbano.

Nesse sentido, retoma-se a associação entre direito à cidade e cidadania feita por Jacobi:

> Todas as pessoas que vivem na cidade são cidadãos? Não é bem assim. Na verdade, todos têm direito à cidade e têm direito de se assumirem como cidadãos. Mas, na prática, da maneira como as modernas cidades crescem e se desenvolvem, o que ocorre é uma urbanização desorganizada. (JACOBI, 1986, p. 22)

Ou seja, no plano da realidade, a cidade nega o direito a ela, a tudo o que ela representa e à cidadania. Negam-se, de modo próximo ao pensamento de Lefebvre, os espaços de encontro e as possibilidades de transformação do cotidiano e de uma democracia radical com o enfrentamento das relações de poder excludentes.

Nesse sentido, num cenário em que as camadas mais empobrecidas da sociedade foram tolhidas do acesso às melhores localizações no tecido urbano e aos seus serviços e oportunidades, pensar em direito à cidade para grupos vulneráveis demanda a adoção de uma estratégia de combate às práticas especulativas, em que se definam e se defendam interesses coletivos em detrimento de interesses individuais de propriedade. Não é demais lembrar que a:

> [...] ocupação indiscriminada de várzeas, encostas de morros, áreas de proteção de mananciais, beira de córregos, enfim, áreas ambientalmente frágeis e 'protegidas' por lei são as mais agredidas pela falta de alternativas de moradia no mercado legal, para a maior parte da população das metrópoles e cidades grandes. A questão fundiária e imobiliária está na base do travamento desse mercado. (MARICATO, Brasil, cidades: alternativas para a crise urbana, 2001, p. 86)

O pensamento de Maricato trazido sugere que há uma estreita relação entre os mecanismos que regulam o uso do solo urbano e os que regulam a produção de moradia, de modo que uma política urbana, para ser eficiente na efetivação de seus objetivos, deverá alterar os mecanismos que reproduzem a escassez social da terra urbanizada e, consequentemente, da dinâmica especulativa (SANTOS M., A urbanização brasileira, 2020), enfrentando o chamado "empreendedorismo urbano" (VAINER, 2002). Esse desígnio é anunciado no parágrafo único do artigo 1º do Estatuto da Cidade, ao indicar que ele "estabelece normas de ordem pública e interesse social que regulam o uso da propriedade urbana em prol do bem coletivo, da segurança e do bem-estar dos cidadãos, bem como do equilíbrio ambiental" (BRASIL, 2001). Para cumprir com esse propósito, de evitar a formação dos vazios urbanos, coibir a especulação imobiliária e ampliar o acesso da população mais pobre às áreas urbanizadas, são previstos alguns instrumentos jurídicos e tributários, como, por exemplo, o parcelamento e edificação compulsórios, o Imposto Predial e Territorial Urbano (IPTU) progressivo no tempo e a desapropriação do imóvel (com pagamento em títulos da dívida pública).

Por outro lado, em seu artigo 2º, a Lei nº 10.257/2001, ao elencar as diretrizes gerais para a política urbana, prevê como a primeira delas a "garantia do direito a cidades sustentáveis, entendido como o direito à terra urbana, à moradia, ao saneamento ambiental, à infraestrutura urbana, ao transporte e aos serviços públicos, ao trabalho e ao lazer, para as presentes e futuras gerações". Essa é uma composição normativa que reflete como a setorização dos distintos movimentos e organizações atuantes no processo político têm se organizado, a partir dos seus respectivos grupos de influência. Destacam-se, também, dentre as diretrizes: a gestão democrática da cidade (art. 2º, II), o planejamento das cidades como forma de evitar e corrigir as distorções do crescimento urbano e seus efeitos negativos sobre o meio ambiente (art. 2º, III); e a justa distribuição dos benefícios e ônus decorrentes do processo de urbanização (art. 2º, IX). Entretanto, não foram estabelecidos mecanismos vinculativos para a sua operacionalização, o que Daniel Gaio (2015, p. 289) denomina de "estratégias de procrastinação", historicamente presentes em outros instrumentos de reforma urbana no Brasil.

Ao interpretar o referido dispositivo, Sundfeld (2006) entende que eles são direitos subjetivos que não são assegurados individualmente e em concreto, mas sim como um direito coletivo, que deve ser voltado à fruição individual das vantagens decorrentes da cidade sustentável. Nesse sentido, o autor afirma três consequências desse entendimento: ele possibilita sanção jurídica à inércia do poder público; fornece "parâmetros normativos para controle das orientações seguidas pela política urbana, com isso viabilizando a invalidação das normas e atos a eles contrários"; e permite obstar comportamentos privados que contrariem o equilíbrio urbano (SUNDFELD, 2006, p. 55).

Essa compreensão que localiza o direito à cidade como um direito fundamental de natureza coletiva e difusa[23] e também como um direito social "comum a todos, pois todo o processo de transformação e requalificação leva de modo inexorável ao aprendizado do exercício do poder coletivo objetivando melhores condições urbanísticas para a convivência" (MOLINARO, 2009, p. 24),[24] ainda que se pretenda contemplativa ao associá-lo ao princípio dignidade humana,[25] à ideia de solidariedade e à "explosão de movimentos sociais não convencionais que traduzem conflitos sociais inéditos, fazendo surgir novos atores sociais e sujeitos coletivos de direitos" (PIOVESAN, 2011, p. 59), não deixa de reduzi-lo a um direito a prestações, a um conjunto de obrigações positivas por parte do Estado. A realização desse direito estaria, assim, vinculada ao fomento de meios intervencionistas para estabelecer o equilíbrio na repartição dos bens sociais e à instituição de um regime de garantias concretas e objetivas (Bonavides, 2008) exigíveis em juízo, ante a sua aplicabilidade imediata.

Embora não se negue que o Estatuto da Cidade simboliza um avanço inconteste, inclusive com relação à Constituição Federal, a noção de direito à cidade que nele consta reitera muito mais a ideia de direitos nas cidades, no plural, do que de um direito unitário, rememorando o sentido defendido por Marcuse (2010) para as expressões.

As orientações jurídico-normativas do direito à cidade, nesse diapasão, estariam relacionadas com a função social da cidade (SUNDFELD, 2006; WERNECK, 2007), traduzidas na promoção de moradia, trabalho, saúde, educação, cultura, lazer, transporte e que desembocariam na

---

[23] Na perspectiva de Saule Junior, o direito à cidade se encontra "no mesmo patamar dos demais direitos de defesa dos interesses coletivos e difusos, como por exemplo o do consumidor, do meio ambiente, do patrimônio histórico e cultural, da criança e adolescente, da economia popular. Esta experiência brasileira é inovadora quanto ao reconhecimento jurídico da proteção legal do direito à cidade, na ordem jurídica interna de um país" (SAULE JUNIOR, 2005).

[24] Trindade, a partir de Thomas H. Marshall e Norberto Bobbio, igualmente entende que o direito à cidade é um direito social, "cuja finalidade reside na garantia da segurança material e do bem-estar coletivo aos cidadãos diante dos mecanismos excludentes que constituem o fundamento da economia de mercado" (TRINDADE, 2012, p. 155-156).

[25] Nesse sentido, por exemplo, Cavallazzi, que entende o direito à cidade como "expressão do direito à dignidade da pessoa humana, o núcleo de um sistema composto por um feixe de direitos que inclui o direito à moradia – implícita a regularização fundiária –, à educação, ao trabalho, à saúde, aos serviços públicos – implícito o saneamento –, ao lazer, à segurança, ao transporte público, à preservação do patrimônio cultural, histórico e paisagístico, ao meio ambiente natural e construído equilibrado – implícita a garantia do direito às cidades sustentáveis como direito humano na categoria dos interesses difusos" (CAVALLAZZI, 2007, p. 56-57).

função social da propriedade. Ocorre que essa cidade mais igualitária ou sensível à criação de espaços de gestão urbana, mesmo transcendendo a lógica dos direitos individuais e rompendo com o caráter privatista dos direitos e do mercado de terras, não é suficiente para banir a segregação socioespacial promovida pelo capital.

O direito à cidade em sua radicalidade, conforme já mencionado, depende da ação do coletivo e não é garantido apenas por leis – e também não está contido nas leis, pois transborda-as e muitas vezes confronta-as. O urbano enquanto obra comum, na qual estejam contemplados todos/as aqueles/as que com ela contribuem, se conforma em prescrições administrativas? Um instrumento normativo seria capaz de regular as formas específicas de sociabilidade e de uso do espaço? De orientar o movimento geral da sociedade no sentido da sociedade urbana, que atualmente existe como virtualidade, revertendo as tendências à homogeneização, cristalização e hierarquização das relações sociais? Poderá o direito dissolver as centralidades unívocas e reativar as capacidades integrativas do urbano: o acesso, os encontros, a participação, as reuniões?

Para Saule Junior (2007), o Estatuto fez com que o direito à cidade passasse a ser a pedra fundamental do Direito Urbanístico brasileiro. O problema não está, portanto, na luta institucional ou nas reivindicações por direitos específicos, mas na redução da luta a estes aspectos. Nesse sentido, como pontua Lefebvre:

> [...] enquanto se espera pelo melhor, pode-se supor que os custos sociais da negação do direito à cidade (e de alguns outros), admitindo-se que se possa contabilizá-los, serão muito mais elevados que os de sua realização. Estimar a proclamação do direito à cidade mais "realista" que seu abandono não é um paradoxo. (LEFEBVRE, Espaço e Política: o direito à cidade II, 2016, p. 36)

Gaio (2019), nessa perspectiva, não concebe como vantajosa a atribuição de conteúdo jurídico ao direito à cidade, sendo necessário, inclusive, estar mais atento às críticas no sentido de que, apesar do esforço na criação dos instrumentos normativos, a cidade continua a ser transformada em mercadoria (BELLO & RIBEIRO, 2019); de que é preciso evitar as armadilhas que esvaziam as lutas reais, considerando que as instâncias globais, nacionais e locais estão em profunda crise (MENDES, 2019) e que há a utilização do "direito à cidade" por gestores neoliberais (CARVALHO & RODRIGUES, 2016); e de que o direito à cidade está ligado a uma potência de criação, de afirmação da capacidade de apropriação de múltiplos espaços e tempos, que não necessariamente no âmbito estatal (Tavolari, Direito à Cidade: uma trajetória conceitual, 2016). O autor chama atenção, ainda, para os riscos da banalização do conceito a partir de sua captura pela teia jurídica:

> O reconhecimento formal do direito à cidade abre espaço ao campo da exigibilidade judicial, cujo cenário é problemático. Com poucas exceções, o Judiciário tem tido posicionamentos conservadores quando fortes interesses econômicos são contestados por reivindicações sociais – como é o caso do direito à moradia. Existe o risco da banalização do direito à cidade, inclusive de que este justifique políticas segregacionistas, como a remoção de assentamentos consolidados de baixa renda em espaços ambientais. [...] Existem muito mais riscos do que benefícios em caracterizar o direito à cidade na sua dimensão normativa. Em tempos de graves retrocessos sociais, mais do que nunca é necessário que o direito à cidade seja apropriado como propulsor dos processos de mobilização e resistência aos processos de acumulação produtores de desigualdade na cidade, inclusive porque a manutenção das conquistas legais dependerá cada vez mais das ruas, das lutas e, sobretudo, da educação popular – que reduziu à medida que a crença na institucionalidade aumentou. (GAIO, O direito à cidade sob a lente dos intérpretes do Direito, 2019, p. 183-184)

O direito à cidade não deve ser limado da ciência jurídica – em suas formulações doutrinárias ou na apreciação dos conflitos que chegam até os tribunais –, no entanto defende-se que não se pode reduzir a complexa investigação teórica e filosófica de Henri Lefebvre, que, vale repetir, não tinha como preocupação central que o seu pensamento se prolongasse para o âmbito judicial ou alcançasse uma forma jurídica de pertencimento. Segundo o próprio autor, o conceito:

> [...] não pode ser concebido como um simples direito de visita ou de retorno às cidades tradicionais. Só pode ser formulado como direito à vida urbana, transformada, renovada. Pouco importa que o tecido urbano encerre em si o campo e aquilo que sobrevive da vida camponesa conquanto que "o urbano", lugar de encontro, prioridade do valor de uso, inscrição no espaço de um tempo promovido à posição de supremo bem entre os bens, encontre sua base morfológica, sua realização prático-sensível. (LEFEBVRE, O direito à cidade, 2015, p. 117-118)

Mais do que uma faceta dos direitos humanos na ordem internacional, um instrumento de realização de políticas públicas intersetoriais ou um direito fundamental resguardado constitucionalmente, buscar uma saída jurídica para o alcance do direito à cidade representa, ou deve representar, uma mudança de paradigma dentro do próprio direito, uma alternativa de repensar as cidades e a urbanização e um modo de contestar o sentido "civilizatório" da gestão das cidades. É claro que a limitação ao direito de propriedade e o estabelecimento de diretrizes para o planejamento urbano são elementos importantes na busca pela redução da desigualdade socioespacial, mas não se pode deixar de observar o esvaziamento da efetividade das leis urbanísticas relacionadas à reforma urbana (Gaio, O fetiche da Lei e a reforma urbana no Brasil, 2015) e a neutralização das potencialidades do que propôs Lefebvre, também decorrente dessa captura.

Nessa perspectiva, se reconhece o direito à cidade como uma fonte epistemológica para a compreensão e apreensão do fenômeno urbano pela ciência do Direito,[26] como um vetor para verificação da qualidade e aplicação social de determinadas políticas públicas, bem como para a busca pela efetivação de garantias relacionadas ao desenvolvimento urbano (ANDRADE, 2019), objeto da Emenda Popular da Reforma Urbana e positivadas no ordenamento jurídico-constitucional brasileiro, como a moradia e a habitação social. A importância desses dois aspectos citados na busca pelo direito à cidade e seus desdobramentos legais é o foco da subseção a seguir.

1.2 A moradia como pressuposto do direito à cidade: entre a sua afirmação enquanto direito social e a sua transformação em mercadoria

Não se pode viver sem ocupar espaço. Morar é uma das necessidades básicas, assim como comer, vestir, etc. As quantidades de artigos ou de meios de subsistência que são julgados necessários em cada período

---

[26] Posição semelhante é a de Trindade, com a qual este trabalho muito se identifica, que, ao refletir acerca do direito à cidade em um prisma jurídico, aduz que: "A abordagem desse conceito exige, portanto, esta mediação analítica: se as preocupações de Lefebvre estavam voltadas para uma perspectiva de ruptura com a ordem urbana capitalista (e consequentemente com o próprio modelo de organização social inerente a esse modo de produção), as nossas são bem mais modestas, à medida que procuramos analisar o que significa o direito à cidade em termos institucionais e jurídicos na cidade e na sociedade capitalista" (TRINDADE, 2012, p. 141).

são determinados historicamente. A moradia, em qualquer período histórico, é considerada uma necessidade vital. Mudam as características da moradia, desde o abrigo em cavernas, do chamado processo de hominização, até as adversidades das construções atuais ou as casas do futuro, do século XXI. (RODRIGUES, 2009, p. 45)

As palavras de Arlete Moysés Rodrigues reforçam o pensamento de que a moradia é um bem indispensável à vida humana, que permite condições concretas para a sua existência, uma vez que é sob um teto que se protege o corpo, o patrimônio e a memória. É o ponto a partir do qual o/a sujeito/a se relaciona com outros lugares e com uma comunidade pelas múltiplas apropriações espaço-temporais (CARLOS, A tragédia urbana, 2015). Nessas medidas, pode-se dizer que a moradia é o suporte substancial para a materialização de outras garantias igualmente básicas à sobrevivência.

Isso demonstra a importância do seu já mencionado reconhecimento constitucional com o *status* de *fundamental* e *social*, tendo em vista a sua essencialidade para o cumprimento dos demais compromissos propostos pela Constituição de 1988,[27] do princípio e valor da dignidade da pessoa[28] – fundamento da República e base do ordenamento jurídico pátrio – e das garantias que compõem as prioridades da agenda política das cidades brasileiras, além de fortalecer os instrumentos urbanísticos previstos no Estatuto da Cidade e as possibilidades de reivindicação:

> Atribuir à moradia status constitucional é algo juridicamente importante, pois facilita a justificação de limitações à propriedade privada de moradias, permitindo controlar os preços de aluguéis, limitar os despejos, facilitar requisições, permitir a tributação punitiva de imóveis vazios, promover a edificação compulsória e as desapropriações para fins sociais, etc. (LUNARDI, 2011, p. 177)

---

[27] Dentre os quais, os próprios objetivos da República: "Art. 3º [...] I – construir uma sociedade livre, justa e solidária; II – garantir o desenvolvimento nacional; III – erradicar a pobreza e a marginalização e reduzir as desigualdades sociais e regionais; IV – promover o bem de todos, sem preconceitos de origem, raça, sexo, cor, idade e quaisquer outras formas de discriminação" (BRASIL, 1988).

[28] Definido por Sarlet como "a qualidade intrínseca e distintiva de cada ser humano que o faz merecedor do mesmo respeito e consideração por parte do Estado e da comunidade, implicando, neste sentido, um complexo de direitos e deveres fundamentais que assegurem a pessoa tanto contra todo e qualquer ato de cunho degradante e desumano, como venham a lhe garantir as condições existenciais mínimas para uma vida saudável, além de propiciar e promover sua participação ativa e corresponsável nos destinos da própria existência e da vida em comunhão com os demais seres humanos" (SARLET, 2002, p. 62).

Dadas essas características, é sem dúvidas prejudicial reduzir a moradia a um produto jurídico-especulativo, ainda que, conforme já debatido, a ordem socioeconômica e as formas de sociabilidade contemporâneas associem a produção do espaço urbano a uma racionalidade de mercado, propiciando as desagregações e segregações típicas e necessárias ao capitalismo. A distribuição imobiliária nas cidades assume contornos estabelecidos pelo valor de troca da terra e pela especulação, que condiciona à periferização, para as camadas desprivilegiadas da sociedade, a aquisição da propriedade para fins de habitação, construindo "não lugares", seja por não oportunizarem trabalho, acesso a serviços públicos de transporte, educação, saúde, saneamento e lazer, seja pela(s) violência(s) presente(s) em tais localidades (Kowarick, Áreas centrais de São Paulo: dinamismo econômico, pobreza e políticas, 2007). Ana Fani Alessandri Carlos assinala, ratificando esse raciocínio:

> A produção do espaço como mercadoria efetua-se em dois níveis: através da produção da habitação, uma mercadoria intercambiável no mercado imobiliário, sem o qual a função da moradia não se realiza; e através da produção da própria cidade pelo trabalho social presente e acumulado ao longo da história. Para o capital, a materialidade do espaço é o suporte do valor de troca, a forma como a natureza, pela extensão do processo de urbanização, criou o espaço como produto imobiliário e como rede de infraestrutura, articulando o público e o privado numa morfologia diferenciada socialmente. Para a sociedade, ele é preponderantemente a possibilidade de, através dos usos, realizar a vida. (CARLOS, A tragédia urbana, 2015, p. 50)

Neste livro, o que se explora é a promoção dessa lógica de exclusão pelo próprio Estado, a partir de uma política pública habitacional, o Programa Minha Casa, Minha Vida – considerando-se a habitação como elemento físico e mensurável onde se pode exercer concreta e efetivamente o direito fundamental social à moradia adequada, sendo esta daquelas que contemplam, segundo o Comitê dos Direitos Econômicos, Sociais e Culturais da ONU, os seguintes critérios: segurança da posse; disponibilidade de serviços, materiais, instalações e infraestrutura; custo acessível; habitabilidade; acessibilidade; localização; e adequação cultural.[29] As políticas habitacionais, nesse sentido, integram a noção

---

[29] Esses critérios foram estabelecidos no Comentário Geral nº 4 ao Pacto Internacional sobre Direitos Econômicos, Sociais e Culturais, de 1991, do qual o Brasil é signatário. O texto está disponível na publicação "Direito à moradia adequada", feita pela Secretaria de Direitos

mais ampla de política urbana que, de acordo com Eduardo Domingues, são aquelas que visam "[...] prover melhores condições de vida para os cidadãos, estabelecendo normas e promovendo ações para garantir a sadia qualidade de vida nas cidades" (2012, p. 15) a partir do fomento a serviços públicos, regulados administrativamente.

Essa discussão sobre moradia adequada vincula a compreensão de função social da propriedade, sobretudo enquanto plataforma política, ao ideal de função social da própria cidade, o que extrapola o exercício do direito à propriedade – já que a cidade não tem (ou, ao menos, não deveria ter) um proprietário individual – para se pensar numa prática urbana que abranja os fatores listados e rompa com as relações hierárquicas estimuladas principalmente pelos agentes econômicos que interferem na produção do espaço. Acontece, contudo, que ainda que a Constituição Federal preveja que o exercício do *jus proprietatis* deva se harmonizar com os interesses da coletividade e estar alinhado aos objetivos centrais da política de desenvolvimento urbano, ainda carece de uma definição específica de quais seriam e como se executariam essas funções sociais.

Por outro lado, considerando que a trajetória das políticas urbanas é de desenvolvimento,[30] o direito não pode se omitir, devendo moldar as instituições encarregadas de tomarem as decisões aptas a alcançar essa finalidade (Coutinho, 2013). Essa tutela jurídica, contudo, para escapar da lógica mercantil de produção do espaço e de uma perspectiva desarticulada de outras garantias sociais, precisa compreender o habitar à luz de uma busca efetiva do direito à cidade. Quando esse horizonte epistemológico se distancia, o resultado é a transfiguração do direito em mercadoria, que Maricato qualifica como especial:

> A habitação é uma mercadoria especial, que tem produção e distribuição complexas. Entre as mercadorias de consumo privado (roupas, sapatos, alimentos, etc.) ela é a mais cara. Seu preço é muito maior do que os salários médios, e por isso o comprador demora muitos anos para pagá-la

---

Humanos da Presidência da República em 2013 e que pode ser consultada em: https://urbanismo.mppr.mp.br/arquivos/File/DH_moradia_final_internet.pdf. Acesso em: 29 jun. 2023.

[30] "A Constituição utiliza a expressão 'política de desenvolvimento urbano' em vez de simplesmente 'política urbana', o que não é um acaso. Conforme ensinou Celso Furtado, o desenvolvimento é um 'processo de recriação das relações sociais', o que necessariamente perpassa pela redistribuição da riqueza social obtida pelo processo de acumulação inerente à formatação social e econômica do capitalismo'" (ANDRADE, 2019, p. 107).

ou para juntar o valor que corresponde ao seu preço. Dizemos que é uma mercadoria que tem longo período de circulação e por isso exige um financiamento prévio para o consumo, pois em geral os trabalhadores não possuem tanto dinheiro à vista. (MARICATO, Habitação e cidade, 1997, p. 46)

O valor da habitação acaba sendo manipulado pelo Estado quando move as políticas destinadas a esse fim na direção dos interesses de grupos econômicos investidores da especulação imobiliária e da construção civil, numa dinâmica que aprofunda de modo programado a segregação socioespacial. Com isso, criam-se as áreas periféricas decalcadas por "fronteiras de tensão" (FELTRAN, 2011) e definidas por um afastamento real e simbólico do "efeito urbano", independentemente do grau de degradação urbanística do lugar ou da sua posição geográfica (DOMINGUES, 1994), concentrando pobreza. A concepção da moradia como um negócio e não como um direito, legitimada pelo poder público e pelo ordenamento jurídico, serve justamente à discriminação do acesso à cidade e aos bens nela disponíveis a partir de múltiplos critérios – de classe, de raça, de gênero –, rotulando espacialmente as pessoas como bem-vindas ou perigosas, consolidando a reprodução do capital e das desigualdades.

Nos próximos capítulos, analisa-se como as disputas políticas no entorno do Programa Minha Casa, Minha Vida e os seus arranjos jurídico-institucionais, influenciados por tais disputas, se localizam no espectro das políticas habitacionais do Brasil e em que medida dialogam – em se tratando de uma política urbana e habitacional – com um modelo de urbanização capitalista e (des)incorporam a compreensão do direito à cidade feita pelo sistema jurídico brasileiro, em suas incompletudes e contradições, como brevemente abordado.

CAPÍTULO 2

O PROGRAMA MINHA CASA, MINHA VIDA, A QUE SERÁ QUE SE DESTINAVA? UMA LEITURA A PARTIR DO GOVERNO E DO EXERCÍCIO DO PODER POLÍTICO

Para analisar o desenho jurídico-institucional do Programa Minha Casa, Minha Vida, é utilizada a abordagem Direito e Políticas Públicas, que considera essas últimas como programas de ação governamental "que resultam de um conjunto de processos juridicamente regulados, visando coordenar os meios à disposição do Estado e as atividades privadas, para a realização de objetivos socialmente relevantes e politicamente determinados" (BUCCI, O conceito de política pública em direito, 2006, p. 39), a fim de compreender as suas estruturações jurídicas em seus contextos políticos-institucionais.[31]

Tais contextos são compostos pelos conflitos decorrentes da distribuição do poder que se concentra na esfera governamental e deve ser organizado pela burocracia da Administração Pública em parâmetros de legalidade e constitucionalidade. A heterogeneidade e a larga escala dos problemas sociais que chegam até essa estrutura em busca de solução demandam uma intervenção complexa por parte do governo, num processo que envolve uma multiplicidade de atores,[32]

---

[31] Para uma leitura sobre outras abordagens conceituais do termo "políticas públicas", ver: SOUZA, C. Políticas públicas: uma revisão da literatura. *Sociologias*, n. 16, p. 20-45, jul./dez. 2006.

[32] Entendendo as políticas públicas enquanto um processo marcadamente multifatorial, Boullosa afirma: "Com isto, compreendem-se políticas públicas como um fluxo de ações e intenções ativadas por diferentes atores que buscam governar (inclusive definindo) problemas públicos ou bens públicos de acordo com suas compreensões de tais problemas ou bens, mas também de acordo com seus poderes de governabilidade, de mobilizar de

longos ciclos políticos e diversas variáveis (reserva de recursos, dispositivos fiscais e o intervalo de tempo em que se espera o alcance de resultados, por exemplo), elementos que estão em interação constante (SABATIER, 2007).

Esse alinhamento metodológico decorre do interesse em analisar como se relacionaram, no âmbito do governo, a política e o direito para a formulação do PMCMV, bem como o sentido dos direitos à cidade, à moradia e ao planejamento urbano produzidos pelo Programa. Propõe-se, assim, a aproximação de uma agenda de pesquisa cujas lentes estão voltadas para o interior do Estado, para quem controla a máquina governamental e opera a sua instrumentalização jurídica para a realização da democracia em seus componentes políticos, sociais e econômicos.

Nessa perspectiva, é fundamental a definição do que vem a ser o governo, aqui considerado como o local onde se desenrola a relação entre as forças políticas que disputam tanto o poder na sociedade como as suas formas institucionalizadas pelo Direito (BUCCI, Fundamentos para uma teoria jurídica das políticas públicas, 2021). O fenômeno governamental, enquanto manifestação juridicamente disciplinada (e limitada), apresenta-se como o objeto sobre o qual se debruça a análise,[33] podendo ser considerado como um conjunto de pessoas e órgãos que institucionalmente reúne o exercício do poder, constituindo-se como um aspecto do Estado moderno (LEVI, 1998). Essa organização precisa articular demandas internas e necessidades externas da comunidade política para garantir a integração da sociedade, o desenvolvimento econômico, o bem-estar e a diminuição dos acirramentos entre a esfera pública e os movimentos populares, esperando-se dela a capacidade de identificar pontos de consenso e de dissenso, estruturando o processo de mediação do diálogo social, por meio do qual se ajustem expectativas e se componham alternativas aptas para a solução dos problemas em pauta (BUCCI, 2021).

No contexto da separação de poderes enquanto princípio constitucional do Estado democrático de direito moderno, o governo

---

recursos e de influenciar os demais atores que conformam aquela específica arena pública correspondente às ações ativas" (BOULLOSA, 2013, p. 77-78).

[33] Harold Lasswell (1950), sociólogo estadunidense, pioneiro na consolidação das políticas públicas como objeto de estudo independente da ciência política, as entende como a concretização do governo em ação, como um ato de *governing*, evidenciando a centralidade desse conceito.

corresponde ao Executivo,[34] que congrega uma série de competências administrativas aptas a realizar os fins estatais, atuando com autonomia política na condução dos negócios públicos (MEIRELLES, 1996). Para além disso, não se deve confundir a concepção de governo com a de Estado – que, numa definição sucinta, pode ser conceituado como a "ordem jurídica soberana, que tem por fim o bem comum de um povo situado em determinado território" (Dallari, 1998, p. 118) – e nem com a de Administração Pública, que diz respeito à estrutura dirigida pelo governo, destinada à prestação dos serviços públicos e à execução das decisões políticas e legislativas ou, na perspectiva de Maria Sylvia Zanella Di Pietro (2013), que divide-se em dois sentidos: um objetivo, material ou funcional, em que pode ser entendida como a atividade concreta e imediata que o Estado desenvolve, sob regime jurídico de direito público, para a consecução dos interesses coletivos; e outro subjetivo, formal ou orgânico, o qual representa o conjunto de órgãos e de pessoas jurídicas a que a lei atribui o exercício da função administrativa do Estado.

A partir e ao lado dessas concepções, é importante sinalizar as noções de governança e governabilidade adotadas no presente trabalho, que também servem à abordagem utilizada. Esta última refere-se às condições substantivas de exercício e legitimidade do poder, derivadas da sua postura diante da sociedade civil e do mercado e da sua aptidão de articular alianças e coalizões entre os diferentes grupos sociopolíticos para viabilizar o projeto a ser implementado, agregando múltiplos interesses e apresentando-lhes um objetivo comum para os curto, médio e longo prazos (ARAÚJO V. D., 2002). Já a governança pode ser entendida como a face adjetiva desse processo, a capacidade que um determinado governo tem para formular e implementar as suas políticas – dependendo de condições mínimas de governabilidade. Para

---

[34] Na clássica separação dos poderes proposta por Montesquieu, o governo seria o conjunto das funções exercidas pelos distintos corpos do poder e o Poder Executivo teria outra acepção: "Há, em cada Estado, três espécies de poderes: o Poder Legislativo, o Poder Executivo das coisas que dependem dos direitos das gentes, e o Poder Executivo das que dependem do direito civil" (MONTESQUIEU, 1997, p. 201). A concepção de Aristóteles, que inspirou Montesquieu, também compreende o governo como o conjunto do funcionamento dos poderes: "Em todo governo, existem três poderes essenciais, cada um dos quais o legislador prudente deve acomodar de maneira mais conveniente. [...] O primeiro destes três poderes é o que delibera sobre os negócios do Estado./ O segundo compreende todas as magistraturas ou poderes constituídos, isto é, aqueles de que o Estado precisa para agir, suas atribuições e a maneira de satisfazê-las./ O terceiro abrange os cargos de jurisdição" (ARISTÓTELES, 2002, p. 142).

Secchi (2009), ela se revela a partir de um paradigma relacional, uma vez que "oferece uma abordagem diferenciada de conexão entre o sistema governamental e o ambiente que circunda o governo" (2009, p. 363).

Dialogando com tais definições, a abordagem DPP entende a realização do direito como objetivo das políticas públicas e investiga qual o sentido do direito que é produzido institucionalmente a partir de uma leitura sistemática do conjunto de atos normativos, decisões executivas e medidas operacionais que o conformam (BUCCI, Quadro de Referência de uma Política Pública: primeiras linhas de uma visão jurídico-institucional, 2015):

> [...] enxergar o direito como objetivo de políticas públicas sugere, em primeiro lugar, que se reconheça que o arcabouço jurídico tem a característica de formalizar metas e indicar os "pontos de chegada" de tais políticas. O direito, nesse sentido, pode ser entendido como uma diretriz normativa (prescritiva) que delimita, ainda que de forma geral e sem determinação prévia de meios, o que deve ser perseguido em termos de ação governamental. Ele é, nessa acepção, uma bússola cujo norte são os objetivos dados politicamente, de acordo com os limites de uma ordem jurídica. (COUTINHO, 2013, p. 194)

Nesse sentido, é preciso fazer duas ressalvas, sinalizadas pela própria Bucci (2021): primeiro, a de que com essa abordagem não se almeja resumir uma política pública ao seu aparato jurídico; segundo, a de que não é necessário apartar o Direito dos demais elementos que constituem a ação governamental em estudo. Aqui, ao mesmo tempo em que se reconhece o Direito enquanto definidor dos objetivos de uma política pública, agregando a ela contornos cogentes e revestindo-a de oficialidade, tem-se também que ele é o instrumento que viabiliza a sua execução e a concretização da decisão política a que ela corresponde.

Em função do desenvolvimento do capitalismo, as decisões políticas passaram a depender da conformação do poder em estruturas despersonalizadas, organizadas segundo as regras e procedimentos jurídicos e, consequentemente, a política foi "deixando de ser exclusivamente política, para ser, ao mesmo tempo e cada vez mais, também direito, organizado em instituições" (BUCCI, 2021, p. 59). Essa dependência do Direito para a legitimação da ação governamental evidencia a centralidade do arcabouço jurídico na estruturação institucional de uma política pública e compreendê-la pode auxiliar a análise dos resultados por ela produzidos, já que as normas, processos e instituições jurídicas acomodam os modos de articulação e interação de atores institucionais direta ou indiretamente ligados à ação governamental.

Na síntese das complexidades e pontos críticos inerentes ao processo de *policymaking*, outra importante categoria acionada por Bucci para a compreensão do tema é a de instituição, a partir da qual é possível enxergar o processo de criação de uma política pública e como ela pode vir a se desagregar das forças políticas que propiciaram o seu surgimento, justamente em função da já mencionada conformação do poder em estruturas despersonalizadas, organizadas segundo as regras e procedimentos jurídicos. A institucionalidade é o que confere estabilidade à ação governamental e isso ocorre à medida que o Direito se infiltra na política para conferir a ela objetivação e organização, num movimento de tradução do exercício desse poder em uma linguagem normativa. Nesse sentido:

> Se o direito pode se concretizar e tomar corpo somente na instituição e se tudo o que passa a ser socialmente organizado é absorvido como elemento desta última – adquirindo caráter jurídico –, pode-se concluir que o direito é o princípio vital de toda instituição, que anima e mantém reunidos os vários elementos que desta advêm, que determina, fixa e conserva a estrutura das entidades imateriais. Reciprocamente, a instituição é sempre um regime jurídico. (ROMANO, 2008, p. 92)

A institucionalização de uma política pública se revela como uma estratégia de disciplinar, em bases jurídicas, as regras de um jogo cada vez mais complexo, sobretudo em contextos de desigualdade. A coordenação fornecida pelo Direito sistematiza o programa de ação governamental, notadamente ao definir os papéis dos atores que participam desse processo, dando a ele caráter permanente e estável na organização jurídica estatal, isto é, consolidando-o o suficiente para suportar as transições de gestão, "visando a composição de distintos interesses, meios e temporalidades, em função da ideia-diretriz" (BUCCI, Fundamentos para uma teoria jurídica das políticas públicas, 2021, p. 257). Bucci (2021) reforça que esse fenômeno é o que impede a dispersão dos elementos políticos e sociais, mantendo alinhadas as competências públicas e os interesses individuais e coletivos, em que pesem as suas distinções, bem como permite a caracterização destes como componentes de um arranjo funcional, denominado de arranjo institucional.

Esse arranjo é também um importante elemento de análise, ao passo que representa a exteriorização do programa governamental, que ganha materialidade a partir das normas, decisões e medidas editadas no curso de sua formulação e execução. Ele compreende tanto o marco geral de ação da política pública em seu aspecto objetivo (o conjunto organizado) como em seu aspecto subjetivo (os atores envolvidos na política) (SILVA A. A., 2015, p. 48), que, ao combinar conceitos e diretrizes racionais, produzem determinados significados e comportamentos, revelando a decisão nuclear do governo. Nesse sentido, Bucci e Coutinho (2017) alertam para o fato de que a escolha desses caminhos pelo Estado não é feita de modo aleatório, mas resulta de um esforço intencional e consciente no qual o aparato normativo, os processos por ele coordenados, os agentes que participam e as instituições jurídicas desempenham um papel mais relevante do que à primeira vista pode parecer, uma vez que:

> Atributos de seu desenho institucional, como o grau de descentralização, autonomia e coordenação federativa e intersetorial e os tipos de relações públicas e público-privadas que suscitam, bem como sua integração com outros programas, dependem, em larga medida, da consistência do arcabouço jurídico que as estrutura. (BUCCI & COUTINHO, Arranjos jurídico-institucionais da política de inovação tecnológica: uma análise baseada na abordagem de direito e políticas públicas, 2017, p. 317)

Além de determinar normativamente os objetivos almejados, como já mencionado, Coutinho (2013) aduz que o Direito também serve para apontar, ainda que de forma ampla, os instrumentos a serem utilizados para alcançá-los; criar canais de participação social e legitimação democrática; e estruturar os referidos arranjos institucionais voltados à coordenação de processos e à atribuição de responsabilidades aos agentes em tais políticas. Ao acionar esse instrumental analítico, portanto, o que se busca é uma compreensão integrada dos inúmeros aspectos e dimensões jurídicas e não jurídicas que convergem para a ação governamental.

Para saber a que se destinava o PMCMV, inicialmente, é preciso conhecer o contexto político-institucional em que ele se insere, o que Bucci denomina de plano macroinstitucional, isto é, o ambiente em que se deu a conversão do impulso político em ação governamental, reconhecendo-se o governo como motor do aparelho de Estado e verificando-se a tensão entre a política e a política pública[35] estudada.

2.1 A centralidade política da política pública e na tomada de decisão do governo: o plano macroinstitucional

Os primeiros passos da análise sobre os elementos em disputa quando da produção jurídico-institucional do Programa Minha Casa, Minha Vida são permeados por questões que visam situá-lo em uma realidade material e política específica, considerando que o Estado Social é o Estado das políticas públicas (BUCCI & SOUZA, 2022): o que desafiou o governo a formulá-lo? Quais os conflitos presentes no processo de racionalização do poder? Quais as justificativas apresentadas acerca da sua contribuição para a democracia e inclusão social?

De antemão, ressalta-se que o PMCMV se tornou uma política suficientemente institucionalizada, ou seja, que esteve assentada em uma base normativa que funcionou como elemento de organização sistemática e efetiva da ação governamental, capaz de orientar comportamentos de agentes públicos e privados no sentido da decisão política anunciada, independentemente da gestão que a operacionalizasse[36] (BUCCI, Método e aplicações da abordagem Direito e Políticas Públicas (DPP), 2019). Isso é importante salientar, tendo em vista que a abordagem DPP "supõe uma política pública completa ou pelo menos

---

[35] Sobre a recorrente imprecisão léxica entre os termos política e políticas públicas: "Tanto la política como las políticas públicas tienen que ver con el poder social, pero mientras la política es un concepto amplio, relativo al poder en general, las políticas públicas corresponden a soluciones específicas de cómo manejar Los asuntos públicos. [...] La política, en su sentido más amplio, tiende a conformar tanto las propuestas de políticas públicas como aquellas que se concretan. Quien quiere el gobierno, quiere políticas públicas. Los gobiernos son, desde este punto de vista, instrumentos para la realización de políticas públicas. Más que mirar al ordenamiento de las actividades del sector público como dado por su organización, conviene mirarlo como un instrumento para la realización de las políticas públicas" (LAHERA, 2006, p. 75-76).

[36] Isso não significou, evidentemente, que as transições governamentais mantiveram o programa ativo. No caso em exame, verifica-se que a gestão Temer (2016-2018) diminuiu drasticamente os investimentos na referida política habitacional, tendo, ao fim do seu mandato, cumprido com apenas 13,5% da meta anunciada para o público da faixa de renda mais baixa, e que o governo Bolsonaro (2019-2022) a desmontou completamente, tendo o substituído pelo Programa Casa Verde e Amarela, que se apropriou de contratos prévios do Minha Casa, Minha Vida para institucionalizar a espoliação e a expropriação urbana (BALBIM, 2020), além de ter dispensado a oitiva do Conselho das Cidades, obstando a participação democrática em sua formulação. Sobre esse último aspecto, ver Marco e Battirolla (2021).

em processo de institucionalização, com seus contornos identificáveis" (BUCCI, Método e aplicações da abordagem Direito e Políticas Públicas (DPP), 2019, p. 817), isto é, com soluções previamente estruturadas para os problemas em sua implementação.

Nessa análise, é preciso considerar duas perspectivas distintas que se desenvolvem e se influenciam no processo de racionalização do poder e conformação da decisão governamental: uma que parte do Estado e do modo como ele organiza o poder e se constitui enquanto canal de expressão e realização das demandas sociais e outra que parte da sociedade civil na condição de fomentadora dos movimentos políticos que estimulam a ação estatal.

Tendo em vista que esses processos estão essencialmente imbricados, propõe-se uma divisão meramente esquemática entre eles para o estudo do PMCMV faixa 1, que considera, com relação à primeira, a frustração deixada pelo Banco Nacional de Habitação (BNH) na política habitacional brasileira, a constitucionalização da política urbana em 1988 e do direito à moradia pela EC nº 26/2000, a promulgação do Estatuto da Cidade (Lei nº 10.257/01) e o papel do Ministério das Cidades na retomada das discussões sobre habitação de interesse social na esfera pública, a partir de 2003, e, quanto à segunda, a importância histórica dos movimentos sociais por uma reforma urbana no Brasil, a crise financeira internacional de 2008, contexto em que nasce o Programa, e o papel dos agentes privados em sua gênese.

2.1.1 Do Banco Nacional de Habitação ao Programa Minha Casa, Minha Vida: notas de uma memória institucional

Opta-se por iniciar um breve levantamento histórico das políticas habitacionais de interesse social no país pelo BNH, tendo em vista que esse foi o primeiro órgão a instituir um programa de financiamento para a aquisição da casa própria para as populações de baixa renda em âmbito nacional.[37] Instituído pela Lei nº 4.380, de 21 de agosto de

---

[37] Rolnik (2019) chama atenção para o fato de que já existia um mercado de apartamentos lançados para venda desde o final dos anos 1920, no Rio de Janeiro, e dos anos 1940, em São Paulo. No entanto, após a Segunda Guerra Mundial, sobretudo após os anos 1950, um setor de incorporação imobiliária especializado e profissionalizado passou a atuar como mercado de residências próprias, geralmente composto por empresas associadas a bancos, negócios predominantemente familiares de construção ou companhias seguradoras e de capitalização. Bonduki (1994), ao tratar das origens da produção estatal da habitação social,

1964, num contexto autoritário, de centralização das arenas decisórias e sem qualquer rastro de participação popular em sua concepção, no fluxo de uma série de reformas anunciadas pelo governo militar e com o mote de ampliar o acesso à moradia, o referido banco público foi uma das principais promessas sociais do regime ditatorial. À época, já havia se constatado a agudização das condições de vida urbana, e o Plano Nacional de Habitação, no qual se incluía o BNH, foi utilizado para demonstrar a receptividade do novo regime às necessidades das massas e que os problemas sociais eram uma preocupação.

Ele estava assentado no Sistema Financeiro de Habitação (SFH), igualmente recém constituído, que captava recursos de duas fontes principais: para subsidiar as moradias destinadas à população baixa renda, do Fundo de Garantia do Tempo de Serviço (FGTS);[38] para custear a demanda das classes média e alta, do Sistema Brasileiro de Poupança e Empréstimo (SBPE), um fundo de poupança voluntária (ARRETCHE, 1990).

O BNH, desde o seu lançamento, esteve em função dos interesses empresariais que o geraram, notadamente daqueles vinculados à indústria da construção civil, que integrou a base contraofensiva à ascensão de João Goulart e, articulando-se à União Democrática Nacional e ao lacerdismo,[39] apoiou o golpe militar. Isso fica mais evidente

---

lembra a existência das carteiras prediais dos Institutos de Aposentadoria e Pensões (IAPs), em 1937, seguida pela criação da Fundação da Casa Popular, em 1946, iniciativas de governos populistas no setor que, embora de curta escala e mal articuladas institucionalmente, ganham relevância na medida em que são pioneiras em reconhecer que a questão habitacional não seria resolvida apenas por meio do investimento privado, requerendo, necessariamente, intervenção do poder público, ao contrário do que ocorria antes da década de 1930, quando a participação estatal na produção de moradia era considerada uma concorrência desleal ao mercado privado. O BNH consolidou exatamente essa lógica. Seu diferencial em relação às demais políticas implantadas até então se deve ao fato deste se tratar de um órgão que articulava o setor público, como financiador principal, com o setor privado, executor da política habitacional.

[38] O FGTS, criado em 1966 e vigente a partir do ano seguinte, pode ser conceituado como uma poupança compulsória do trabalhador, constituída por depósitos mensais realizados pelo empregador, que recolhe na fonte 8% das remunerações, em conta vinculada de natureza privada, sob gestão pública. O fundo veio a se tornar a principal fonte de recursos do BNH e é, ainda hoje, peça central do sistema de financiamento da política habitacional brasileira, em que pese a intenção primordial da sua criação tenha sido fornecer ao empregado uma compensação pela substituição da estabilidade no emprego.

[39] O termo "lacerdismo" diz respeito a uma articulação de forças políticas em torno da figura do jornalista Carlos Lacerda, membro da União Democrática Nacional, grupo político de bases ideológicas conservadoras que se estabeleceu no país durante o curto período democrático vivenciado entre o fim do Estado Novo e o golpe de 1964, pelo qual foi eleito governador da Guanabara entre dezembro de 1960 e outubro de 1965. Lacerda foi um dos principais expoentes da oposição a Getúlio Vargas e aos chamados governos populistas, agrupando grupos insatisfeitos com as políticas intervencionistas implementadas no período. Antes do regime ditatorial, em sua campanha à Presidência da República, Lacerda "já havia

quando se rememora a declaração atribuída à primeira presidenta do órgão, Sandra Cavalcanti: "a casa própria faz do trabalhador um conservador que defende o direito de propriedade" (BONDUKI N. G., Política habitacional e inclusão social no Brasil: revisão histórica e novas perspectivas no governo Lula, 2008, p. 72). Esse discurso indicava uma preocupação em atrair as massas populares urbanas e fazer da política habitacional baseada na casa própria um instrumento de combate às ideias "comunistas" e progressistas no país (ROLNIK, Guerra dos Lugares, 2019), ao mesmo tempo em que se estruturava em moldes capitalistas o setor da construção civil, sob o argumento de aquecer a economia e gerar empregos.

Muito rapidamente, essa tônica empresarial se escancarou e os objetivos sociais foram colocados no escanteio, sobretudo porque o grupo hegemônico que controlava o BNH entendeu como pouco vantajoso o regime de contratação das construtoras pelas Companhias Habitacionais (COHABs), entidades destinadas à produção de moradia para os estratos de baixa renda, de zero a três salários mínimos, que eram financiadas pelo órgão e pelo SFH. Cedendo às pressões do mercado imobiliário, uma série de medidas começou a ser implementada já no ano seguinte a sua criação, tais como a correção monetária das prestações, o aumento do teto do valor dos imóveis passíveis de financiamento – atendendo preferencialmente às classes média e alta, mais lucrativas aos seus empreendedores – e isenções tributárias para a indústria da construção civil (MELO, 1988), além da presença cada vez maior de representantes de instituições financeiras privadas na direção do banco.

No início da década de 1970, o BNH aplicava uma parcela ínfima dos seus recursos para as famílias da classe baixa, enquanto os/as mutuários/as com rendimentos superiores a 20 salários mínimos eram fartamente beneficiados/as. Maricato (1987) atribui o desequilíbrio às altas taxas de inadimplência das COHABs, o que motivou a transferência desse passivo ao SBPE, que imprimiu um caráter elitista ao programa ao afastar-se do financiamento ao mercado popular. Em 1975, contudo, sob influência da política do Banco Mundial e após o lançamento, em 1973, do Plano Nacional de Habitação Popular (PLANHAP) pelo próprio BNH,[40] alguns resultados dos programas destinados à faixa de menor

---

anunciado o compromisso público de instituir um Banco Nacional de Habitação Popular, visando a construção de milhões de casas populares no Brasil inteiro para fazer de cada trabalhador um proprietário e dar às classes médias um lugar ao sol" (MELO, 1988, p. 76), discurso que efetivamente repercutiu na criação do BNH.

[40] O PLANHAP foi lançado com "discursos e pronunciamentos oficiais [que] iriam repetir, ironicamente, os mesmos objetivos e intenções que fundamentaram a criação do BNH e do SFH [...] A habitação popular e erradicação do déficit habitacional brasileiro estão no

renda começaram a surgir, especialmente nos programas vinculados às COHABs nas periferias das grandes cidades, que passaram a atender também ao estrato de três a cinco salários mínimos. Esse novo encaminhamento foi relevante, mas insuficiente para dar conta da crise de moradia que se enfrentava. Além disso:

> Dentre as inúmeras críticas apontadas ao modelo BNH/SFH, a política de subsídios também foi alvo de questionamento, pois seu sentido social foi invertido com os descontos nas prestações e no Imposto de Renda (IR), situação essa em que a população de renda média e alta acabava por ser a maior beneficiada. Como esses subsídios foram aplicados indiscriminadamente a todos os financiamentos habitacionais, independentemente de seu montante, isso implicava que quanto maior o montante do financiamento, maior o volume do subsídio (ARRETCHE, 1990). Outros comentários vão para a mesma direção: "O financiamento concedido pelo SBPE foi um privilégio para aqueles que conseguiram adquirir um imóvel em condições facilitadas por juros praticamente negativos, graças à combinação de uma correção monetária inferior à real com os outros 'incentivos' fiscais adicionais" (BOLAFFI, 1979, p. 178). (LOUREIRO, MACÁRIO, & GUERRA, Democracia, arenas decisórias e políticas públicas: o Programa Minha Casa Minha Vida, 2013, p. 8).

Essas informações reforçam como a preocupação com a promoção de casas populares, principal exigência habitacional do acelerado processo de urbanização brasileiro na segunda metade do século XX, foi engolida pelos anseios capitalistas e pela concepção bancária e economicista do sistema, que proporcionalmente recebeu mais atenção. Em números, até dezembro de 1980, apenas 35% das unidades financiadas destinaram-se formalmente às famílias com rendimentos mensais abaixo de cinco salários mínimos, faixa de abrangência legal das COHABs e demais habitações construídas diretamente pelo BNH para esse público,[41]

---

centro das justificativas para a criação do Plano Nacional de Habitação em 1964 e do Plano Nacional de Habitação Popular em 1973. Novamente são lembrados os benefícios que o BNH trará ao desenvolvimento do país através do estímulo à indústria da construção e através da geração de milhares de empregos diretos e indiretos" (MARICATO, Política habitacional no regime militar, 1987, p. 42).

[41] Diante da exígua abrangência das políticas de financiamento para as faixas mais baixas de renda, apoiou-se o governo no que Mautner (MAUTNER, 1999) denominou "trilogia loteamento clandestino/casa própria/autoconstrução" para promover a moradia, ainda que a base fosse uma ocupação irregular. Isto é, houve uma omissão por parte do poder público. A consequência daí advinda foi o processo de periferização dos espaços ocupados por essas pessoas, que, mesmo construído à margem dos processos formais de produção da cidade, fora da legalidade urbanística estabelecida, por meio de um trabalho realizado com recursos técnicos precários, passou a constituir um espaço urbano que foi se incorporando à cidade e estabelecendo com ela as suas próprias relações. Também foi implantada,

enquanto que 65% destinaram-se às camadas média e alta da população (AZEVEDO & ANDRADE, 2011), denominadas no âmbito do programa, respectivamente, de segmento econômico (atendido por cooperativas habitacionais que agiam como intermediárias entre os mutuários e o BNH) e segmento médio (em que atuavam principalmente os agentes privados, como as Sociedades de Crédito Imobiliário, Associações de Poupança e Empréstimo), que também incluíam o chamado segmento superior, que investia em construções de luxo (VERAS & BONDUKI, 1986). A desproporção entre as faixas era ainda maior se levado em consideração que o investimento por unidade habitacional na faixa popular era menor do que nos demais estratos (AZEVEDO & ANDRADE, 2011).

Após 22 anos de funcionamento e em função de uma desarticulação institucional, o BNH foi extinto em 1986 no então Governo Sarney (1985-1990),[42] num contexto de reabertura democrática e grande crise econômica herdada da ditadura, sendo as suas competências transferidas para a Caixa Econômica Federal (CEF), que se tornou agente financeira do SFH. Bonduki aponta que o órgão saiu de cena marcado pela inadimplência e após gradativas reduções de aplicações no setor de habitação a fim de recompor os fundos do SFH. Ao tecer uma série de críticas às estratégias adotadas pelo sistema, o autor aponta que ele "beneficiou a construção civil, que pôde contar com uma fonte de financiamento estável para a produção de unidades prontas, mas contribuiu pouco para enfrentar o problema que o órgão se propunha a resolver" (BONDUKI N. G., Política habitacional e inclusão social no Brasil: revisão histórica e novas perspectivas no governo Lula, 2008, p. 74), além de padecer de uma gestão centralizada típica do regime militar em que fora idealizado, o que se constata principalmente na administração autoritária adotada e na inexistência de participação na concepção dos programas e projetos. Ao utilizar apenas recursos retornáveis, sem contar com qualquer fonte de subsídios e elegendo critérios de financiamento bancários, o sistema excluiu parcelas significativas da população de mais baixa renda do atendimento da política habitacional. Sob o ponto de vista arquitetônico e urbanístico, Bonduki destaca:

---

pelo BNH, em meados dos anos 1970, a prática do mutirão como política pública, com a criação do Programa de Financiamento de Lotes Urbanizados (Profilurb) e do Programa de Erradicação de Sub-habitações (Promorar).

[42] O aprofundamento nessa questão escapa aos objetivos da presente obra e há ampla literatura especializada sobre o tema, dentre as quais se indica: AZEVEDO, S. de. Vinte e dois anos de política de habitação popular (1964-86): criação, trajetória e extinção do BNH. *Revista de Administração Pública*, Rio de Janeiro, v. 22, n. 4, p. 107-119, 1988. Disponível em: https://bibliotecadigital.fgv.br/ojs/index.php/rap/article/view/9391. Acesso em: 18 jan. 2023 e MARICATO, E. *Política habitacional no regime militar*: do milagre brasileiro a crise econômica. Petrópolis: Vozes, 1987.

Dentre os erros praticados se destaca a opção por grandes conjuntos nas periferias das cidades, o que gerou verdadeiros bairros dormitórios; a desarticulação entre os projetos habitacionais e a política urbana e o absoluto desprezo pela qualidade do projeto, gerando soluções uniformizadas, padronizadas e sem nenhuma preocupação com a qualidade da moradia, com a inserção urbana e com o respeito ao meio físico. Indiferente à diversidade existente num país de dimensões continentais, o BNH desconsiderou as peculiaridades de cada região, não levando em conta aspectos culturais, ambientais e de contexto urbano, reproduzindo à exaustão modelos padronizados. (BONDUKI N. G., Política habitacional e inclusão social no Brasil: revisão histórica e novas perspectivas no governo Lula, 2008, p. 74)

A atuação do BNH teve êxito enquanto instrumento de dominação ideológica, como geradora de empregos na construção civil e como pirâmide keynesiana amortecedora de recessões econômicas, contudo, seu caráter social restou comprometido, evidenciando-se o descuido com as classes trabalhadoras (VERAS & BONDUKI, 1986). O predomínio das funções econômicas de estímulo ao capital privado e do modelo empresarial assumido pela política, que reduziu a questão habitacional a uma relação de investimento-retorno, revelou o saldo negativo da iniciativa pelo afastamento de sua clientela prevista, por um lado, e, por outro, por sua pouca eficácia face ao déficit habitacional (VALLADARES, 1983).

Apesar disso, Bonduki (2008) ressalva que a importância do BNH deve ser reconhecida, uma vez que, até o momento do seu encerramento, aquela tinha sido a única vez que o Brasil havia verdadeiramente tido uma política nacional de habitação. Depois dessa experiência, longo foi o caminho até a construção de outro programa de ação de envergadura semelhante, o que só veio a acontecer com o Programa Minha Casa, Minha Vida, no ano de 2008. Nesse intervalo, o setor da habitação passou por um período de crise, potencializado pelo empobrecimento que marcou as décadas de 1980 e 1990.

Em apertada síntese, é possível apontar os seguintes eventos mais significativos nessa fase pós-BNH, em especial com relação às classes mais baixas: estados e municípios passaram a desenvolver propostas para a área, inicialmente de forma fragmentada, mas com a promulgação da Constituição em 1988, de modo mais articulado, uma vez que a partir dela a habitação passou a ser uma atribuição concorrente das três esferas governamentais, alçando o poder local ao *status* de principal interlocutor das demandas sociais; esse movimento estimulou uma série de propostas alternativas, com recursos oriundos de fontes diversas e em parceria com a sociedade civil, entre as quais, a urbanização de favelas, intervenções em assentamentos precários e incentivos à autoconstrução, a fim de contornar a falta de verbas para a construção de novas unidades habitacionais pela maneira tradicional, a exemplo do Programa Nacional de Mutirão Comunitário, que priorizava as famílias de renda abaixo de três salários mínimos e visava construir 550 mil unidades habitacionais, mas fracassou devido ao mau uso dos recursos e às ações clientelistas;[43] entre 1991 e 1995, houve total paralisação dos financiamentos com recursos do FGTS, por força das decisões políticas equivocadas do Governo Collor (1990-1992), que promoveu mudanças sutis no SFH, notadamente quanto à facilitação na quitação de imóveis; no primeiro mandato de Fernando Henrique Cardoso (1995-1998), após a implementação de políticas de ajuste estrutural e reforma monetária que culminaram com o lançamento do Plano Real, foi elaborado o programa Pró-Moradia, que utilizava recursos do FGTS e tinha foco na urbanização de áreas precárias, e reestruturado o Habitar Brasil, herança do Governo Itamar Franco (1992-1994), que tinha como fonte o Orçamento Geral da União (OGU),[44] ambos destinados às populações de renda mensal inferior a três salários mínimos e que eram também atendidos pelo Sistema Financeiro Imobiliário (SFI).[45] Sobre esse último período:

> [...] o governo FHC legitimou a visão bancária do financiamento habitacional, que nesse aspecto não se diferenciava do BNH. Embora tenha constatado que 85% do problema habitacional estava entre a faixa de renda que não tinha condições de resolver seus problemas através do mercado, a faixa de renda da população alvo dos programas subiu de doze para vinte salários mínimos. (OLIVEIRA, 2014, p. 41)

---

[43] O BNH, por meio do financiamento de unidades habitacionais e do já mencionado Profilurb, havia lançado algo parecido, em 1983, o Programa Nacional de Autoconstrução, que recebeu o nome de "Projeto João-de-Barro". A partir disso, experiências de promoção de mutirões foram realizadas em todo o Brasil, porém, na ocasião, houve resistência a essa nova modalidade de atuação por parte das COHABs (ABIKO & COELHO, 2006).

[44] Os recursos de fontes não onerosas, como os oriundos do OGU, não preveem retorno financeiro direto dos investimentos, pois os agentes beneficiados não precisam ressarcir os cofres da União.

[45] O SFI, instituído em 1997 pela Lei nº 9.514, criou instrumentos financeiros destinados a fazer uma ponte entre o mercado de capitais e o mercado imobiliário. Inspirado no modelo de hipotecas norte-americano, foi lançado como uma tentativa de modernização do setor ao incorporar características de livre mercado e desvincular-se de fontes de repasse obrigatórios, como o SFH. Para uma análise mais detalhada do tema, ver: ROYER, L. de O. *Financeirização da política habitacional*: limites e perspectivas. 2009. 194f. Tese (Doutorado em Arquitetura e Urbanismo), Faculdade de Arquitetura e Urbanismo, Universidade de São Paulo, São Paulo, 2009.

No segundo Governo FHC (1999-2002), após a paralisação do Pró-Moradia e transformação do Habitar Brasil em Habitar Brasil BID, em razão do financiamento do Banco Interamericano de Desenvolvimento (BID) recebido por ele, dois novos programas de habitação social foram lançados em pequena escala, o Programa Social de Habitação (PSH), em que "o Estado leiloava subsídios por região e bancos de segunda linha podiam adquiri-los para, em parceria com os municípios, construir as casas" (ROLNIK, Guerra dos Lugares, 2019, p. 289), e o Programa de Arrendamento Residencial (PAR), em que se adquiriam imóveis pelo sistema de *leasing*[46] e:

> [...] o empreendedor privado era responsável por toda operação, da compra do terreno até a construção, passando pela elaboração do projeto; cabia aos governos municipais apenas a "seleção da demanda" e, ao governo federal, o financiamento direito e subsidiado ao mutuário final através da Caixa Econômica Federal [...]. (ROLNIK, Guerra dos Lugares, 2019, p. 289)

Ademais, houve também a criação de um sistema de empréstimos chamado Programa Carta de Crédito, cuja modalidade individual tinha a finalidade de financiar a aquisição de um imóvel usado ou materiais de construção, e a modalidade associativa visava a produção de unidades habitacionais novas pela iniciativa imobiliária privada, com recursos do FGTS. O que se observa nessas ações é, mais uma vez, o predomínio da racionalidade privada na provisão e produção habitacional, em que não se cumpriu o objetivo de assistir ao público de menor capacidade de renda. O último programa citado, segundo Bonduki (2008), gerou efeitos perversos, na medida em que não gerou empregos e nem estimulou a produção informal da moradia, intensificando os problemas urbanos preexistentes.

O primeiro sinal de mudança mais significativa para a área só viria em 1º de janeiro de 2003, no primeiro dia do governo Lula 1 (2003-2006), em que fora anunciada a criação do Ministério das Cidades (MCidades), pasta responsável por formular a política urbana em âmbito nacional, fornecer suporte técnico e financeiro aos governos subnacionais e que, numa medida até então inédita, aglutinaria os setores de habitação, saneamento e transportes em um único órgão. A medida tinha por expectativas materializar a constitucionalização do direito à moradia

---

[46] Para melhor compreensão da forma jurídica de acesso à moradia pelo PAR e sua trajetória institucional, recomenda-se o artigo de Mariana Fialho Bonates intitulado *O Programa de Arrendamento Residencial – PAR*: acesso diferenciado à moradia e à cidade. Disponível em: https://www.revistas.usp.br/risco/article/view/44729. Acesso em: 8 jul. 2023.

por força da EC nº 26/2000, bem como facilitar a articulação do planejamento urbano aos objetivos elencados no Estatuto da Cidade, Lei nº 10.257/2001 – avanços jurídicos que, como já mencionado, alçaram o Direito Urbanístico a outro patamar. Esse foi um movimento institucional importante para a priorização da agenda da reforma urbana e da habitação de interesse social no âmbito governamental e para a retomada dos investimentos no setor, conforme aduz Maricato:

> As inúmeras propostas de política urbana que não saíram do papel após 1985 e a pouca eficácia que teve a política autoritária do regime militar reforçam a convicção de que apenas uma formulação que resulte de um pacto social e um pacto federativo teria a durabilidade, a legitimidade e a eficácia para as transformações pretendidas. Para a equipe que coordenou os primeiros passos da Política Nacional de Desenvolvimento Urbano (PNDU) no Ministério das Cidades, tratava-se de construir uma nova "cultura" para ocupar um vazio de propostas práticas abrangentes, dar espaço para a emergência dos conflitos, constituir pactos em torno de conceitos, programas e linhas de ações. Buscou-se edificar um espaço público participativo que pudesse resistir à cultura de privatização da esfera pública, bem como ao avanço das imposições antissociais da globalização. A abertura de espaços democráticos nos quais os conflitos possam se expressar não é algo banal na história do país. Trata-se de uma mudança que pode desencadear novas e sucessivas transformações. (MARICATO, O Ministério das Cidades e a política nacional de desenvolvimento urbano, 2006, p. 215)

Contudo, antes de dar um pouco mais de atenção a esse evento, é preciso destacar de modo mais apurado a contribuição dos movimentos sociais, que, embora tenham ganhado mais escala e capacidade de mobilização política a partir do governo Lula 1, nunca deixaram de propor alternativas e tensionar esse debate na esfera pública, justamente no sentido de construir o pacto social e federativo apontado anteriormente.

A reunião de diversas forças sociais em torno de uma agenda política de reforma urbana que convergiram de modo mais organizado na década de 1980, em meio ao processo de redemocratização do país, foi forjada a partir das discrepâncias que separam geográfica e/ou estruturalmente (e também simbolicamente, por consequência) os espaços reservados aos pobres e aos ricos nas cidades. Houve certa mobilização ainda antes do regime militar, em 1963, a exemplo do Seminário de Habitação e Reforma Urbana, em Petrópolis, organizado pelo Instituto de Arquitetos do Brasil e motivado pelas denominadas "reformas de base" do Governo João Goulart (1961-1964). O evento chegou a produzir um documento-síntese,[47] posteriormente encaminhado à Presidência da República, que reconheceu o acesso à habitação como um direito fundamental, criticou os efeitos da especulação imobiliária, propôs limitações ao direito de propriedade e ao uso do solo, estabelecendo desde essa época o que seria a sua função social, e se baseou em ideais de democracia e justiça social para advogar em favor de uma reforma urbana aliada a uma política de desenvolvimento econômico e social e à participação popular, sugerindo, ainda, a criação de um órgão federal especializado com autonomia financeira para equacionar as necessidades urbanas e habitacionais (Serran, 1976). O golpe militar do ano seguinte, entretanto, impediu que essas ideias saíssem do papel.

A partir da década de 1970, diante das críticas ao *modus operandi* do BNH e do seu componente empresarial, o SFH, que deslocaram a questão da habitação social para o financeiro e promoveram a noção de moradia como mercadoria e do urbano como negócio ao explorar o "sonho da casa própria", e também em função do desprestígio dos objetivos sociais das políticas urbanas empreendidas no regime militar, pôde se notar um esforço de coalizão entre as bases sociais progressistas da Igreja Católica,[48] os coletivos que reclamavam melhores condições de vida na periferia, embrionários dos movimentos de luta pela moradia, o movimento sindical, algumas prefeituras denominadas democrático-populares e os setores acadêmico e profissional que lidavam com questões da cidade. Dentre as estratégias adotadas por eles no período, podem ser citadas as ocupações de áreas vazias ou desocupadas, a produção de casas populares em regime de mutirão e as manifestações pelo acesso a equipamentos públicos e pela posse da terra (SILVA R. R., 2019). Esse acúmulo de organização política fez surgir, em 1983, a Articulação Nacional do Solo Urbano (ANSUR), que viria a originar o Movimento Nacional pela Reforma Urbana (MNRU), responsável por unificar as diferentes reivindicações acerca do tema em um mesmo discurso jurídico-político.

---

[47] O documento foi publicado no nº 15 da Revista de Arquitetura da Faculdade de Arquitetura e Urbanismo da USP, sob o título "Conclusão do Seminário de Habitação e Reforma Urbana – 1963".

[48] O relatório *Solo Urbano e Ação Pastoral* da Igreja Católica reforçou a urgência de repensar as políticas urbanas no país. Publicado em 1982, durante a 20ª Conferência Nacional dos Bispos do Brasil (CNBB), o texto retomou o debate em torno da reforma urbana, ao afirmar que as reformas só são juridicamente possíveis a partir do momento que se toma consciência que elas são socialmente necessárias. O documento propunha, por exemplo, a regularização fundiária de assentamentos informais, o combate à ociosidade do solo urbano e o condicionamento da propriedade urbana à sua função social. Barreira (1982) chama atenção para o fato de que a contradição posta pela Igreja não está entre propriedade coletiva dos meios de produção e propriedade individual, mas na primazia do uso comum sobre o direito à propriedade, sem sugerir a eliminação desta última.

A convocação da Assembleia Constituinte de 1987, que representou a oportunidade de incluir na nova ordem jurídica uma política urbana que contemplasse o direito à cidade, uma gestão urbana democrática e as diretrizes de uma política habitacional que respeitasse a função social da propriedade imobiliária urbana, fez com que o MNRU se aliasse a outros grupos nacionalmente articulados, como a Confederação Nacional de Associações de Moradores, o Movimento de Defesa do Favelado, a Federação Nacional dos Arquitetos, dentre outros, para compor o Fórum Nacional de Reforma Urbana (FNRU), uma organização mais ajustada ao plano institucional. Congregando diferentes pautas sociais sobre as questões urbanas em um só projeto, o Fórum, legitimado por dezenas de associações nacionais e locais, apresentou a Emenda Popular da Reforma Urbana à Assembleia, referendada por cerca de 200 mil assinaturas.

O documento, paradigmático na trajetória dos movimentos urbanos brasileiros, priorizava a regularização fundiária das áreas ocupadas e um controle mais estrito sobre o processo de urbanização – notadamente a partir de instrumentos jurídicos, a exemplo do imposto progressivo, do imposto sobre a valorização imobiliária, do estabelecimento de regime especial de proteção urbanística e ambiental e do parcelamento e edificação compulsórios; a criação de políticas de transportes e de serviços públicos capazes de atrelar o reajuste das tarifas públicas ao aumento real dos salários; e chamava atenção para estratégias participativas, como a instituição de conselhos populares, a realização de audiências públicas, plebiscitos, referendos e de iniciativas legislativas populares. Claro que a proposta provocou uma série de reações das forças conservadoras, que chegaram a acusá-la de "comunista" (BASSUL, Estatuto da cidade: a construção de uma lei, 2010, p. 78).

O ambiente conflituoso em que a Emenda foi analisada fez com que apenas parte do seu conteúdo fosse incorporado à Constituição, em seus artigos 182 e 183, o que modificou as noções sobre o direito à propriedade, que até aqui não eram objeto do Direito Público, e incluiu as premissas de gestão e planejamento participativos. Ainda que esse "acordo possível" tenha desagradado o MNRU – principalmente porque a função social da propriedade, uma das diretrizes fundamentais da proposta, acabou sendo submetida à edição de uma lei federal que fixasse as diretrizes da política urbana e aos planos diretores municipais –, é preciso dizer que ele representa um considerável avanço para a mobilização das discussões junto ao governo, além de marcar a introdução da temática na história constitucional brasileira e o reconhecimento do

FNRU como uma plataforma política. Com isso, o planejamento urbano tecnocrático parecia estar um pouco mais distante.

Como mencionado no capítulo anterior, a regulamentação do capítulo constitucional sobre a política urbana foi outro grande desafio institucional, fruto de uma mobilização que durou 11 anos, tendo o projeto de lei sido protocolado em 1990 e o Estatuto da Cidade, Lei nº 10.527, promulgado apenas em 2001. A demora na tramitação – que gerou forte resistência de muitos parlamentares e sucessivas negociações com a participação ativa do FNRU[49] –, apesar de ter prejudicado os municípios que, nesse interstício, careceram de instrumentos de gestão para efetivar as novas disposições constitucionais, também serviu para aprimorar o seu conteúdo (BASSUL, Reforma urbana e Estatuto da Cidade, 2002). Nesse intervalo de tempo, em 2000, por pressão dos movimentos populares urbanos e da comunidade internacional[50] com a qual o Brasil havia assumido uma série de compromissos relacionados à diminuição das desigualdades socioespaciais, foi incluído o direito à moradia no rol de direitos constitucionais fundamentais.

O Estatuto da Cidade é um avançado marco jurídico-urbanístico do Brasil que se presta a dois objetivos principais: a defesa da função social da propriedade urbana subordinada aos interesses e direitos coletivos, de forma a garantir o uso socialmente justo e ambientalmente equilibrado do espaço urbano; e o respaldo de medidas governamentais que desmercantilizem a moradia e o solo urbano, na contramão das retromencionadas políticas públicas historicamente formuladas para pensar a questão da habitação.

Orientado por esse dispositivo que propõe cidades mais justas, sustentáveis e democráticas e num cenário de efervescente participação de movimentos que desde os anos 1970 reivindicavam espaço na cena

---

[49] Assim como a Emenda Popular por Reforma Urbana, o projeto do Estatuto da Cidade foi repudiado pelos empresários da construção civil e do mercado imobiliário. No relatório produzido no 56º Encontro Nacional da Indústria da Construção Civil, realizado em Fortaleza, em 1992, a Câmara Brasileira da Indústria da Construção (CBIC), dentre outras críticas, considerava que o projeto mascarava atos de autoritarismo estatal quando propunha interferir na aquisição de imóvel urbano, objeto de compra e venda entre particulares (BASSUL, Estatuto da cidade: a construção de uma lei, 2010).

[50] No período, o FNRU "produziu ativamente a interlocução da sociedade civil em muitos eventos internacionais, entre eles a Conferência das Nações Unidas sobre Meio Ambiente e Desenvolvimento (ECO92), em 1992, onde se elaborou consensualmente o 'Tratado por Cidades Justas, Democráticas e Sustentáveis'. Em 1995 [...] participou do Comitê Preparatório para a Conferência Internacional Habitat II e organizou, em conjunto com outras entidades, a Conferência Brasileira da Sociedade Civil para o Habitat II – pelo Direito à Moradia e à Cidade. Acompanhou, em julho de 1996, a Conferência Habitat II, realizada em Istambul, e participou da delegação oficial que representou o Brasil neste evento, em que se estabeleceu o direito à moradia adequada como direito humano – inscrito na Agenda Habitat" (SAULE JÚNIOR & UZZO, 2009, p. 3).

política, o MCidades foi instituído, em 2003, pela Lei nº 10.683, com a intenção de resgatar institucionalmente um debate que há muito já se achava nas ruas. Com a bagagem das experiências locais em municípios pelos quais o Partido dos Trabalhadores (PT) havia passado e de um arcabouço legal progressista praticamente inédito, o novo ministério era desafiado por um déficit habitacional quantitativo que atingia 6,6 milhões de unidades, concentrado na população com renda familiar *per capita* de até cinco salários mínimos, que respondia por 92% da estatística (BRASIL, Plano plurianual 2004-2007: projeto de lei de revisão, 2004). Registre-se que estavam incluídas nessa conta as famílias que viviam em moradias precárias o suficiente para serem repostas (domicílios rústicos ou improvisados[51]), em coabitação (cômodos alugados, cedidos e próprios ou famílias conviventes secundárias com a intenção de constituir domicílio exclusivo) ou arcando com ônus excessivo de aluguel (famílias urbanas com renda familiar de até três salários-mínimos que moram em casa ou apartamento e que despendem mais de 30% de sua renda com aluguel).

É importante destacar que quando se fala em necessidade habitacional considera-se o déficit quantitativo a partir dos indicadores citados, que demandam a construção de novas unidades, e também o déficit qualitativo, medido por aqueles domicílios que precisam de intervenção para atingir níveis satisfatórios de habitabilidade.[52] Esses últimos são aqueles que estão em um estado de inadequação quanto à infraestrutura urbana (ausência de esgotamento sanitário ou fossa séptica, de rede geral de abastecimento de água com canalização interna, de coleta de lixo e de energia elétrica) ou quanto às questões fundiárias (casos em que pelo menos um/a dos/as moradores/as tem a propriedade da moradia, mas não, total ou parcialmente, a do terreno ou da fração ideal de terreno, no caso de apartamento, onde ela se localiza), bem como marcados pelo adensamento excessivo em domicílios próprios (número médio de moradores/as superior a três por dormitório),[53] pela

---

[51] Utilizando o conceito do IBGE, tem-se que os domicílios rústicos são aqueles sem paredes de alvenaria ou madeira aparelhada. Em decorrência das suas condições de insalubridade, esse tipo de edificação proporciona desconforto e traz risco de contaminação por doenças. Domicílios improvisados, por sua vez, englobam todos os locais e imóveis sem fins residenciais e lugares que servem como moradia alternativa (imóveis comerciais, embaixo de pontes e viadutos, carcaças de carros abandonados e barcos e cavernas, entre outros).

[52] Esses parâmetros, quantitativos e qualitativos, são os utilizados pela Fundação João Pinheiro, que calcula o déficit habitacional no Brasil desde 1995. Para mais informações: https://fjp.mg.gov.br/category/app/deficit-habitacional/. Acesso em: 15 maio 2023.

[53] Saliente-se que a partir de 2007 foi também considerado o adensamento excessivo de moradores em domicílios alugados como critério definidor do déficit habitacional quantitativo. Do mesmo modo, são situações em que se verifica o número médio de moradores superior a três pessoas por dormitório. Nesses casos, o/a inquilino/a não pode

ausência de unidade sanitária domiciliar exclusiva ou pela cobertura inadequada (imóveis que, embora possuam paredes de alvenaria ou madeira aparelhada, têm telhado de madeira aproveitada, zinco, lata ou palha).

A proposta para dar conta de tantos impasses não era a de construir um órgão operador (a CEF cumpriria esse papel), mas sim planejador, definidor das políticas e regulador do setor (MARICATO, Política urbana e o ministério das cidades: algumas diretrizes de implementação, 2003). No desenho institucional da pasta, destaca-se a Secretaria Nacional de Habitação (SNH), à qual competia formular e acompanhar os instrumentos para a implementação da Política Nacional de Habitação (PNH), visando a universalização do acesso à moradia e a promoção da consolidação e modernização da legislação do setor habitacional (BRASIL, Decreto nº 4.665, de 3 de abril de 2003, 2003).

No mesmo período, foram inauguradas importantes instâncias de diálogo com a sociedade, como o Conselho Nacional das Cidades (ConCidades) – que originou posteriormente o Conselho Nacional de Habitação, as Conferências Nacionais das Cidades e a Campanha Nacional Plano Diretor Participativo. Apesar do arrojado pano de fundo descrito, é preciso ressalvar que também se estava diante de uma conjuntura "dominada pelo declínio do Estado provedor e até mesmo das políticas setoriais de habitação, saneamento e transporte" (MARICATO, O impasse da política urbana no Brasil, 2017). Nesse sentido, o relato compartilhado por Ermínia Maricato, que participou da criação do Ministério:

> Não se esperava nenhuma grande e muito menos uma rápida mudança, já que havia algum conhecimento e experiência com gestão urbana municipal e metropolitana. Para os que tinham formação teórica sobre a produção capitalista do espaço urbano isso era ainda mais evidente. Mas era esperada, sim, a abertura de um canal para o qual convergisse a articulação de todos os que lidavam com os dramáticos e crescentes problemas urbanos, permitindo dessa forma ampliar e fortalecer o debate sobre como encaminhá-los e influir na correlação de forças de modo a encaminhar novas soluções. Parecia claro que esse encaminhamento levaria à construção social, e não apenas governamental, da Política Nacional de Desenvolvimento Urbano. (MARICATO, O impasse da política urbana no Brasil, 2017)

---

ampliar o imóvel nem vendê-lo para comprar outro maior, caracterizando-se a necessidade potencial de um novo imóvel para essas famílias.

A primeira equipe formada para liderar o MCidades, sob o comando de Olívio Dutra – que trazia na bagagem experiências inovadoras e bem-sucedidas do seu governo em Porto Alegre –, resultou numa convergência de representantes dos movimentos sociais urbanos e militantes sindicalistas, profissionais e intelectuais com vivências prévias na administração pública e trajetórias respeitadas no meio técnico e acadêmico, que sinalizavam o interesse em construir uma nova cultura para ocupar um vazio de propostas práticas abrangentes desde o malfadado fim do BNH. Esse time refletia o significado simbólico da vitória do PT nas eleições, que inegavelmente representou a conquista da classe trabalhadora e de diversos setores marginalizados da sociedade, mas acabou por suportar também o ônus de outra face da campanha que tornou o êxito de Lula possível, a necessidade de acomodação de interesses conflitantes numa aliança ampla o suficiente para abarcar segmentos conservadores e antigos rivais, a exemplo do Partido Progressista (PP) e do Partido Liberal (PL), bem como representantes do setor empresarial que haviam contaminado políticas urbanas anteriores.

Esse jogo político exigiu do governo a formulação de um programa de reformas gradual e cauteloso, pautado em soluções intermediárias para atender a públicos contraditórios, comprometido com as expectativas das instituições de mercado e com a manutenção da estabilidade macroeconômica (SINGER, 2012). Considerando esse contexto, Rolnik (2019) aponta que a governabilidade dependeu de pactos com partidos que haviam aderido ao acordo por conveniência e não por afinidades programáticas, resultando num equilíbrio político frágil, que exigiu sucessivas concessões para ser mantido e reduziu substancialmente as margens para a mudança.

Na leitura do plano macroinstitucional de uma política pública, Bucci (2021) ressalva a importância de se compreender o sistema de governo adotado, isto é, como se distribuem as funções entre as esferas de poder e como estas são controladas. No caso do Brasil, Abranches (1988) já alertava, desde o início da Nova República, que a macropolítica historicamente se caracterizava pela "coexistência, nem sempre pacífica, de elementos institucionais que, em conjunto, produzem certos efeitos recorrentes e, não raro, desestabilizadores" (p. 10). O autor explica que a experiência brasileira, embora guarde semelhanças com as demais democracias representativas multipartidárias estáveis do planeta, possui algumas particularidades, sobremaneira por conta da configuração do eleitorado presidencial, que se distancia significativamente da conformação do voto para o Legislativo, dificultando que a bandeira do/a presidente/a consiga maioria no Congresso.

Diante disso, tanto a governabilidade quanto a governança passam a depender da formação de uma coalizão majoritária com os/as parlamentares. Abranches prossegue detalhando o processo de formação desses consensos, que ele mesmo caracteriza como mecanismo complementar ao arcabouço representativo da liberal-democracia:

> A formação de coalizões envolve três momentos típicos. Primeiro, a constituição da aliança eleitoral, que requer negociação em torno de diretivas programáticas mínimas, usualmente amplas e pouco específicas, e de princípios a serem obedecidos na formação do governo, após a vitória eleitoral. Segundo, a constituição do governo, no qual predomina a disputa por cargos e compromissos relativos a um programa mínimo de governo, ainda bastante genérico. Finalmente, a transformação da aliança em coalizão efetivamente governante, quando emerge, com toda força, o problema da formulação da agenda real de políticas, positiva e substantiva, e das condições de sua implementação. É o trânsito entre o segundo e o terceiro momentos que está no caminho crítico da consolidação da coalizão e que determina as condições fundamentais de sua continuidade. (ABRANCHES, 1988, p. 27-28)[54]

Trata-se, portanto, de um contexto estruturalmente heterogêneo, em que o governo precisou se organizar nas denominadas coalizões, compartilhando o controle de ministérios, negociando cargos e aprovando ou enfraquecendo pautas que conflitassem com as linhas ideológicas e com as expectativas do seu eleitorado de base, por exemplo, a fim de alcançar outros apoios. Nesse cenário institucional de tantas disputas, o MCidades passou a trabalhar na sua proposta de política habitacional, cujo desenho já vinha sendo traçado desde a corrida eleitoral no âmbito do "Projeto Moradia", grande incubador das políticas de desenvolvimento urbano da campanha e, posteriormente, do governo.[55] Em 2004,

---

[54] Abranches revisitou 30 anos depois a análise feita por ele em 1988, tendo concluído que: "O modelo [presidencialismo de coalizão] resistiu a dois processos traumáticos de impeachment. Resistiu à mudança do polo de poder, da aliança de centro-direita que apoiou os governos de Fernando Henrique Cardoso, para as coalizões de centro-direita-esquerda que mantiveram os governos Lula da Silva e Dilma Rousseff. Passou por dois momentos de alta turbulência e incerteza, com os processos do Mensalão e da Lava Jato. Desaguou em uma eleição ultrapolarizada e agora enfrenta o desafio de um governo minoritário de ultradireita" (ABRANCHES, 2019).

[55] A proposta fazia parte de um conjunto de iniciativas do Instituto Cidadania, coordenado por Lula, visando a construção de projetos de desenvolvimento que associassem o enfrentamento da questão social ao crescimento econômico e à geração de empregos. Lançado em 2000, o projeto tinha três dimensões: gestão e controle social; projeto financeiro e urbano-fundiário; e o enfrentamento da questão num arranjo entre o governo federal e o conjunto dos agentes públicos e privados que têm alguma responsabilidade no problema da habitação. A própria criação do MCidades estava incluída no Projeto Moradia, que não o concebia com um órgão

foi aprovada a nova PNH pelo Ministério, após ampla discussão com a sociedade nos espaços dos Conselhos e da Conferência, reconhecendo a função social da propriedade e a habitação como questão do Estado e direito básico do cidadão, determinando-a como atribuição concorrente dos três níveis de governo e preconizando a inclusão social e a gestão participativa e democrática. A política estava assentada em quatro eixos: desenho institucional; modelagem de financiamento e subsídios; política urbana e fundiária e cadeia produtiva da construção civil (BONDUKI & ROSSETTO, Plano Nacional de Habitação e os recursos para financiar a autogestão, 2008, p. 34-35).

No entanto, percebeu-se que as propostas de gestão da pasta não estavam sincronizadas com as rígidas políticas monetárias entabuladas pelo Ministério da Fazenda, que buscava garantir o alcance da meta do *superavit* primário e precisava, consequentemente, diminuir os investimentos governamentais. O componente financeiro das políticas habitacionais continuava a ser o SFH e a principal fonte de recursos o FGTS, nos mesmos moldes da era FHC, a despeito dos esforços do MCidades em priorizar a população de baixa renda, onde estava concentrado o déficit. Enrijecido o orçamento por uma política de orientação neoliberal e à mercê da visão bancária da CEF, pontos importantes da PNH não puderam ser implantados de imediato. Sobre a austeridade que afetava o setor no período, Maricato (2017) aponta que, em 2004, não houve abertura de orçamento entre os meses de janeiro e abril e, até o final do ano, o contingenciamento dos investimentos previstos na Lei Orçamentária Anual atingiu a marca de 60%.

Naquele momento, como se nota, ao contrário das políticas públicas de transferência condicionada de renda e de segurança alimentar, os amplamente festejados Bolsa Família e Fome Zero, a habitação não foi uma prioridade. Silva (2014) conclui que, no período, o MCidades foi regido por um tipo de coordenação de baixo controle do governo, isto é, não houve a centralização do processo decisório, nem estruturação de um sistema intensivo de monitoramento das políticas urbanas por parte da Presidência. O Ministério dispunha de autonomia em relação às políticas que estavam sob sua responsabilidade, mas essas não contavam com os instrumentos ou recursos necessários para sua adequada viabilização.

No ano seguinte, após grande mobilização dos movimentos sociais frente à oposição da equipe econômica, foi criado o Fundo Nacional de

---

de função executiva, mas de coordenação de toda a política urbana e habitacional no país, com a missão de estruturar e implementar um Sistema Nacional de Habitação, elaborar o PNH e estabelecer as regras gerais do financiamento habitacional (BONDUKI N., Do Projeto Moradia ao programa Minha Casa, Minha Vida, 2009).

Habitação de Interesse Social (FNHIS), articulado ao Sistema Nacional de Habitação de Interesse Social (SNHIS), ambos instituídos pela Lei nº 11.124/05, fruto de um projeto legal de iniciativa popular elaborado com o auxílio do FNRU, da década de 1990. Foi pensado um complexo integrado de política pública, com a inter-relação entre os planos nacional, estadual e municipal de habitação, visando ampliar a cooperação entre os entes federados e reduzir as sobreposições e os vazios institucionais.

Contudo, a ideia inicial acabou descaracterizada e novos obstáculos se impuseram para a instrumentalização dos recursos[56] que seriam utilizados para a produção de unidades habitacionais e de lotes urbanizados, regularização fundiária e reforma e conversão de imóveis para habitação, por exemplo, visando o atendimento prioritário às famílias da menor faixa de renda. O primeiro deles foi a concepção do FNHIS como um fundo orçamentário, não como um fundo financeiro, o que implicou a sujeição a eventuais contingenciamentos e às regras de licitação, tornando-o pouco mais do que uma dotação orçamentária gerida por um conselho com participação da sociedade e reduzindo enormemente o seu potencial de financiamento (BONDUKI N. G., Planos Locais de Habitação: das origens aos dilemas atuais nas regiões metropolitanas, 2013).[57] Noutra expectativa frustrada do MCidades e dos movimentos sociais que compunham o ConCidades, foi permitido que os ativos do FNHIS fossem utilizados pelos estados e municípios que aderissem integralmente ou, diferente do esperado, apenas parcialmente, aos critérios do SNHIS, quais sejam, a criação seus próprios fundos e conselhos e a elaboração dos seus próprios planos de habitação.

O governo justificou a medida com o argumento de que apenas os municípios com estrutura administrativa mais organizada, que coincidem com os locais de concentração do déficit habitacional,

---

[56] O SNHIS reservou para a sustentação dos subsídios necessários ao Subsistema de Habitação de Interesse Social, o FGTS e o FNHIS, além de recursos provenientes do Fundo de Arrendamento Residencial (FAR), do Fundo de Amparo ao Trabalhador (FAT) e do Fundo de Desenvolvimento Social (FDS), ou seja, recursos públicos ou geridos pelo poder público. Já o Subsistema de Habitação Mercado seria mantido por meio da captação de recursos disponíveis no mercado de investimento, seja por meio das cadernetas de poupança, seja por meio de outros instrumentos, como os títulos securitizados lastreados pelos Certificados de Recebíveis Imobiliários, regulados pelo Sistema Financeiro Imobiliário.

[57] "De acordo com o modelo do SNHIS, o Ministério das Cidades é o gestor do FNHIS e a Caixa, banco público de fomento, é o agente operador. Há, também, abertura para a diversificação de agentes operadores e financeiros. O Conselho Gestor Nacional é paritário e composto por 24 membros, metade deles representando o governo federal e metade, a sociedade civil (movimentos populares, empresários do setor, trabalhadores, ONGs e universidades). Tem como competências alocar os recursos, aprovar as diretrizes, prioridades e estratégias, regulamentar, estabelecer regras de repasse e concessão de subsídios" (ROLNIK, Guerra dos Lugares, 2019, p. 297).

conseguiriam aderir integralmente ao SNHIS. Diante da flexibilização, as exigências feitas perderam grande parte de seu sentido original para se tornarem uma mera obrigação formal, sem que os entes federativos compreendessem a importância delas enquanto instrumentos de uma gestão democrática. Além dos poucos recursos manejados pelo FNHIS, se desmantelou a proposta de governança descentralizada do sistema, tão cara aos atores e movimentos sociais, que esperavam participar mais ativamente do processo de tomada de decisão, estimular a implementação de propostas territorializadas e, principalmente, amadurecer uma consciência coletiva em torno das questões habitacionais.

Em 2005, a agenda de reformas urbanas do MCidades, que já vinha sofrendo resistências desde o início dos trabalhos, precisou lidar com a mudança de ministro e com a saída de boa parte da sua equipe original, em nome da coalizão para manter a base política no Congresso Nacional após os escândalos do episódio que ficou conhecido como "mensalão". Saiu Olívio Dutra e entrou Márcio Fortes, do PP, aliado conservador do governo e que até então era secretário-executivo no Ministério do Desenvolvimento, Indústria e Comércio Exterior e havia ocupado o mesmo cargo no Ministério da Agricultura do governo FHC. Apesar da reestruturação ministerial, com a indicação de secretários/as executivo/as e membros/as do Gabinete sem experiência profissional na temática urbana, Fortes manteve a direção das quatro secretarias setoriais do MCidades (Habitação, Saneamento Ambiental, Programas Urbanos e Mobilidade Urbana) sob a responsabilidade dos/as indicados/as pelo PT até o fim do governo Lula 1, o que também acontecia na presidência e vice-presidência da CEF, onde estava alocado o SFH. De outra ponta, Dilma Rousseff sucedeu José Dirceu na Casa Civil e, no ano seguinte, em 2006, Guido Mantega, à época presidente do Banco Nacional de Desenvolvimento Econômico e Social (BNDES), assumiu a pasta da Fazenda – dois economistas com pautas desenvolvimentistas que acenavam para o abandono de parte da agenda neoliberal. Essas mudanças institucionais foram determinantes para os novos rumos na área de habitação e infraestrutura urbana, que se alinharam às estratégias de crescimento econômico a partir da ampliação do consumo dos trabalhadores, o que foi sustentado no mandato seguinte e pavimentou o caminho até o PMCMV.

Chama-se atenção para essa nova configuração da Casa Civil e da Fazenda porque ela denota uma passagem significativa entre os mandatos de Lula, qual seja, entre uma política fiscal preocupada com a estabilidade financeira para uma outra postura, comprometida com as demandas por transferência de renda, bem como com a ampliação da participação de outros agentes. Nesse sentido:

[as mudanças] foram fatores decisivos para uma reorientação das diretrizes prevalecentes na chamada "era Palocci". A participação da Casa Civil no comando da gestão econômica significou maior abertura desta arena decisória a outros atores políticos, uma vez que é o espaço institucional de articulação entre o Executivo e o Legislativo e entre o governo federal e os governos subnacionais. Também houve troca de comando em outras áreas importantes da administração econômica, como no BNDES, cujo presidente, com mais legitimidade política, pôde intensificar a orientação de apoio às políticas de cunho desenvolvimentista e, portanto, mais abertas a negociações com grupos econômicos privados. (LOUREIRO, SANTOS, & GOMIDE, Democracia, arenas decisórias e política econômica no governo Lula, 2011, p. 70)

Reflexo disso, no primeiro ano do governo Lula 2 (2007-2010), foi criado o Programa de Aceleração do Crescimento (PAC), sob a coordenação dos titulares da Casa Civil, do Ministério da Fazenda e do Ministério do Planejamento, Orçamento e Gestão, com a finalidade de retomar as obras desenvolvimentistas de infraestrutura econômica e social, inclusive no setor de habitação. O projeto foi definido por Pochmann (2012) como uma resposta à crise global do capitalismo, à nova divisão internacional do trabalho e às transformações societárias.

Nesse cenário, com a redução dos recursos mobilizados pelo FNHIS, o seu papel na política habitacional foi esmaecendo, em detrimento da preferência da alocação de fundos para o novo pacote, que não seria objeto dos decretos de contingenciamento: a proposta destinava R$ 103,6 bilhões para a habitação, distribuídos entre a urbanização de favelas (R$ 11,6 bilhões), dando continuidade à proposta do Programa Habitar Brasil-BIS, e a produção de novas moradias (R$ 44,3 bilhões); em 2007, a título de comparação, o FNHIS movimentou apenas R$ 303 milhões (MARICATO, O impasse da política urbana no Brasil, 2017), diferentemente do ano anterior, em que foi aportado R$ 1,02 bilhão. Paralelamente, perdeu relevância o SNHIS, cujas diretrizes foram ignoradas pelas medidas do PAC. Isso significava que os investimentos no setor habitacional passariam a ser feitos à revelia das diretrizes estabelecidas pela SNH após um amplo processo participativo, comprometido com a PNH e com a chancela do setor técnico da Pasta. O MCidades sequer fazia parte do sistema de gestão do PAC.

Além disso, vale dizer que, naquele momento, todos os/as secretários/as do MCidades que haviam sido indicados por Dutra já haviam sido substituídos, com exceção da SNH, chefiada por Inês Magalhães, vinculada ao PT. Essa mudança comprometeu a intersetorialidade da ação ministerial, que demandava a unificação das políticas que compunham a questão urbana. Entre 2007 e 2008, a SNH passou a coordenar os trabalhos da confecção do Plano Nacional de Habitação (PlanHab), num último esforço de articular o planejamento do setor habitacional ao SNHIS, com o apoio da consultoria do Consórcio PlanHab, formado pelo Instituto Via Pública, pelo Laboratório de Habitação e Assentamentos Humanos da Faculdade de Arquitetura e Urbanismo da Universidade de São Paulo e pela Logos Engenharia, por meio de um intenso processo participativo, com a presença de diversos segmentos sociais relacionados com o setor (movimentos populares, entidades profissionais, de pesquisa e acadêmicas, ONGs e representações estaduais e municipais).

Apesar do entusiasmo em torno do PlanHab, era irrefutável o enfraquecimento interno da Pasta, que não tinha mais um projeto global para as cidades brasileiras e padecia do clientelismo tradicional que desvirtuou os objetivos inovadores que tinham balizado a sua criação (BONDUKI N. G., Os pioneiros da habitação social: cem anos de política pública no Brasil, 2014). Foi nesse panorama de descontinuidades institucionais e políticas no outrora promissor MCidades que, pela primeira vez desde o BNH – extinto em 1986, vale relembrar –, houve dotação orçamentária o suficiente para o desenvolvimento de programas habitacionais massivos. Havia, ainda, grandes possibilidades de compor uma política de subsídios com recursos não onerosos do OGU, o que permitiria propor uma intervenção significativa no déficit habitacional das camadas mais baixas de renda.

O mercado imobiliário, cujo dínamo é a especulação fundiária e que esteve tradicionalmente restrito a menos de 30% da população brasileira (MARICATO, O impasse da política urbana no Brasil, 2017), já vinha aquecido desde o início da década em função das medidas de expansão continuada do salário mínimo e demais políticas fiscais de incentivo ao consumo, bem como do crescimento do emprego formal e o consequente aumento da poupança interna, que avolumou os recursos disponíveis no FGTS e no SBPE, fontes importantes para o setor. Para completar, o PAC, na esteira das políticas econômico-desenvolvimentistas, potencializou o crédito e a produção habitacionais. Rolnik (2019) aponta que, em 2007, já eram quase 550 mil unidades financiadas pelo FGTS e pelo SBPE e, em meados de 2008, o montante de empréstimos já perfazia os R$ 40 bilhões. Além disso, as incorporadoras haviam feito grandes estoques de terreno e, naquele mesmo ano, lançariam em torno de 200 mil imóveis para o chamado "segmento econômico", que abrangia famílias com renda mensal entre quatro e dez salários mínimos – o estrato de classe mais baixa havia ficado de fora da festa.

Tudo parecia muito favorável ao capital imobiliário, mas eis que desponta outro fator determinante para a análise: a crise hipotecária e financeira internacional iniciada nos Estados Unidos envolvendo os chamados *subprimes*, créditos de alto risco originados por adquirentes sem comprovação de renda e sem um bom histórico bancário. Essa situação se espalhou por todo o mercado financeiro num efeito dominó, afetando as empresas que estavam em processo de financeirização de suas atividades, o que era o caso de algumas grandes construtoras brasileiras, que vinham aproveitando o clima adequado para novos investimentos propiciado para o setor desde 2005 para dar início à captação de recursos expressivos na Bolsa de Valores (ARAGÃO & CARDOSO, 2012). A situação ameaçava colapsar o setor e toda sua cadeia produtiva, que naquele momento era um dos pilares da estratégia econômica – e de desenvolvimento social, por tabela – do governo. A reação, conforme aponta Fix:

> [...] o governo chegou a propor como resposta ao problema da crise das empresas do setor a Medida Provisória 443, de 2008, autorizando o governo, em especial a Caixa Econômica Federal, por meio da criação de uma subsidiária (Caixa Participações), a comprar ações de empresas da construção civil – construtoras e incorporadoras. O setor imobiliário se opôs fortemente à medida e a CBIC (Câmara Brasileira da Indústria da Construção) acusou o governo de tentar estatizar o setor. Assim, o setor advogava apoio do governo como condição necessária para a produção de habitação de baixo custo e, simultaneamente, liberdade para a construção de casas nos seus termos. (FIX, 2011, p. 139)

O apelo dos/as empresários/as passou a ser feito diretamente ao Ministério da Fazenda, com o intuito de que fosse lançada uma política habitacional, inspirada nos modelos mexicano e chileno,[58] que possibilitasse escoar as 200 mil unidades que as construtoras capitalizadas tinham prontas para lançar no mercado, por meio de subsídios diretos ao/à comprador/a, instituindo-se medidas que facilitassem os créditos hipotecários e introduzissem um fundo simplificador de empréstimos (ROLNIK, Guerra dos Lugares, 2019). Destacam-se como os dois principais agentes dessa negociação, portanto, as construtoras e empresários/as investidores atingidos, de um lado, e, do outro, a Pasta da Fazenda,

---

[58] "Em linhas gerais, essas experiências promoveram um modelo de inclusão pelo consumo, em que a moradia para a população de baixa renda deve ser ao mesmo tempo uma mercadoria a ser acessada por meio de relações de mercado e uma oportunidade de negócio para empresas privadas. [...] essas políticas habitacionais tiveram como aspectos fundamentais a produção em grande escala por empresas privadas e a concessão de subsídios governamentais diretos ao comprador para viabilizar a compra da casa própria por grupos que estariam fora do mercado (RODRIGUEZ e SUGRANYES, 2005)" (ROLNIK, Pereira, MOREIRA, Royer, IACOVINI, & NISIDA, 2015, p. 131). As consequências urbanas produzidas nesses contextos foram repetidas no caso brasileiro, como se discutirá mais adiante.

preocupada em desenhar uma medida urgente de caráter anticíclico para garantir empregos e manter estável o crescimento econômico num cenário internacional adverso.

Não teve lugar na busca por alternativas à crise o então desarticulado MCidades e sua SNH, que, embora estivesse trabalhando na formulação do PlanHab, não foi considerada como espaço principal de referência para as ações naquele momento. Apesar do desprestígio, no entanto, o órgão tentou intervir, ao oferecer ao governo alternativas, notadamente amadurecidas ao longo da elaboração do PlanHab, para dinamizar a atividade econômica, com base em experiências acumuladas anteriormente por seus técnicos em projetos como o Brasil Habitar – desenvolvido por meio de convênio com o Banco Interamericano de Desenvolvimento (BID) –, na gestão do Programa de Subsídio à Habitação de Interesse Social (PSH) e mesmo no PAC voltado para ações de urbanização de favelas (LOUREIRO, MACÁRIO, & GUERRA, Democracia, arenas decisórias e políticas públicas: o Programa Minha Casa Minha Vida, 2013, p. 18).

De igual modo, não teve espaço o ConCidades, que já havia perdido lugar na definição dos rumos da política habitacional desde o final do governo Lula 1. Sequer se aventou a possibilidade de articular uma integração entre o novo programa de ação e o SNHIS, já que a sua estrutura institucional, como já descrito, era mais complexa e demandava uma ação interfederativa em longo prazo que não estava bem estabelecida. Além disso, as premissas do SNHIS não concorriam imediatamente para o objetivo posto em xeque: salvar o setor da construção civil de uma derrocada que poderia comprometer o crescimento econômico experimentado pelo país nos últimos anos.

Quando o pacote habitacional ainda sem nome foi apresentado à Presidência, a proposta ganhou contornos de maior apelo social e político, sendo determinada a construção de 1 milhão de moradias e a ampliação do número daquelas que seriam destinadas à população de baixa renda. A faixa 1, objeto de análise mais atenta desta obra, foi acrescentada nesse momento: dirigida às famílias de baixíssima renda, elas seriam totalmente subsidiadas e por fora do crédito hipotecário, nos moldes do que a CEF já operacionalizava, com poucos subsídios, a partir de recursos do PAR. É preciso destacar que essa decisão também teve apoio logístico da SNH, que havia elaborado uma série de diagnósticos para o PlanHab. Nessas linhas, se desenhava inicialmente o Programa Minha Casa, Minha Vida.

Ajustes foram feitos antes do anúncio oficial, sobretudo a partir das reclamações dos movimentos de moradia e do FNRU que não foram ouvidas nos acordos iniciais, sob mediação principal da Casa Civil, que havia se tornado o núcleo central de coordenação política do governo: no programa, foram incluídos o Minha Casa, Minha Vida Entidades, destinado à produção de moradias por associações e cooperativas autogestionadas; e o PNH-Rural, reivindicado pelos movimentos de sem-terra envolvidos na luta pela reforma agrária, que visava subsidiar a construção de casas para cooperativas e pequenos/as produtores/as de agricultura familiar e trabalhadores/as rurais. Por pressão de parlamentares cuja base eleitoral eram municípios com menos de 100 mil habitantes – área de atuação prevista para o programa inicialmente, até porque nelas reside o "segmento econômico" priorizado pelo setor empresarial –, foi estendida a política aos municípios com menos de 50 mil habitantes, era o Minha Casa, Minha Vida-Sub 50. Essas modalidades juntas representavam menos de 10% do total de unidades e recursos previstos no lançamento do PMCMV, tornando o denominado MCMV-Empresas, de fato, o componente nuclear da política.

O desenho institucional da política foi articulado, em síntese, pela alta burocracia da Casa Civil, cuja estrutura havia sido alargada nos anos anteriores,[59] a partir dos encaminhamentos resultantes das negociações entre o Ministério da Fazenda e as construtoras, que contavam com o estoque de terrenos e a abertura de capitais e começaram a criar grandes expectativas em torno do Programa. Ao referido órgão coube o papel de articulador das demandas dos grupos empresariais e de coordenador das políticas para dinamizar a atividade econômica, enquanto que ao Ministério da Fazenda coube a regulamentação das medidas necessárias para o anúncio do PMCMV.

Encerrados os debates e etapas intragovernamentais, em março de 2009 foi apresentado o novo programa de provisão habitacional do Brasil, após a enorme lacuna deixada pelo BNH, mais de duas décadas antes, cujas tentativas de preenchimento, como demonstrado, esbarraram em diversos obstáculos institucionais. É bastante simbólica a memória trazida por Rolnik sobre o evento:

> Na ocasião, além do presidente, que apresentou o programa, discursaram um representante dos governadores, um representante dos prefeitos, o presidente da CBIC e o presidente da Gafisa. Na plateia, representantes

---

[59] O Decreto nº 5.135/2004 atribuía à Casa Civil as seguintes funções: assistência e assessoramento direto e imediato ao Presidente da República no desempenho de suas atribuições, em especial nos assuntos relacionados com a coordenação e na integração das ações do governo, e avaliação e monitoramento da ação governamental e dos órgãos e entidades da Administração Pública Federal, em especial das metas e programas prioritários definidos pelo Presidente da República. Chama-se atenção para a existência da Subchefia de Análise e Acompanhamento de Políticas Governamentais, que assume um papel decisivo no desenho institucional dos programas de ação.

dos movimentos sociais de moradia, incomodados com sua ausência no palco, sinalizaram e obtiveram do presidente o direito à fala. (ROLNIK, Guerra dos Lugares, 2019, p. 303)

A inegável tônica keynesiana de crescimento econômico e geração de empregos articulada com a oferta de moradia, demanda popular histórica, fez com que o Minha Casa, Minha Vida fosse recebido como uma das mais importantes ações no campo econômico e social do governo Lula. A expectativa era aquecer não somente o setor da construção civil, mas também a indústria de materiais que a alimentava e as de eletrodomésticos e mobiliário que a sucediam.

É interessante destacar dois movimentos nesse processo: primeiro, que não foi a troca de liderança no MCidades, motivada pelas necessidades do governo de manter sólida a sua base de apoio no Congresso Nacional, a principal razão da mudança de perspectiva no trato com as políticas habitacionais; segundo, que o fragilizado MCidades também não poderia ser simplesmente desmontado de uma hora para outra, pois aquele também era um espaço de legitimação política. O caminho do meio encontrado foi o de acomodar as diferentes linhas de atuação e seus respectivos atores: manteve-se o SNHIS como um emaranhado de regras sem efetividade e também sem força financeira e política para orientar e gerir as novas políticas habitacionais; manteve-se a SNH esvaziada de competências em um Ministério que não era instado a decidir sobre as suas pautas originais e ocupada na confecção do PlanHab (que viria a ser lançado em dezembro de 2009 e não teve o seu conjunto das estratégias para equacionar o problema habitacional considerado),[60] mas distante do acompanhamento das tratativas que encaminharam os novos rumos das políticas do setor; e paralelamente, no seio da Casa Civil e Ministério da Fazenda, se criava o maior programa habitacional do país, cuja transferência de recursos não passaria pelos SNHIS e pelo FNHIS, enfraquecendo-os institucionalmente.

---

[60] "Ao publicizar o novo programa antes de apresentar o Plano Nacional de Habitação (PlanHab) uma estratégia de longo prazo para equacionar o problema habitacional, formulada e debatida por ano e meio, sob a coordenação da Secretaria Nacional de Habitação, que estava pronta para ser publicada em janeiro de 2009, o governo perdeu uma excelente oportunidade para mostrar como uma ação anticíclica poderia se articular com uma estratégia estrutural para atacar um problema brasileiro crônico, no âmbito de um projeto nacional de desenvolvimento com inclusão social" (BONDUKI N., Do Projeto Moradia ao programa Minha Casa, Minha Vida, 2009).

Com a retirada silenciosa da capacidade decisória e de atuação do SNHIS do centro da política habitacional brasileira, os municípios também perderam o interesse em atender ao que ele exigia – que guardava consonância com o Estatuto da Cidade e com o PNH – e passaram a correr atrás de angariar o maior número possível de unidades do PMCMV. Do ponto de vista estratégico, o paulatino desarranjo de uma institucionalidade em função de outra é menos oneroso politicamente ao governo, que se desgastou menos ao deixar de encarar o tensionamento com os movimentos por reforma urbana. Essas manobras serviam tanto para manter a coalizão de forças político-partidárias que não poderia ser abandonada como para persuadir a sua própria base militante.

Essa ordem de acontecimentos pode ser explicada pela ideia de *decoupling* desenvolvida por Meyer e Rowan (1977), na qual há um respeito "ritualístico" às regras originárias, que, apesar de não serem as disposições que comandam as instituições, permanecem como uma espécie de direção moral da política. Refletindo acerca dessa relação entre o SNHIS e o PMCMV, Klintowitz (2016) afirma que o primeiro, proposto pela plataforma da reforma urbana, permanece como um modelo utópico que parece dar direção moral à política, enquanto o segundo, que favorece o setor empresarial, é aplicado na prática como a política real, inviabilizando a possibilidade daquele de concretizar-se.

Em outras palavras, ainda que tenha se reproduzido a lógica ultrapassada das políticas habitacionais, deixando a concretização de direitos à sorte dos interesses mercantis, as propostas originais para o setor se mantinham vigentes, ainda que enfraquecidas. Nesse sentido, retoma-se o pensamento de Abranches:

> A existência de distâncias muito grandes na posição ideológica e programática e, principalmente, na ação concreta dos componentes da coalizão pode comprometer seriamente sua estabilidade, a menos que existam subconjuntos capazes de encontrar meios de suprir esses vazios com opções reciprocamente aceitáveis. Mais que do peso da oposição dos "de fora" – sobretudo em se tratando de grandes coalizões –, o destino do governo depende da habilidade dos "de dentro" em evitar que as divisões internas determinem a ruptura da aliança. (ABRANCHES, 1988, p. 29)

Muito mais significativa do que a manutenção figurativa do SNHIS para demonstrar que as propostas instituídas pelo núcleo original do MCidades não haviam sido desmobilizadas por completo, foi a adoção dos critérios socialmente inclusivos no PMCMV, numa tentativa delicada – e arriscada – de costura de interesses aparentemente inegociáveis, de bases que não dialogavam. Essa opção teve um duplo efeito: mascarar a negligência sofrida pelo setor habitacional desde o governo Lula 1, com os constantes contingenciamentos de recursos e a desarticulação com Ministérios estratégicos para implementação de políticas substantivas para as camadas mais baixas de renda; e sustentar, no momento de apresentação do Programa, o consenso básico em torno do governo e o relacionamento com os seus pilares eleitorais, que naquele momento eram compostos substancialmente pela classe trabalhadora e por pequenos/as empresários/as, conquistados/as pelas políticas que permitiram o aumento do consumo e por aquelas de cunho desenvolvimentista no setor social.

O risco, por sua vez, era o de se perder no labirinto institucional criado pelo próprio governo para implementar os objetivos sociais prometidos, ante as concessões feitas ao desgarrar um programa também anunciado como de provisão de habitações de interesse social das estruturas institucionalizadas e politicamente engajadas com o setor, como o PNH, o SNHIS e o FNHIS, produzidos no âmbito da SNH, que foi chamada a contribuir apenas depois de elaborada a macroestrutura de funcionamento do Programa. Diante disso, restou o deslocamento dos compromissos com as pautas levantadas por movimentos de moradia e pelo FNRU para outras fases decisórias do processo, posteriores à formulação original da política pública, num esforço de firmar acordos setoriais que dessem conta das negociações não realizadas previamente sem sobrecarregar ou romper a coalizão.

Esse distanciamento entre as posições ideológicas e programáticas refletiu nos resultados urbanos efetivamente concretizados, mas não interferiu no processo de estabilização jurídico-institucional do PMCMV, até porque ele foi gestado no âmbito do PAC, e o recebimento desse "selo" significou que ele seria incluído em um processo de monitoramento intensivo, coordenado pela Casa Civil e por vários outros colegiados de acompanhamento, e que estaria isento de quaisquer contingenciamentos orçamentários (Loureiro, Macário, & Guerra, Legitimidade e efetividade em arranjos institucionais de políticas públicas: o Programa Minha Casa Minha Vida, 2015).

Os elementos do processo de racionalização do poder apresentados até aqui podem ser esquematizados da seguinte maneira:

Figura 1 – Racionalização do poder para formulação do PMCMV

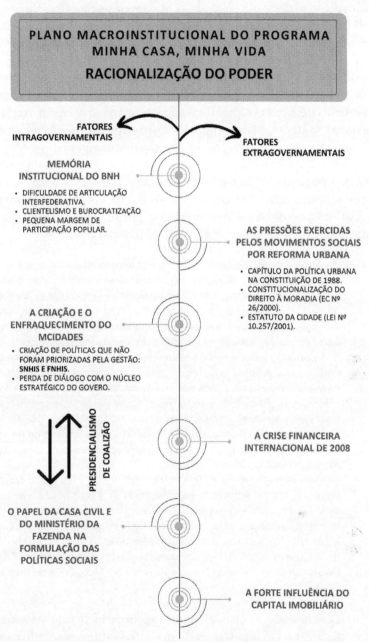

Fonte: elaborado pelo autor.

A encruzilhada institucional que antecedeu – e permitiu, por assim dizer, – o lançamento do PMCMV revela os espectros da decisão política do governo: primeiro, desviar o setor econômico da crise financeira internacional a partir de uma iniciativa que evitasse a derrocada generalizada de empresas de grande porte do ramo imobiliário e da construção civil, então aquecidas pelo PAC; noutro plano, sobreposto pela apropriação de recursos públicos pelo capital imobiliário urbano, atender as demandas de habitação de interesse social com a produção de novas unidades, numa proposta de investimento inédita na história do país para famílias de baixíssima renda, que compunham a denominada faixa 1 do Programa. A própria exposição de motivos da MP nº 459/09 – posteriormente convertida na Lei nº 11.977/2009 – é bastante representativa dessa análise, ao indicar a crise econômico-financeira global antes do déficit habitacional, que, por sua vez, foi associado às dificuldades de acesso ao crédito pela população mais pobre:

> 2. De fato, diante do cenário de crise financeira mundial com o recrudescimento de seus impactos negativos sobre a atividade econômica, renda e nível de emprego do País é premente a necessidade de adoção de medidas de natureza anticíclicas no curto prazo, principalmente aquelas que possam garantir a melhoria da qualidade de vida da população de baixa renda e a manutenção do nível de atividade econômica.
> 3. As atuais restrições de crédito, ainda que por um período curto, podem gerar problemas no setor produtivo com consequências danosas para a economia nacional, sendo oportuna, portanto, a criação de mecanismo que reduza o risco de crédito associado às operações de financiamento habitacional, incentive o retorno dos empréstimos e viabilize a continuidade dos investimentos, principalmente no setor da construção civil, grande gerador emprego e renda às camadas de menor poder aquisitivo.
> 4. Associado a isso, há o diagnóstico de que do déficit habitacional se concentra no segmento populacional de baixa renda, em razão da dificuldade dessa população em acessar financiamento e outros mecanismos de aquisição de moradia que demandem comprovação, regularidade e suficiência de renda, da decadência do SFH nos anos 80 e do fenômeno da urbanização mais acelerada da última década. (BRASIL, Exposição de motivos da Medida Provisória nº 459, de 25 de março de 2009., 2009a)

Observa-se que, apesar do forte apelo de inclusão habitacional, são indisfarçáveis as semelhanças com o modelo implementado na fase BNH. Não obstante a evolução institucional no tratamento do tema e o êxito de outras políticas sociais implementadas pelo governo que alteraram sensivelmente o mapa de desigualdades brasileiro, mais uma vez se estava diante de uma política habitacional de estímulo ao mercado.

O lugar de privilégio do setor imobiliário na tomada de decisões que deveriam seguir uma orientação pública criou o terreno para a repetição de uma lógica empresarial que viciou a articulação interfederativa proposta pelo PMCMV, favoreceu a concentração de renda e desconsiderou a base legal progressista do Estatuto da Cidade, que havia nascido justamente para enfrentar problemas relativos à injustiça urbana, à segregação territorial e à produção de moradia informal, que continuariam a acontecer. Enquanto isso, a arquitetura de planejamento urbanístico-habitacional baseada no papel estratégico do setor público do SNHIS ficava para trás.

Sobre essa memória institucional, também é preciso chamar atenção para o fato de que o contexto político da concepção do PMCMV era muito diferente daquele repressivo e autoritário do BNH, o que tem um impacto muito positivo. Mesmo que esvaziados o ConCidades e o Conselho Nacional de Habitação, as instâncias participativas estavam ativas e permitiam a escuta (ou, pelo menos, as provocações) de representantes das classes onde historicamente se concentrou o déficit habitacional,[61] em um ambiente intragovernamental. Por outro lado, a exclusão de repartições técnicas que já acumulavam um avançado repertório de pesquisa e análise intersetorial sobre a questão da moradia social fez com que "a política habitacional fosse retomada com interesse apenas na quantidade de moradias, e não na sua fundamental condição urbana" (MARICATO, O impasse da política urbana no Brasil, 2017).

Acontece que a oportunidade de articular estabilidade econômica para grupos sociais distintos e cumprir com uma agenda social intrínseca à base política matricial do governo era muito sedutora, na medida em que havia a possibilidade de produzir poder social a partir disso. Esse fenômeno depende, segundo Bucci:

> [...] [do] êxito em canalizar demandas da sociedade e alcançar formas de organização que, a partir da identificação de pontos de consenso

---

[61] "Nesse sentido, a periferia pode ser entendida como o lugar a partir do qual é possível interrogar a questão social do espaço na cidade, uma vez que expressa de forma urgente a crise urbana, o processo de precarização social e das desigualdades. Esse fenômeno, contudo, não é inevitável, resultando de escolhas políticas que alimentam um injusto esquema de distribuição de poder e que evidenciam os aspectos hegemônicos do Estado" (JESUS, 2019, p. 33).

entre os interesses em disputa, logrem evoluir para iniciativas concretas mais complexas de solução dos problemas em pauta. Em complemento, espera-se do governo capacidade de identificar pontos de dissenso, estruturando o processo de mediação do diálogo social, por meio do qual se ajustem expectativas e se componham as diferentes alternativas, reduzindo-se em parte as frustrações em relação às demandas não atendidas. (Bucci, Fundamentos para uma teoria jurídica das políticas públicas, 2021, p. 76)

Um mesmo programa de ação governamental, para retomar a definição conceitual de Bucci para as políticas públicas que abre este capítulo, pode agregar múltiplos sentidos. Considerando que as democracias modernas foram produzidas num ambiente de tensões conduzidas pelas disputas inerentes aos processos de institucionalização de valores de igualdade e liberdade, ao qual também se agrega a noção fundamental de legitimação, a autora enuncia interfaces fundamentais do governo passíveis de serem verificadas no plano macroinstitucional, com a política, com a administração e com a economia, que passam a ser analisadas a seguir.

2.1.2 A legitimação democrática da decisão: o governo em relação com a política, a economia e a Administração Pública

As políticas públicas sociais servem como instrumentos de legitimação política do governo num Estado Democrático de Direito, na medida em que são desdobramentos de uma concepção de Estado Social (BUCCI, Método e aplicações da abordagem Direito e Políticas Públicas (DPP), 2019).[62] O êxito desse processo depende da efetividade do conjunto de regras que orientam os atores e interesses envolvidos no programa de ação, que precisam desenvolver um diálogo popular aberto e uma burocracia profissional e coesa, capaz de traçar estratégias com o setor privado sem ser por ele cooptada (GOMIDE & PIRES, 2012). As possíveis lacunas que restem entre a democracia e a ação do poder público podem ser preenchidas e transformadas em sinergia, por exemplo, com o estabelecimento e aperfeiçoamento contínuo de

---

[62] "Esse é o sentido que tem sido adotado pela abordagem DPP; as políticas públicas são necessárias como expedientes de coordenação estratégica da ação governamental, em seus vários focos de competência e decisão (União, Estados, Municípios, entes privados), sem os quais seria impossível materializar os direitos fundamentais" (BUCCI, Método e aplicações da abordagem Direito e Políticas Públicas (DPP), 2019, pp. 811-812).

mecanismos de coordenação compartilhada, espaços de negociação e decisão entre atores do próprio governo, do sistema político e da sociedade (Sabel, 2004). A produção de políticas públicas, nesse contexto, envolve a constituição de arranjos institucionais que entrelacem as instituições políticas com os requisitos jurídico-organizacionais necessários para a constituição de capacidades técnico-administrativas.

A sistematização desse entrelaçamento entre as dimensões democrática e burocrática, que ocorre a partir da combinação de dois eixos de capacidades, o técnico-administrativo e o político, ajuda a compreender a capacidade de mobilização do governo diante dos desafios impostos a uma determinada política de desenvolvimento, como a que é objeto do presente estudo. De acordo com Gomide e Pires (2012), num vetor, consideram-se as capacidades políticas, associadas à habilidade dos atores do Estado em expandir os canais de interlocução com a sociedade civil e com atores do sistema político-representativo nos processos de políticas públicas:

> Trata-se do eixo que visa ampliar a noção de "inserção" ou sinergia Estado-sociedade, tal como definida por Evans (1995). No caso brasileiro, além das instituições participativas, já incorporadas ao modelo nas formulações mais recentes do mesmo autor, seriam incluídas também a atuação dos partidos e a representação de interesses no Congresso (relação entre Executivo e Legislativo). (GOMIDE & PIRES, 2012, p. 28)

No outro, segundo os autores, tem-se em conta a capacidade técnica-administrativa, que se relaciona com a "competência da burocracia estatal em traçar, implementar e coordenar estratégias em diferentes níveis de governo (coordenação interorganizacional e interfederativa, planejamento de médio e longo prazo, execução orçamentária etc.)" (p. 28).

Olhando para esse quadro e considerando o caminho institucional traçado pelo Brasil no tratamento da habitação de interesse social, é possível afirmar que o PMCMV representou politicamente o deslocamento das prioridades antes acordadas à política habitacional pelo MCidades, para se configurar como uma política de cunho predominantemente econômico. Ou seja, é imprescindível pontuar que falou mais alto a necessidade de ativar o mercado, suprimindo o interesse de reduzir o déficit habitacional para trabalhadores de baixa renda, à semelhança do que já havia ocorrido com o BNH, liderado pelo SFH. Contudo, pensar sobre a legitimação política do Programa se torna mais complexo porque, se de um lado houve a subordinação dos objetivos sociais da população mais empobrecida, por outro, a prioridade na agenda governamental em função da incorporação do PMCMV ao PAC trouxe vantagens significativas para a questão habitacional.

Vendo do plano macroinstitucional, isto é, sem adentrar nos desdobramentos institucionais da implementação do PMCMV e nem nos resultados alcançados, pode-se inferir que havia ali um arranjo legitimador do ponto de vista político, na medida em que foram negociados interesses e demandas de uma pluralidade de atores, ainda que essa articulação tenha sido feita pala Casa Civil e não pelo MCidades e com participação mais imediata do empresariado. Também se avalia como alta a capacidade técnico-administrativa em torno do Programa, notadamente ao se considerar os instrumentos de gestão e monitoramento desenvolvidos no âmbito do PAC, o que sugeria uma expectativa de maior controle governamental na fase de execução. Esse desenho demonstrou um importante potencial para gerar capital político (Klintowitz, Por que o Programa Minha Casa Minha Vida só poderia acontecer em um governo petista?, 2016).

Atrelada à análise da capacidade legitimadora de uma política pública, está a análise da capacidade de governança democrática instaurada pelo poder público antes e em torno dela. Essa relação se alinha à compreensão do Direito enquanto vocalizador de demandas feita por Coutinho:

> O Direito, nas políticas públicas, então pode ser visto, assim, como tendo a função não trivial de assegurar que elas não escapem aos mecanismos de participação e *accountability*. Isto é: normas jurídicas podem levar políticas públicas a serem mais democráticas uma vez que, por meio de regras procedimentais que disciplinem consultas e audiências públicas e a publicidade dos atos administrativos, as obriguem a estar abertas aos *inputs* de uma pluralidade de atores. O arcabouço jurídico pode, adicionalmente, ser mais ou menos capaz de estimular a mobilização de atores que, de outra forma, não se engajariam no acompanhamento e na avaliação de programas de ação públicos. Assim visto, o Direito seria comparável a uma espécie de correia de transmissão pela qual agendas, ideias e propostas gestadas na esfera pública circulam e disputam espaço nos círculos tecnocráticos. (COUTINHO, 2013, p. 22)

Reconhece-se, portanto, a importância do Direito em criar condições para a postulação de interesses nos diversos processos que informam uma política pública, desde a formação de agenda, passando pela escolha de alternativas, até que se chegue à implementação da decisão. Servindo a esse propósito, a ideia de governança democrática pressupõe uma ação diferida no tempo e a coordenação de múltiplos atores, mobilizando conhecimentos de origem diversa e pondo em prática formas de responsabilização e de legitimação da decisão (SILVA A. A., 2015). Do ponto de vista da manutenção da governabilidade, tem-se que o PMCMV garantiu a distribuição de benefícios a ambas as coalizões, a primeira ligada à plataforma de reforma urbana, com previsão de descentralização e gestão participativa, e a segunda consubstanciada na premissa de reestruturação do setor imobiliário a partir de uma política exclusiva de provisão habitacional com promoção privada e financiamento público.

No entanto, é preciso assumir que, como afirma Fix (2011), a temporalidade político-eleitoral pareceu se ajustar melhor ao ritmo do capital financeiro, que prometia atropelar resistências de todos os tipos, do que àquele das lutas urbanas e dos direitos sociais que a urbanização representa. Isso acabou por comprometer as margens discricionárias do Programa, sobretudo nos âmbitos locais, já que a urgência provocada pela crise financeira internacional suplantou a preocupação em organizar as interações com os agentes estatais e da sociedade no momento da concepção da política. Revela-se, assim, mais um prejuízo decorrente da falta de investimento prévio no amadurecimento do SNHIS, que previa estruturas de governança participativa.

Além disso, as dimensões jurídica e política da democracia são entremeadas pelas questões da atividade econômica, haja vista que "[...] a economia capitalista não poderia operar sem um certo grau de centralização de decisões, ou seja, sem uma estrutura superior de poder" (FURTADO, 1983, p. 37). De acordo com Santos (2002), o Estado Democrático de Direito é atualmente atravessado por uma fase do capitalismo em que se observa, de um lado, a necessidade de intervenção para regular os mercados e a crescente desigualdade dos agentes econômicos e, do outro, o crescimento das grandes empresas e do controle que elas exercem sobre os processos econômicos e o poder político. O reconhecimento dessas externalidades sociais do desenvolvimento capitalista foi justamente o que motivou a politização do "pacote habitacional" proposto pelos empresários do ramo imobiliário, quando apresentado ao governo.

Reconhece-se, nesse aspecto, a visão do governo de que era necessário realizar as prestações sociais, mas também estimular e organizar a atividade econômica em escala nacional, que afinal é de onde provêm os recursos para o provimento das prestações. Bucci (2021) entende que, embora haja um ceticismo a respeito da possibilidade de o Estado não ceder aos interesses das classes dominantes, ele é um instrumento necessário para a transição a outro tempo e modo econômico e social. Foi preciso fazer a aposta.

Nesses termos, retoma-se a discussão sobre as alianças formadas no governo Lula quanto às questões habitacionais, em que os movimentos sociais ligados à moradia foram trazidos à arena de negociação sem que o Estado se furtasse a estruturar uma relação estreita com o setor empresarial. A coordenação de interesses em torno do PMCMV não poderia escapar do pacto entre capital e trabalho que necessariamente transpassa as políticas de desenvolvimento em democracias tardias, como a brasileira, e a partir disso é que se forma a dupla e ambígua agenda já descrita.

O estabelecimento da democracia em um Estado emergente se coloca como um fator a mais a exigir e inspirar a criatividade jurídico-institucional para a diversificação das abordagens estatais (BUCCI, Fundamentos para uma teoria jurídica das políticas públicas, 2021) que desafiem o avanço do capitalismo. Segundo Menezes, os modelos em disputa desde o início dos mandatos petistas, quando houve abertura institucional para a concepção de uma política habitacional relacionada com o desenvolvimento urbano, eram os seguintes:

> 1) o modelo de estímulo ao mercado, por meio do qual o governo atuaria para fomentar um ambiente favorável à produção em massa de mercadoria habitacional, se necessário por meio de subsídios públicos; 2) e o modelo do planejamento urbanístico-habitacional, pelo qual o Estado, nos três níveis, deveria ter um papel indutor da produção de moradia, através da articulação de políticas urbanas, fundiárias e habitacionais. (MENEZES, 2017, p. 95)

O primeiro, mais favorável ao modo de produção capitalista, acabou prevalecendo no PMCMV, sobretudo ao se considerar que os debates desenvolvidos acerca da política urbana e fundiária e do fortalecimento de um arranjo entre diversos agentes governamentais eram pautas da SNH que estavam indicadas tanto no PNH quanto no PlanHab, lançado após o Programa – e já se falou sobre o papel da SNH nesse processo. Por sua vez, as preocupações com a criação de um modelo de financiamento e subsídio e com a cadeia produtiva da construção civil foram priorizadas pela Casa Civil e pelo Ministério da Fazenda, órgãos que lideraram a arquitetura institucional do Programa.

A tríplice aliança na coordenação de interesses em torno do PMCMV – governo, setor empresarial e movimentos sociais – pareceu muito promissora do ponto de vista político e também representava um avanço em relação à experiência do BNH, mas o nítido desequilíbrio entre esses três elementos fez com que as suas finalidades macroeconômicas se sobressaltassem de imediato. A formulação de políticas públicas democráticas e que promovam inclusão social é desafiada pela busca por legitimação política, pela administração da governabilidade e pelos circuitos econômicos do capitalismo, que informam sobre a decisão central do governo, a ser incorporada e traduzida pelo Direito:

Figura 2 – Elementos que conformam a decisão política central do PMCMV

Fonte: elaborado pelo autor.

Esses elementos orientaram a ação processualmente estruturada, objeto de análise do próximo capítulo, que se ocupa da leitura do plano macroinstitucional, em que se busca descrever e compreender como a decisão do governo assumiu uma forma jurídica e regulamentar.

CAPÍTULO 3

A GRAMÁTICA JURÍDICA DOS PROCESSOS E DOS SENTIDOS DO PROGRAMA MINHA CASA, MINHA VIDA: O PLANO MICROINSTITUCIONAL

A complexidade do desenho institucional inicial do PMCMV, face aos divergentes interesses em disputa no âmbito do governo naquele momento, precisava ser simplificada por um conjunto de processos juridicamente regulados que concretizassem a ação governamental, caso contrário, os impasses da relação entre as urgências apresentadas pelo setor econômico e as reivindicações dos movimentos por reforma urbana e democratização das cidades empatariam a implementação de decisões. Ao processualizar essa ação, se revela o núcleo de sentido da política pública. Essa análise é objeto do plano microinstitucional, que se ocupa de reunir os fios condutores entre a inserção de um determinado problema na agenda política e a execução do programa propriamente.

O verbo "simplificar" é utilizado para dizer que o Direito *torna possível* o funcionamento da decisão, embora não determine o seu conteúdo (Ruiz & Bucci, 2019), o que pertence ao campo da política e resulta de conflitos a ele inerentes. As formas que respondem a esses conflitos – nem sempre lhes apresentando uma solução ou resolvendo pontos controversos – constituem uma gramática que é jurídica, assumindo essa estrutura, mas que está em constante diálogo com os campos político e econômico que informam o programa de ação, como se verá a seguir.

Por isso, é importante salientar que, apesar de estarem separadas as análises dos planos macro e micro institucional, sobretudo por ser determinante explicitar o contexto político em que foi concebido o PMCMV, na realidade não há uma dissociação entre as dimensões

– depois de implementado o Programa, *polity* e *policies* continuaram em constante interação e disputa por atores públicos e privados, uma vez que o governo é o motor do aparelho de Estado, como assevera Bucci (2021). As mudanças de gestão governamental e as transições políticas atravessaram os arranjos institucionais em torno da política, reconfigurando-a e reformulando-a e, consequentemente, influenciando a sua formatação jurídica, por mais enrijecida que esta estivesse ou parecesse estar.

Nesse sentido, essa etapa da investigação reconhece o aspecto heterogêneo que as políticas em geral apresentam, apontando o processo como o seu fator de unificação (Bucci, Fundamentos para uma teoria jurídica das políticas públicas, 2021), em conformidade com regras e procedimentos que permitam identificar as alternativas com base nas quais as escolhas governamentais são feitas, bem como aquelas que são enfatizadas e aquelas que desaparecem no e do jogo institucional (Kingdon, 2006), ora consolidando e ora flexibilizando garantias sociais. Aqui, aplica-se uma lente de aumento no desenrolar das ações das autoridades públicas que sucedem as articulações de racionalização do poder e precedem os resultados produzidos, para perceber quais foram os meios colocados à disposição pelo governo para realizar a declaração de direitos que compõem os programas de ação.

No plano microinstitucional, a ação governamental é a unidade em torno da qual os agentes públicos e privados se movem e movem poder na sociedade, no intuito de obter a decisão e sua execução (BUCCI, Fundamentos para uma teoria jurídica das políticas públicas, 2021). Enquanto objetivo de pesquisa, nessa dimensão da análise se discute a organização processual interna da atividade administrativa, o que inclui a edição de atos normativos – em especial as portarias que instruem a atuação dos atores privados e do governo e complementam a regulação de matérias de competência de outros estatutos legislativos, como decretos, leis e medidas provisórias; a alocação de recursos e o planejamento orçamentário; a distribuição de tarefas entre os agentes envolvidos, inclusive do ponto de vista dos arranjos interfederativos; e também a possibilidade de judicialização das demandas por realização e implementação de políticas públicas, hipótese que não será tratada no presente trabalho, que se circunscreve à atuação do Poder Executivo frente ao PMCMV.

O pressuposto analítico é o de que há um elemento processual estruturante nas políticas públicas que cumpre duas funções: 1) instrumentalizar a atuação concreta do gestor público na significação/produção de direitos; e 2) favorecer o "aprendizado institucional", isto é, possibilitar eventuais replicações no enfrentamento de problemas análogos (BUCCI, Fundamentos para uma teoria jurídica das políticas públicas, 2021). Ao definir o conceito de processo para as políticas públicas, Bucci (2021) retoma a matriz cognitiva da teoria geral do processo no campo do Direito a fim de estabelecer algumas semelhanças estruturantes que podem ser úteis à análise da ação governamental: numa perspectiva jurídica, se entende o processo como o instrumento do exercício do poder jurisdicional atribuído ao Estado para eliminar conflitos entre particulares e realizar a justiça nos termos definidos pela lei (CINTRA, GRINOVER, & DINAMARCO, 2012). Esse fenômeno, no entanto, não pode ser reduzido a uma mera disputa de interesses resolvida por uma decisão elaborada após a sucessão de procedimentos e pressupostos formais.

No processo, o Direito instaura uma relação de reciprocidade entre o Estado-juiz e a as partes divergentes, que passam a titularizar direitos e obrigações, faculdades e sujeições, além de posições e contraposições que precisam ser debatidas. Nessa relação, abrem-se possibilidades de praticar atos para que o direito seja reconhecido, expectativas de obter esse reconhecimento, perspectivas de uma decisão desfavorável e imposições do ônus de praticar certos atos, cedendo a imperativos ou impulsos do próprio interesse[63] (CINTRA, GRINOVER, & DINAMARCO, 2012).

Para além do âmbito judicial, em sentido amplo, o Poder Público participa de relações em que também assume posições jurídicas, precisa realizar escolhas – preterindo e contemplando interesses inevitavelmente – e resolver conflitos da sociedade, conduzindo processos que são informados, ainda, pelas contradições que se revelam no tecido social – no caso em estudo, que se revelam especificamente nas cidades, que, como já dito, sustenta uma série de códigos excludentes. Essa lógica está incorporada na própria definição de política pública enquanto programa de ação governamental, adotada na presente obra.[64]

---

[63] Essa concepção do termo processo foi influenciada pelas ideias de Oskar von Bülow e James Goldschmidt, que o entendem como relação jurídica e como situação jurídica, respectivamente.

[64] E também com a perspectiva teórica que problematiza o *não fazer* como política pública (BACHRACH e BARATZ, 1962), afinal, a ausência da tomada de decisão governamental diante de um problema social é uma escolha política e produz um resultado que, fatalmente,

Somado a isso, atualmente a processualização dessas outras ações não jurisdicionadas é influenciada por um movimento de descentralização da governança,[65] que reconhece a pluralidade de agentes fora da estatalidade e, em nome da busca pela melhor solução das demandas que chegam até o aparelho estatal, rompe as fronteiras entre o público e o privado na produção do direito.

O processo aparece, portanto, para além de uma alternativa aos litígios particulares que são judicializados, mas também enquanto alternativa de regulação administrativa de um problema público pelo governo, como um instrumento de mediação (e institucionalização) das diferenças entre os agentes que mobilizam poder e interferem na tomada de decisão em torno desse problema:

> Há sempre consenso e coação em toda decisão tomada por um procedimento. Diante da escolha entre conflito e cooperação, o procedimento distende a polarização consenso/coação e com isso converte o conflito em uma espécie de cooperação. Só é possível entrar em conflito participando de sua solução, cooperando com a decisão final. Com isso, a função do procedimento não é produzir consenso ou evitar desilusões. Ao contrário: 'Sua função não repousa no impedimento de decepções, mas sim em trazer decepções inevitáveis à forma final de um ressentimento privado difusamente difundido, que não pode se transformar em instituição. [...] a função do procedimento é consequentemente a especificação do descontentamento e a fragmentação e absorção de protestos' [...]. 'Procedimentos não servem apenas para a produção de decisões, mas também e igualmente para a absorção de protestos'. (BACHUR, 2010, p. 247-248)

Acerca do processo de descentralização da governança mencionado enquanto fenômeno atual e que informa o plano microinstitucional de análise, vale contextualizar o modelo de gestão pública a partir do qual se faz a afirmação, dividindo-o em dois momentos: primeiro, um cenário de pós-privatização fruto das reformas neoliberais implementadas

---

beneficia a alguns e prejudica a outros. Esse fenômeno se verifica muito frequentemente no espaço urbano periférico: "Há duas ações predominantes no Estado, frente aos territórios populares: tornar-se ausente, ou não se faz absolutamente presente. Significa que o Estado sintetiza outra face. As duas opções demonstram a escolha feita pelo Estado, quando sob a prerrogativa da garantia de direitos, opta por baixos investimentos e poucos equipamentos" (FRANCISCO, 2014, p. 14).

[65] No caso do Brasil, também em função do presidencialismo de coalizão, brevemente discutido no capítulo anterior.

sob forte influência do *New Public Management*,⁶⁶ que ganhou força no Brasil em meados da década de 1990 e manteve aquecidas as relações entre governo e setor privado após a redemocratização do país. Nesse sentido, Lester Salomon (2001) pontua que o referido paradigma de *new governance*, fortemente baseado na atuação de atores não governamentais, se concentrava na natureza colaborativa da ação pública, de modo que a dicotomia "público *versus* privado" foi suplantada pela parceria entre público e privado.

Ainda nesse primeiro contexto, se notou no Brasil a abertura da participação popular e a criação de novas formas de comunicação na Administração Pública, mais receptiva ao envolvimento de escalões menores do funcionalismo público e do terceiro setor nos processos de tomada de decisão em políticas públicas. Estes últimos foram institucionalizados no espaço dos Conselhos Gestores, apesar das resistências dos governos estaduais e municipais em aceitarem o caráter deliberativo dos órgãos e em partilhar o poder de decisão com a sociedade civil, bem como em serem fiscalizados e controlados por ela (TATAGIBA, 2002). Esse clima de tensão ficou mais perceptível no nível local porque nessa esfera os atores sociais se relacionam mais diretamente e reconfiguram as formas e culturas políticas tradicionais, carregadas de práticas clientelísticas e patrimonialistas (GOHN, 2007), verticalizando uma relação que se pretendia mais horizontal.

No segundo momento, com a ascensão de um governo de centro-esquerda, estava posto o desafio de reformular as relações entre Estado e sociedade e instituir uma forma de governança que, apostando em redes interorganizacionais lideradas pelo poder público, não reduzisse os canais de participação a meros espaços de luta social reivindicativa, constituindo-os de fato como locais de discussão e cogestão dos interesses coletivos, ao mesmo tempo em que estimulasse a coalizão com atores do mercado a partir de prioridades e objetivos mobilizados

---

⁶⁶ Movimento iniciado nos Estados Unidos e na Europa – especialmente no Reino Unido, em contraponto às reformas na Administração Pública calcadas na ideia de governança. De base ideológica marcadamente neoliberal, o enfoque básico do *New Public Management* é direcionado à adaptação e à transferência dos conhecimentos gerenciais desenvolvidos no setor privado para o público e recomenda a minimização de estruturas governamentais, o estímulo à competição como estratégia de gestão pública, a independência dos burocratas frente aos políticos, a separação entre formulação e implementação de políticas públicas. No Brasil, a Reforma do Aparelho de Estado de 1995 proposta por Bresser-Pereira inspirou-se nessas diretrizes, sob o argumento de que esse era um caminho para se alcançar a governança (PEREIRA, 1998). É interessante ver o quadro *New Public Management* X Governança, elaborado por Peci, Pierante e Rodrigues (2008).

pelo Estado. Nesse panorama de dilemas, se observou que a tônica era a de retomar a centralidade do setor público no controle político das ações do governo em prol do desenvolvimento, tendo em vista que estas possuem um nível de incerteza que agentes privados não estão dispostos a enfrentar (MOLLO, 2016), numa postura denominada por Carneiro (2012) como social-desenvolvimentista, estratégia típica de países periféricos que precisam superar obstáculos característicos do subdesenvolvimento a partir do Estado, de modo a ampliar a autonomia da política macroeconômica interna, melhorar progressivamente a distribuição da renda e reduzir a heterogeneidade social.

O PAC, de onde germinou o PMCMV, surgiu nessa conjuntura institucional e propôs uma série de políticas públicas formuladas a partir de ações interministeriais, baseadas no fortalecimento da regulação, na gestão de instrumentos financeiros, na parceria entre o setor público e o investidor privado e na articulação entre os entes da federação.

No plano macroinstitucional da análise, foram identificadas algumas variáveis importantes no fluxo das disputas políticas que guardam relação com o descrito nos parágrafos anteriores e emolduraram a criação do Minha Casa, Minha Vida, ao influenciarem as escolhas governamentais. Agora, volta-se à institucionalidade jurídica, isto é, ao modo como essa ação foi processualizada, materializando a decisão e suas conexões com os interesses encabeçados pelo setor econômico, de um lado, e pelos movimentos sociais por reforma urbana e direito à moradia, parcialmente amparados pelo MCidades, de outro. Nesse viés analítico, que se ocupa, dentre outras coisas, da tradução do debate político para a linguagem do(s) direito(s), é preciso indicar a base normativa que institui o Programa e confere a ele caráter sistemático, articulando seus elementos, em especial, os vários focos de competência dos quais depende o seu funcionamento.

Vale dizer que indicar uma base normativa elementar não significa que se está desconsiderando as idas e vindas que se situam na formação de um programa de ação governamental – que é, na realidade, um processo muito menos linear e esquematizado do que um modelo teórico pode apreender; tampouco que se supõe a existência de um único momento em que atos legislativos são editados, o que simplificaria demais os movimentos que efetivamente ocorrem, nos quais múltiplos ciclos interagem, com base em diversas propostas de regulamentos e normas em vários níveis de governo.

Nesse sentido, a crítica de Sabatier (2007) às análises de políticas públicas divididas em estágios ou ciclos, tradicionalmente na seguinte sequência: estabelecimento da agenda, formulação das alternativas, implementação e avaliação. Entende o autor que é preciso adotar um referencial que considere as imprecisões entre essas etapas – ou, no caso do presente estudo, entre os planos de ação governamental – ainda que ele mesmo reconheça que, "no processo de formação de políticas públicas, os problemas são formulados conceitualmente e trazidos para o governo para soluções; as instituições governamentais formulam alternativas e selecionam soluções; e essas soluções são implementadas, avaliadas e revisadas" (2007, p. 3), numa abordagem igualmente estratificada.

De fato, concorda-se que uma política pública não se concretiza em um único texto central de lei, realizando-se, na verdade, em diversos outros atos, propostos e conduzidos por várias autoridades governamentais, bem como que uma análise jurídica é aperfeiçoada por uma análise política, em consonância com o tratamento interdisciplinar que o tema exige, mas isso não invalida a indicação de uma base normativa fundamental, tendo em vista que o componente jurídico é um elemento de materialidade da decisão, na medida em que lhe atribui o "selo de estatalidade" (MORAND, 1999). Como lembra Bucci (2021), isso não significa a "colonização" da política ou do governo pelo Direito, mas o reconhecimento de que as democracias maduras assumem um grau de institucionalização que reduz ainda mais os espaços intraestatais livres de regulação jurídica.

Essa estratégia compõe o Quadro de Referência de uma política pública, método que permite "isolar" os aspectos jurídicos da ação governamental, a fim de identificar objetivamente quais os papéis institucionais dos agentes governamentais e não governamentais e qual a dinâmica, no sentido político e social, da agregação das decisões individuais em uma decisão coletiva para resolver um problema complexo (BUCCI, Quadro de Referência de uma Política Pública: primeiras linhas de uma visão jurídico-institucional, 2015), numa tentativa de visualizar as linhas de força que dão corpo a uma política pública. No entanto, na mesma linha do exposto no parágrafo anterior, já se prevê que apenas os elementos do quadro[67] – que naturalmente serão abordados ao longo

---

[67] Além da base normativa, os outros elementos sintetizados no quadro são os seguintes: nome oficial do programa de ação; gestão governamental; desenho jurídico institucional; agentes

do texto, pois o trabalho enfatiza o aspecto institucional do PMCMV –, embora sejam importantes ferramentas analíticas, não dariam conta de responder ao que é problematizado aqui.

É importante lembrar que, à medida que a produção normativa reflete as forças que agem na sociedade, o Estado Social deixa de ser plenamente concretizado a partir da sua positivação, estando em contínua disputa para se estabelecer enquanto um sistema que reduz desigualdades e equilibra os interesses dos indivíduos e do coletivo. Não há, portanto, como neutralizar politicamente o estudo de uma política pública, ainda que frequentemente a separação entre *politics* e *policy* seja utilizada sob o argumento de interpretar didaticamente as dimensões de Estado e governo. Desse modo, desconsiderar no plano microinstitucional de análise as determinações que amarram o plano macroinstitucional, isto é, a realidade material e política de uma política pública, incorreria em compreender a elaboração dos programas de ação governamental como um simples instrumental técnico, o que pode servir, inclusive, para escamotear os interesses daqueles/as que são beneficiados/as com certas ações governamentais.

Essa desfragmentação é criticada por Sarat e Silbey (1988), quando dizem que autores/as vinculados ao liberalismo jurídico usam essa separação com o intuito de apontar que a análise de políticas públicas seria um campo apolítico, uma mera técnica que permite ligar meios aos fins. O que se defende nesta obra, considerando a abordagem DPP, é justamente o contrário e poderia ser sintetizado no pensamento de Deborah Stone (*apud* SARAT e SILBEY, 1988, p. 101): "análise de políticas públicas é um argumento político".[68] Isso também significa ter em conta que as normas jurídicas que dão suporte à ação governamental também

---

governamentais; agentes não governamentais; mecanismos jurídicos de articulação; escala e público-alvo; dimensão econômico-financeira do programa; estratégia de implantação; funcionamento efetivo do programa; e aspectos críticos do desenho jurídico-institucional. Chilvarquer aplicou o método na análise da implementação do Programa Minha Casa, Minha Vida (MCMV) faixa 1 no Município de São Paulo: CHILVARQUER, Marcelo. Aplicando o quadro de referência para análise jurídica de políticas públicas: a implementação do programa Minha Casa, Minha Vida, faixa 1, no município de São Paulo. *REI – Revista Estudos Institucionais*, v. 5, n. 3, p. 1.116-1.141, 2019. Disponível em: https://estudosinstitucionais. emnuvens.com.br/REI/article/view/442. Acesso em: 27 mar. 2023.

[68] "A análise tradicional de políticas públicas – econômica, estatística, ética, institucional e teórica da decisão – frequentemente obscurece os conflitos políticos subjacentes às políticas, mas não os eliminam. [...] Os conflitos políticos são conduzidos pelas particularidades das políticas públicas, e as políticas públicas tomam sua forma e definição a partir dos conflitos políticos que as produzem" (STONE, 1988 *apud* SARAT e SILBEY, 1988, p. 101, tradução livre).

engendram os conflitos dessa natureza e envolvem as dimensões sociais e políticas da gestão pública.

Retomando a ideia da microinstitucionalidade que orienta o presente capítulo, e integrando-o à abordagem DPP, pode-se afirmar que esse plano de análise coloca a ação governamental como *meio* para realização de um *fim*, ao passo em que "deve explicitar os processos, procedimentos e recursos necessários para a consecução do objetivo que pretende atingir" (BUCCI & SOUZA, 2022, p. 5). Quando se propõe a análise do desenho institucional do PMCMV, o que se anuncia, em verdade, é a análise da estrutura e dos mecanismos dados às ações governamentais, isto é, das estruturas de coordenação para a execução de um programa que lida com questões complexas: moradia e planejamento urbano.

Isso representa não apenas um deslocamento dos direitos sociais de seu espaço abstrato para uma possibilidade de lhes garantir materialidade, mas reforça a apropriação do conceito de políticas públicas para o Direito, já mencionada no capítulo anterior, que escapa à lógica jurídica tradicionalmente prescritiva do "se-então", para apresentar normas vinculadas a determinados desígnios, num raciocínio "fim-meio". Os vetores para essa leitura são a própria decisão governamental e as suas incorporações normativas – estas últimas escritas no plural por se considerarem as reformulações pelas quais passou o Programa a partir de sua implementação.

3.1 A tradução normativa da decisão governamental (ou como são e deixam de ser produzidos os direitos pelo Programa Minha Casa, Minha Vida)

Como dito, as escolhas em torno de um tema que compõe a agenda governamental, elegendo-o como objeto de uma política pública, sintetizam conflitos que serão institucionalmente processados. No processo judicial, a mediação dessa multiplicidade de interesses é feita no exercício do contraditório, princípio que permite a democratização da participação dos polos envolvidos na lide e instrumentaliza a contraposição de opiniões. A mesma lógica é incorporada aos processos de tomada de decisão na esfera do governo, ao articular politicamente a tensão entre interesses distintos a fim de transformar um dissenso em um pacto social, sendo essa uma responsabilidade que não se encerra quando a decisão é finalmente tomada, já que as disputas continuam a acontecer. Nesse sentido:

> É preciso considerar que o Estado não é monolítico e que os desafios de convergência se impõem tanto à burocracia como ao corpo político diretivo do governo. Quanto menos institucionalizada uma democracia, menos regrada é a convivência entre os interesses distintos e maior o nível de disputa entre eles. A processualidade representa a ordenação jurídica das relações do Estado com a sociedade, orientada para a aplicação do contraditório, de modo que as decisões relevantes sejam sempre mediadas pelo diálogo social, com algum grau de formalização. O exercício do contraditório demanda formas específicas de coordenação, articulação, mediação ou arbitramento dos interesses em conflito, a fim não apenas de obter uma decisão, "resultado útil" do processo, mas minimizar os efeitos da frustração dos portadores dos interesses não contemplados. Esses mecanismos são definidos, em regra, pelo direito. (Bucci, Fundamentos para uma teoria jurídica das políticas públicas, 2021, p. 154)

No caso do PMCMV, como visto na leitura do plano macro, a estruturação do contraditório foi mediada principalmente pelos Ministérios da Fazenda e da Casa Civil do governo Lula 2, que acolheram de modo assimétrico as reivindicações postas pelo mercado imobiliário e pelo MNRU e demais articulações sociais, cedendo ao *lobby* empresarial para o lançamento de um pacote habitacional, demanda que já era objeto de discussão há bastante tempo no âmbito dos movimentos sociais e mesmo dentro da própria gestão, no MCidades e no ConCidades, àquela altura órgãos enfraquecidos e que foram deslegitimados no diálogo. A repetição desse registro é importante porque ele nos informa quem foi selecionado como interlocutor no debate público sobre os dois principais direitos sociais em questão: a moradia e o planejamento urbano. Em que pese a posterior acomodação de demandas suscitadas pela sociedade, que culminaram na ampliação da parcela do Programa dirigida à faixa mais baixa de renda e a criação de outros segmentos populares, o fato é que a disparidade de participação na formulação da política refletiu no modo como ela foi disciplinada juridicamente.

Na verdade, o desprezo às reivindicações participativas no plano macro tolheu as possibilidades de intervenção dos movimentos sociais no sentido de desviar o foco do plano micro de estruturar os arranjos institucionais para o estímulo econômico por meio da produção massiva de unidades habitacionais.⁶⁹ É claro, permitir um debate mais amplo e aprofundado envolveria um tempo de maturação política – e um exercício de contraditório – mais elaborado, o que não correspondia à urgência e a imediatez das respostas requeridas pelo setor econômico e que também interessavam à corrida eleitoral.

A principal base normativa que permite a análise microinstitucional é a Lei nº 11.977/2009, conversão da Medida Provisória nº 459/2009, que veiculou originalmente a proposta. A normatização de políticas públicas por meio de medidas provisórias, aliás, é um fenômeno que se observa com bastante frequência no Brasil, tendo em vista que esse é o principal e mais ágil instrumento legislativo que pode ser editado diretamente pelo governo,⁷⁰ a quem cabe a condução política do país, que está mais próximo dos recursos orçamentários e que chefia a Administração Pública, ou seja, quem supostamente detém maior legitimidade para coordenar a institucionalização dos programas de ação. A participação governamental direta nessa etapa legislativa preserva um sentido político que é inerente à estruturação das *policies*:

> A razão por que se atribui ao Chefe do Executivo o poder de iniciativa decorre do fato de a ele caber a missão de aplicar uma política determinada em favor das necessidades do país; mais bem informados do que ninguém dessas necessidades e dada a complexidade cada vez maior dos problemas a resolver, estão os órgãos do Executivo tecnicamente mais bem aparelhados que os parlamentares para preparar os projetos de leis; demais, sendo o chefe também da administração geral do país e possuindo meios para aquilatar as necessidades públicas, só o Executivo poderá desenvolver uma política legislativa capaz de dotar a nação de

---

⁶⁹ Como já abordado no capítulo anterior, os segmentos populares não participaram ativamente do desenho do Programa, embora a mobilização de grupos e movimentos sociais por meio de conferências para debate e formulação de políticas públicas em várias áreas de atuação tenha sido uma característica importante dos governos Lula 1 e 2, com impactos significativos para a institucionalização de novas práticas democráticas no país. Estudo de Loureiro, Macário e Guerra (2015) aponta que, logo após o lançamento do PMCMV, representantes dos movimentos sociais no Conselho Nacional das Cidades reclamaram da ausência de discussão sobre as medidas anunciadas, tendo o conselho gestor do FNHIS se manifestado na mesma direção, afirmando não ter sido ouvido no processo de formulação da política.

⁷⁰ Estabelece o *caput* do artigo 62 da Constituição Federal: "Em caso de relevância e urgência, o Presidente da República poderá adotar medidas provisórias, com força de lei, devendo submetê-las de imediato ao Congresso Nacional. (Redação dada pela Emenda Constitucional nº 32, de 2001)". Acerca desses requisitos de relevância e urgência, Bucci assevera que eles são ínsitos ao instituto do governo: "O prazo dos governos, por princípio, é exíguo, em vista do desejo da colheita dos resultados previstos nas medidas sob o seu patrocínio ou iniciativa" (2021, p. 187).

uma legislação adequada, servindo-se da iniciativa legislativa. (SILVA J. A., 2017, p. 144)[71]

Embora possa se constatar, a partir disso, uma "parcial transferência ao Executivo da própria tarefa de fazer leis" (COMPARATO, 1989, p. 101), é importante dizer que os processos de amadurecimento, debate ampliado e deliberação sobre tais iniciativas são realizados no Parlamento, o que realça o seu papel decisório nesse processo e constitui um critério limitativo em respeito à sua titularidade típica da função de *formar o direito*. Nesse sentido, aduz Torrens que "[...] a concentração de recursos de poder pelo Executivo não é suficiente para fazer prevalecer as preferências do governo, isto é, os parlamentares atuam de maneira a produzir alterações significativas no produto final das proposições legislativas" (TORRENS, 2013, p. 201). Por outro lado, ressalta-se que o Poder Legislativo muitas vezes "[...] não tem interesse no exercício de iniciativas ou participação mais ativa na formulação ou nas decisões de políticas públicas que possam acarretar ônus eleitorais, na hipótese de insucesso ou sucesso apenas parcial de sua implementação" (BUCCI, Fundamentos para uma teoria jurídica das políticas públicas, 2021, p. 185), de modo que algumas pautas talvez não fossem enfrentadas senão por esse caminho.

A utilização das medidas provisórias permite ao governo, portanto, interferir na definição da agenda do Congresso Nacional, notadamente em função da previsão do art. 62, §6º, da Constituição Federal, que exige a apreciação de tais proposições em regime de urgência, tanto no Senado Federal como na Câmara dos Deputados.[72] Essa intervenção, no entanto, assume outros contornos de ordem política ao se incluir na balança o presidencialismo de coalizão brasileiro, que faz com que a tramitação das propostas dependa de extensos diálogos e acordos com

---

[71] Também nessa perspectiva: "Todavia, como programas de ação, ou como programas de governo, não parece lógico que as políticas possam ser impostas pelo Legislativo ao Executivo. A origem normativa da política pública, mesmo que resulte da iniciativa legislativa do governo (Poder Executivo), é o Poder Legislativo. No entanto, diante da dimensão assumida hoje pelo fenômeno da normatividade do Poder Executivo, é de se pensar que o mais adequado seria a realização das políticas pelo Executivo, por sua própria iniciativa, segundo as diretrizes e dentro dos limites aprovados pelo Legislativo" (BUCCI, 2002, p. 271).

[72] A apreciação de medidas provisórias pelo Congresso Nacional é regida pela Resolução nº 01/2002, do próprio Congresso. As etapas dessa tramitação estão descritas em: https://www.congressonacional.leg.br/materias/medidas-provisorias/entenda-a-tramitacao-da-medida-provisoria. Acesso em: 29 abr. 2023.

as mais diversas lideranças partidárias e membros/as das comissões que a conduzem, sobretudo porque, apesar do regime de vigência imediata próprio das medidas provisórias, há ainda a necessidade da sua conversão em lei.[73] Desses movimentos todos depende também a estabilidade da governabilidade:

> Acontece que não foi apenas pela forma de governar que o Estado contemporâneo reforçou os poderes do ramo executivo. Foi também pelo conteúdo da própria ação governamental. Doravante e sempre mais, em todos os países, governar não significa tão-só a administração do presente, isto é, a gestão de fatos conjunturais, mas também e sobretudo o planejamento do futuro, pelo estabelecimento de políticas a médio e longo prazo. (COMPARATO, 1989, p. 102)

Essa digressão é importante para que se perceba o seguinte: para que a iniciativa administrativa – ainda mais quando pretende inovar no campo econômico, o que foi o caso do PMCMV – atinja os fins pretendidos pelo governo, a formulação legislativa também precisa ficar a cargo do Poder Executivo, "[...] que vive o paradoxo da necessidade de inovação com institucionalização" (BUCCI, Fundamentos para uma teoria jurídica das políticas públicas, 2021, p. 187). Isto é, o disciplinamento em bases jurídicas, a tradução normativa da decisão governamental, ainda que negociada com os/as membros/as do Legislativo que compõem a oposição, é feita substancialmente pelo próprio governo, que já articulou disputas na esfera macroinstitucional, com o intuito de "driblar a elaboração e a proposição de projetos de lei (PLs) que em seu trâmite assegurariam algum nível de debate federativo, participação social e transparência das proposições" (BALBIM, 2022, p. 28). No caso em exame, tanto na MP nº 459/2009 como na Lei nº 11.977/2009, fica evidenciado que a preocupação mais relevante é, de fato, o estímulo à construção civil em uma época de crise financeira, a partir da explicitação de um volume considerável de recursos para o setor habitacional.

---

[73] "A principal perturbação conceitual da medida provisória em relação ao processo legislativo clássico não reside tanto na iniciativa governamental, mas sim no regime de vigência imediata, que confere ao Executivo um poder qualitativamente distinto da mera iniciativa, posto que baseado na configuração de situações de fato, com a inversão do ônus político, que passa a ter de ser exercido pela oposição, caso haja interesse no desfazimento da medida provisória e eventualmente na reversão de seus efeitos, ainda mais tormentosa" (BUCCI, Fundamentos para uma teoria jurídica das políticas públicas, 2021, p. 187-188).

A legislação estruturou o PMCMV em dois subprogramas: o Programa Nacional de Habitação Urbana (PNHU) e o Programa Nacional de Habitação Rural (PNHR). O primeiro com o objetivo original de subsidiar a produção e a aquisição de imóvel para os segmentos populacionais com renda familiar mensal de até seis salários mínimos e o segundo com a finalidade subsidiar a produção ou a aquisição de moradia aos/às agricultores/as familiares e trabalhadores/as rurais.[74] No processo legislativo de conversão da MP nº 459/2009 em lei definitiva foram realizadas algumas alterações[75] na proposta original feita pelo Poder Executivo, dentre as quais destacam-se as seguintes no âmbito do PNHU, que interessa ao presente estudo e sobre o qual se concentra a análise:

- Inclusão de uma modalidade específica do PMCVC para municípios com população de até 50.000 habitantes, posteriormente denominada MCMV-Sub 50, e ampliação das possibilidades de cobertura do Programa para todas as cidades brasileiras (art. 1º, IV, e art. 2º).
- Definição preliminar de diretrizes para a seleção de beneficiários/as do PMCMV,[76] que adotaria, além das faixas de renda, políticas locais de atendimento habitacional, tempo de residência ou de trabalho do/a candidato/a no município, adequação urbanística dos projetos apresentados e a prioridade para moradores/as de assentamentos irregulares

---

[74] A subvenção econômica concedida pela União no âmbito do PNHR, nos termos da redação original da Lei nº 11.977/2009, tinha como teto o montante de R$ 500.000.000,00 (quinhentos milhões de reais), valor cinco vezes inferior à subvenção econômica no âmbito do PNHU, que poderia alcançar o importe de R$ 2.500.000.000,00 (dois bilhões e quinhentos milhões de reais). Por outro lado, no ano do lançamento do Programa, segundo dados da Fundação João Pinheiro, o déficit habitacional quantitativo nas áreas rurais perfazia 942.727 domicílios, 15,2% do calculado para o país.

[75] Foram apresentadas 307 emendas parlamentares à Medida Provisória nº 459/09, das quais 99 foram incorporadas ao Projeto de Lei de Conversão do relator aprovado no plenário. Informações a esse respeito podem ser consultadas em: https://www.camara.leg.br/proposicoesWeb/prop_emendas?idProposicao=428043&subst=0. Acesso em: 23 abr. 2023.

[76] O termo "beneficiário" é utilizado pela Lei nº 11.977/2009 e pelas portarias que regulamentam o PMCMV, no entanto, discorda-se dessa denominação para se referir às pessoas que acessam direitos sociais a partir de uma política pública. Neste capítulo, cuja análise parte da base normativa do Programa, optou-se pela sua utilização, já que essa foi a escolha do legislador, mas registra-se o posicionamento de que, na implementação de programas de ação governamental, não se concedem benesses e nem são feitos favores à população, mas se atua na perspectiva de garantir elementos básicos para a realização da cidadania como processo de lutas e disputas, como é o caso da moradia.

ocupados por população de baixa renda que, em razão de estar em áreas de risco ou outros motivos apresentados na proposta de regularização fundiária, excepcionalmente tiver de ser realocada (art. 3º, *caput* e §3º).
- A previsão de doação pelos Estados, Distrito Federal e Municípios de terrenos localizados em área urbana consolidada para a implantação de empreendimentos vinculados ao Programa; da instituição de medidas de desoneração tributária para as construções destinadas à habitação de interesse social; e da observância dos instrumentos da Lei nº 10.527/2001 (Estatuto da Cidade) quanto ao controle da retenção das áreas urbanas em ociosidade (art. 3º, I, II e III).
- Inclusão do subsídio para a produção de novos imóveis como objetivo do PNHU para os segmentos populacionais com renda familiar mensal de até seis salários mínimos. Originalmente, estava previsto o subsídio apenas para a aquisição de novos imóveis e sem o indicador de renda. A requalificação de imóveis já existentes em áreas urbanas consolidadas para o mesmo público também foi inserida no âmbito do Programa (art. 4º).

A primeira delas demonstra que o Programa havia sido formulado inicialmente apenas para atender as regiões metropolitanas e os municípios com mais de 100 mil habitantes, área de atuação das grandes incorporadoras que negociaram a criação da política. A alteração nesse aspecto decorre da politização do PMCMV, agora por parte dos/as deputados/as cujas bases eleitorais estavam em cidades menos populosas, que à época representavam 63,7% da Câmara (ROLNIK, Guerra dos Lugares, 2019). No entanto, apesar do apelo popular da extensão do Programa para municípios com menos de 100 mil habitantes e da criação de uma modalidade específica para locais ainda menores, o MCMV-Sub 50,[77] em que seriam atendidos somente beneficiários/as com renda familiar mensal de até três salários mínimos, destaca-se que os recursos destinados a esse último representavam menos de

---

[77] "Embora 45% da população brasileira viva em municípios desse porte [com mais de 100 mil habitantes], estes [com menos de 100 mil habitantes] constituem 95% dos 5.565 municípios existentes no país e têm grande peso político no Congresso Nacional" (ROLNIK, Guerra dos Lugares, 2019, p. 303).

10% daqueles destinados à mesma faixa para cidades maiores, como se observa nos artigos da Lei nº 11.977/2009:

> Art. 18. Fica a União autorizada a transferir recursos para o Fundo de Arrendamento Residencial – FAR, até o limite de *R$ 14.000.000.000,00 (quatorze bilhões de reais)* [...]
> Art. 19. Fica a União autorizada a conceder subvenção econômica, no montante de até *R$ 1.000.000.000,00 (um bilhão de reais),* para implementação do PMCMV em Municípios com população de até 50.000 (cinquenta mil) habitantes e para atendimento a beneficiários com renda familiar mensal de até 3 (três) salários mínimos, por meio de instituições financeiras autorizadas pelo Banco Central do Brasil ou de agentes financeiros do Sistema Financeiro da Habitação – SFH. (BRASIL, 2009a) (grifos nossos)

Além disso, vale ressaltar que a estrutura administrativa e operacional precária dos pequenos municípios, não raro sob o controle de velhas oligarquias regionais (AVELAR & WALTER, 2008), para fazer funcionar uma política pública com a complexidade interfederativa e multifatorial do Minha Casa, Minha Vida, acabou prejudicando o combate às necessidades habitacionais nesses lugares. Os processos conduzidos pelas municipalidades eram divulgar o Programa, selecionar e cadastrar os/as beneficiários/as, bem como fornecer a infraestrutura adequada nas redondezas das residências, entretanto, em razão da baixa capacidade para apresentar um projeto urbanístico básico, essa atribuição acabava sendo cumprida pelos agentes financeiros, cujo interesse era essencialmente econômico. Isso sem contar a desarticulação política e a pouca influência das instâncias participativas locais, o que distanciava ainda mais a fiscalização do cumprimento dos objetivos sociais do Programa.

O segundo e o terceiro ponto em destaque priorizam aspectos relevantes para as faixas mais baixas de renda, trazendo elementos que podem servir como disparadores de uma discussão avessa à decisão governamental: o direito à cidade. O estabelecido na medida provisória era que os mecanismos de incentivo à produção e à aquisição de novas unidades habitacionais seriam destinados às famílias com renda de até dez salários mínimos, segmentadas em faixas divididas por critérios econômicos, mas não haviam sido deixadas pistas sobre como essas pessoas seriam selecionadas, nem evidenciado quais os requisitos mínimos que deveriam ser observados na implantação dos projetos, que, por tratarem de uma demanda de habitação, precisariam alinhar a questão da moradia com as diretrizes da política urbana estabelecida no Estatuto da Cidade, sobretudo quanto às populações mais vulnerabilizadas:

> [...] habitação não é só moradia. É moradia mais acesso ao trabalho, aos equipamentos comunitários. Quando se constrói um conjunto habitacional muito longe e não existem esses equipamentos, cria-se um problema enorme para a população. Isso aconteceu no Brasil inteiro ao longo desses últimos 100 anos. (Gouvêia, 2018)

A ausência de estratégias de ordenamento territorial e fundiário na disponibilização de terras para moradia popular no desenho institucional original do Programa foi na contramão de uma concepção integrada de direito à moradia,[78] das conquistas no campo da cidadania verificadas no período, dentre as quais, o PlanHab em elaboração pelo MCidades, e teve um impacto direto na distribuição espacial dos imóveis, provocando um efeito urbano socialmente regressivo. Essa é uma controvérsia fundamental na análise da faixa mais baixa de renda do PMCMV, a periferização dos conjuntos habitacionais, e por isso a importância de que determinações no sentido da adequação urbanística e ambiental dos projetos apresentados pelas construtoras, da necessidade de implantação dos empreendimentos em área urbana consolidada e da observância do que preconiza a Lei nº 10.257/2001, não ficassem a cargo de normas infralegais, mas da própria lei que instituiu a política, orientou os princípios da ação governamental e modulou a noção dos direitos por ela promovidos.

A inserção posterior dessas diretrizes na seção que trata da estrutura e da finalidade do Minha Casa, Minha Vida se aproximou mais da anunciada preocupação com a concentração da necessidade habitacional na população mais pobre, feita na Exposição de Motivos Interministerial nº 33 que acompanhou a MP nº 459/2009, do que o seu texto original:

---

[78] Isto é, uma concepção que considere um padrão de vida adequado, englobando aspectos como segurança da posse, disponibilidade de serviços, infraestrutura, equipamentos públicos, custo acessível, habitabilidade, não discriminação, priorização de grupos vulneráveis, localização adequada e adequação cultural, em conformidade com a Relatoria Especial da ONU para o Direito à Moradia Adequada. Disponível em: https://www.ohchr.org/en/documents/brochures-and-leaflets/flyer-special-rapporteur-right-adequate-housing. Acesso em: 15 maio 2023.

[...] o diagnóstico de que o déficit habitacional se concentra no segmento populacional de baixa renda, em razão da dificuldade dessa população em acessar financiamento e outros mecanismos de aquisição de moradia que demandem comprovação, regularidade e suficiência de renda, da decadência do SFH nos anos 80 e do fenômeno da urbanização mais acelerada da última década. (BRASIL, 2009b)

Por outro lado, é preciso atentar para os muito bem demarcados limites dessa preocupação: ao atribuir o problema do déficit habitacional nas camadas mais empobrecidas às dificuldades de acesso ao crédito bancário – o que não é um diagnóstico incorreto, mas revelador da produção capitalista do espaço e nele contextualizado –, nota-se que o PMCMV pretendia criar um modelo de inclusão pelo consumo, pela aquisição da propriedade privada, e não pela redistribuição imobiliária, sob o argumento da eficiência dos empreendedores privados, que acabam subvertendo a linguagem dos direitos sociais e da cidadania. É importante a constatação de Rolnik (2019) de que, com isso, quanto ao crédito no setor habitacional para pessoas de baixa renda, não houve verdadeiramente um processo de financeirização, já que nem a formação de um mercado secundário de hipotecas e nem a participação mais intensa de fundos e veículos financeiros ocorreram.[79]

De todo modo, segundo essa perspectiva, a moradia para a população de baixa renda deveria ser, ao mesmo tempo, uma mercadoria a ser acessada por meio de relações de mercado e uma oportunidade de negócio para empresas privadas. A solução governamental que conciliou a finalidade objetiva de dinamizar o setor da construção civil e a legitimação popular do Programa com o mote da redução do déficit habitacional foi a concessão de subvenção econômica para subsidiar a aquisição de um imóvel novo, mediante financiamento. O último dos destaques do processo de conversão da MP nº 459/2009 na Lei nº 11.977/2009 vai de encontro a essa lógica, ao incluir dentre as ações do PNHU a requalificação de imóveis já existentes em áreas consolidadas, mas precárias, além da produção de unidades residenciais – modalidade denominada MCMV-Urbanização.

---

[79] Nas balizas do capitalismo periférico brasileiro, uma busca por financeirização acabou por acontecer apenas na capitalização das empresas privadas do setor imobiliário e, no que se refere ao financiamento do consumo de imóveis, o papel principal coube ao próprio governo e à Caixa Econômica Federal, como se verá no quadro 6 mais à frente.

Essa possibilidade, que não se coaduna com o uso especulativo da terra – mecanismo típico da indústria da construção civil – evidentemente não veio a ser a preferida das incorporadoras e construtoras, para quem era mais conveniente repetir o modelo institucional de política habitacional já experimentado no Brasil décadas antes.

A escolha inicial do governo era condizente com as finalidades macroeconômicas do Programa – na esteira do PAC, que continha fortes traços neoliberais – e não enfrentava o problema dos imóveis e terrenos ociosos, esse sim uma das razões da exclusão habitacional brasileira, mais uma vez protegido pelo Direito e pela política. De acordo com a Pesquisa Nacional por Amostra de Domicílios (PNAD) de 2008, realizada pelo IBGE e publicada em 2009, mesmo ano de lançamento do PMCMV, o Brasil possuía 7,542 milhões de imóveis vagos, 72% dos quais localizados em áreas urbanas, dos quais 6,307 milhões estavam em condições de serem ocupados. Esse número correspondia a 12,5% dos domicílios particulares permanentes, três pontos percentuais a mais que o déficit quantitativo de habitação da época.

Ao priorizar a construção de novas unidades habitacionais em massa, nota-se que a solução institucional oferecida de partida ignorou esse retrato, o que é indicativo do desinteresse em reprimir a propriedade sem função social, em que pesem as alterações legislativas formais feitas nesse sentido; e de que o tom da normatização do Programa foi dado pelo uso especulativo da propriedade privada, principal causa da escassez de imóveis para as pessoas mais pobres. A despeito disso, o PlanHab, enquanto documento institucional, tratou de articular o PMCMV ao conjunto de ações por ele previsto, ressaltando que o Programa seguia o modelo de desenvolvimento implementado pelo Governo Federal, segundo o qual o crescimento econômico do país seria alcançado conjuntamente com distribuição de renda e inclusão social, e se constituía enquanto importante impulso à sua implementação, na medida em que:

> [...] (i) prioriza o atendimento às famílias de mais baixa renda; (ii) estabelece um marco para a consolidação da política nacional de subsídios, confirmando a necessidade de subsídios públicos como um componente estruturante para a política habitacional do país; (iii) aumenta significativamente os recursos governamentais destinados à área habitacional; e (iv) regulamenta um conjunto de medidas jurídicas, urbanísticas, ambientais e sociais que visam à regularização de assentamentos informais. (MCIDADES; SNH, 2010, p. 194)

Essas considerações iniciais acerca das primeiras alterações no texto original, ainda que pontuais, são importantes para a análise porque fazem prova de como a politização da política pública determina os sentidos normativos construídos para o seu funcionamento. O debate sobre o financiamento habitacional foi retomado no governo Lula 1, mas só ganhou prestígio no orçamento quando se tornou também um importante vetor de dinamização econômica para enfrentar uma crise premente no setor da construção civil, já no segundo mandato do PT. Claro, há uma construção histórica marcada por aprimoramentos institucionais desde o período do BNH, e que inclusive já foi (re)contada no capítulo anterior, no entanto:

> [...] deve-se esclarecer que estes aprimoramentos institucionais contribuíram para dar um novo ânimo ao sistema habitacional e apenas a ele, não justificando, por si só, a criação do PMCMV. Ou seja, seria um erro interpretar a criação do Programa como mero desenvolvimento ou evolução natural do sistema habitacional a partir do BNH, ou um projeto do governo Lula estabelecido desde antes da sua chegada ao poder. Tampouco o PMCMV deve ser entendido como um desenvolvimento do PlanHab. Na verdade, o Programa opera um esvaziamento ou enfraquecimento deste. O PMCMV teve um caráter conjuntural, pois um de seus principais objetivos foi dar uma resposta à crise internacional. (CUNHA, 2014, p. 114-115)

Rolnik e Klink (2011), nesse sentido, apontam que essa característica confere ao PMCMV um caráter industrial para favorecer a produção habitacional de mercado, vindo a se constituir como um enorme mecanismo de transferência de subsídios públicos para o preço da terra e dos imóveis, sem controle algum sobre o processo de especulação imobiliária – instrumento básico do patrimonialismo brasileiro, atendendo aos anseios de uma urbanização capitalista,

> [...] compreendida como um processo de concentração violenta de homens, de produtos e de coisas, capaz de articular os sistemas hierarquizados das cidades, através de fluxos materiais e imateriais, numa convergência que produz a morfologia da metrópole (SEABRA, 2005), da dialética espacial (SANTOS, 2019) e sua reprodução econômica como negócio (PRIETO, 2011). (PETRELLA & PRIETO, 2020, p. 573)

As já supramencionadas faixas de renda familiar e as modalidades contempladas no âmbito do PNHU, organizadas de modo a contribuir para os avanços do capital do setor imobiliário e para a financeirização da política habitacional sob incentivo do Estado, na medida em que operadas inicialmente com exclusividade pela Caixa Econômica Federal (CEF), estão delineadas nos quadros a seguir:

Quadro 1 – faixas e modalidades do PMCMV /PNHU

Faixa	Modalidade	Fonte de recursos	Agente captador dos recursos
Faixa 1	Empresas[80]	Fundo de Arrendamento Residencial (FAR)	Construtora
Faixa 1	Entidades[81]	Fundo de Desenvolvimento Social (FDS)	Entidade Organizadora
Faixa 1	Sub-50/Oferta Pública[82]	Orçamento Geral da União (OGU)	Construtora
Faixa 1,5	Empresas	OGU + Fundo de Garantia por Tempo de Serviço (FGTS)	Construtora
Faixa 2			
Faixa 3	Empresas	Fundo de Garantia por Tempo de Serviço (FGTS)	Construtora

Fonte: Elaboração própria a partir da Lei nº 11.977/2009.

---

[80] A modalidade MCMV-Empresas é também denominada MCMV-FAR, quando relacionada à faixa 1, e de MCMV-Financiamento, quando relacionada às faixas 2 e 3. No presente estudo, opta-se pela nomenclatura MCMV-Empresas, por delinear de modo mais incisivo a presença do setor imobiliário nos contornos do Programa.

[81] O MCMV-Entidades, ou MCMV-E, diferentemente das outras modalidades, se baseia na autogestão da construção como meio de implementação da política. Contando com financiamento do FDS, os recursos públicos são repassados a entidades organizadoras, que se responsabilizam pelo terreno, projeto, planejamento da obra, sua execução e seleção dos beneficiários/as. Para leitura aprofundada do tema, ver a tese de doutorado de Camila Moreno de Camargo, intitulada "Minha Casa, Minha Vida Entidades: entre os direitos, as urgências e os negócios". Disponível em: https://www.teses.usp.br/teses/disponiveis/102/102132/tde-13102016-141513/en.php. Acesso em: 23 maio 2023.

[82] Modalidade aplicada exclusivamente em municípios com população de até 50.000 habitantes, casos em que o programa é operacionalizado por instituições financeiras privadas e agentes financeiros do SFH habilitados previamente pelo MCidades, e não pela Caixa Econômica Federal, como nos outros segmentos. Conforme sugerido no quadro 1, a sua implementação é feita por meio de oferta pública de recursos destinados à construção ou à requalificação de moradias de famílias com renda mensal da faixa 1. A primeira oferta pública foi realizada em 2009, no valor de R$ 1 bilhão, e a segunda, em 2012, no valor de R$ 2,68 bilhões. Em 2013, após denúncia acerca de possíveis irregularidades, o MCidades solicitou à Controladoria-Geral da União a abertura de auditoria especial sobre o conjunto

Quadro 2 – faixas de renda familiar do PMCMV/PNHU[83]

Faixas	Fase 1 (2009)	Fase 2 (iniciada em 2011)	Fase 3 (iniciada em 2016)	2017-2020 (a partir do Governo Temer)
Faixa 1	Até R$ 1.395,00	Até R$ 1.600,00	Até R$ 1.800,00	Até R$ 1.800,00
Faixa 1,5[84]	Não existia	Não existia	Até R$ 2.350,00	Até R$ 2.350,00
Faixa 2	Até R$ 2.790,00	Até R$ 3.275,00	Até R$ 3.600,00	Até R$ 4.000,00
Faixa 3	Até R$ 4.650,00	Até R$ 5.000,00	Até R$ 6.500,00	Até R$ 9.000,00

Fonte: Elaboração própria a partir da Lei nº 11.977/2009, dos Decretos nºs 7.499/2011 e 7.825/2012 e das Portarias Interministeriais nºs 96, 98 e 99/2016 e 528/2017.

Antes de prosseguir, uma observação precisa ser feita acerca dos recortes analíticos e metodológicos da obra: na análise da Lei nº 11.977/2009 e dos demais atos normativos que a alteraram, complementaram ou regulamentaram, o foco é o desenho institucional da faixa 1 do PMCMV em municípios com mais de 50 mil habitantes, na modalidade MCMV-Empresas, em que os responsáveis pela proposição de novos empreendimentos são agentes privados do mercado. Deste modo, aspectos dos segmentos superiores de renda, bem como das outras modalidades, eventualmente podem ser tratados, sobretudo a título de comparação, mas não são objetos principais da investigação, tanto que foram caracterizados em notas de rodapé. Além disso, do

---

das operações contratadas, cujos resultados podem ser conferidos em: https://portal.tcu.gov.br/biblioteca-digital/auditoria-no-programa-minha-casa-minha-vida-em-municipios-com-populacao-ate-50-mil-habitantes.htm. Acesso em: 23 maio 2023. Após isso, o Programa foi reformulado e, no segundo semestre de 2013, criada uma alternativa para o atendimento dessa demanda (Portaria nº 363/2013 do MCidades), no entanto, a adesão dos municípios foi baixa e as contratações não atenderam às expectativas, tendo sido a modalidade descontinuada a partir de então.

[83] No início do Programa, as faixas eram definidas em função do salário mínimo, de modo que a faixa 1 destinava-se ao atendimento de famílias com renda mensal entre 0 e 3 salários mínimos, a faixa 2 entre 3 e 6 salários mínimos, e a faixa 3 entre 6 e 10 salários mínimos. A partir de 2011, passou-se a definir as faixas com base em valores nominais. Nascimento *et al.*(2015) apontam que a decisão pela definição dos estratos em importâncias fixas pode ter sido motivada por dificuldades no cadastramento das famílias com um limite de renda cambiante e reajustes anuais do salário mínimo.

[84] A faixa 1,5 foi criada pela Instrução Normativa nº 25/2016 do MCidades para atender a reivindicações do setor econômico e descontinuada pela CEF em novembro de 2018, em função do esgotamento dos recursos. O seu lançamento foi celebrado pelo Sindicato da Indústria da Construção Civil do Estado de São Paulo, entusiasta da proposta junto a outras entidades da indústria imobiliária. Disponível em: https://sindusconsp.com.br/sinduscon-sp-considera-positiva-a-criacao-da-faixa-15-do-mcmv-2/. Acesso em: 23 maio 2023.

ponto de vista temporal, será considerado o período 2009-2020, isto é, da implementação do PMCMV até a sua descontinuação pelo governo Bolsonaro, que instituiu em seu lugar o malfadado Casa Verde e Amarela.

Como aponta o quadro 1, a modalidade MCMV-Empresas é financiada por fontes de recursos distintas, públicas e privadas, a depender da faixa de renda e, consequentemente, são diversas as condições e os mecanismos financeiros e comerciais para a execução da política em cada uma delas. Para a primeira, do mais baixo estrato, se oferecia a habitação quase totalmente subsidiada pelos cofres públicos da seguinte maneira: as pessoas beneficiadas arcavam com o pagamento de uma taxa mensal fixa sem a incidência de juros perante a CEF, entidade responsável por adquirir os imóveis da empresa encarregada da sua construção, e a diferença entre a quantia assumida pelo/a morador/a e o custo total da unidade era integralizada por recursos do FAR, fundo público alimentado pelo OGU. Na prática, as prestações custeadas pelo/a beneficiário/a visavam cobrir até 10% do valor do imóvel, ou seja, subvencionava-se 90% do valor, refletindo o caráter social do Programa. Para vítimas de calamidade e reassentamentos do PAC, esse percentual poderia alcançar 100%.[85]

Repise-se que, além do financiamento para fins de alienação fiduciária descrito, os recursos do FAR na faixa 1 também poderiam ser utilizados para a realização de obras vinculadas à urbanização de assentamentos precários, saneamento integrado, manejo de águas pluviais e prevenção de deslizamento de encostas – a modalidade MCMV-Urbanização, incluída no processo de conversão da MP nº 459/2009 na Lei nº 11.977/2009. Nesses casos, a contratação era fomentada e mediada

---

[85] Lei nº 11.977/2009. Art. 6º [...] §3º Serão dispensadas, na forma do regulamento, a participação financeira dos beneficiários de que trata o inciso I do caput e a cobertura a que se refere o inciso III do caput nas operações com recursos advindos da integralização de cotas no FAR, quando essas operações:
I – forem vinculadas às programações orçamentárias do Programa de Aceleração do Crescimento (PAC) e demandarem reassentamento, remanejamento ou substituição de unidades habitacionais;
II – forem vinculadas a intervenções financiadas por operações de crédito ao setor público, conforme hipóteses definidas no regulamento, e demandarem reassentamento, remanejamento ou substituição de unidades habitacionais;
III – forem destinadas ao atendimento, nos casos de situação de emergência ou estado de calamidade pública reconhecidos pela União, a famílias desabrigadas que perderam seu único imóvel; ou
IV – forem vinculadas a reassentamentos de famílias, indicadas pelo poder público municipal ou estadual, decorrentes de obras vinculadas à realização dos Jogos Rio 2016, de que trata a Lei nº 12.035, de 1º de outubro de 2009 (BRASIL, 2009a).

pelos órgãos públicos, especialmente pelas prefeituras municipais, e os agentes privados é que se responsabilizavam pela apresentação, execução e cumprimento técnico dos projetos.

No entanto, embora também houvesse finalidade lucrativa nessa modalidade, a concepção do PMCMV corroborou para que houvesse uma imensa concentração na produção de novas moradias – segundo dados do Sistema de Gerenciamento da Habitação do Ministério do Desenvolvimento Regional, entre 2009 e 2020 foram contratadas 85.939 unidades habitacionais em operações vinculadas à urbanização de assentamentos precários, número quase 16 vezes menor do que aquelas contratadas no âmbito do MCMV-Empresas com recursos do FAR, que totalizou 1.363.379 domicílios, dos quais 1.176.020 foram entregues.

Acerca das parcelas cobradas do/a beneficiário/a nos contratos de alienação dos imóveis, observa-se a seguinte variação ao longo do tempo:

Quadro 3 – Variação do valor das prestações mensais pagas pelo/a beneficiário/a da faixa 1 do MCMV-Empresas[86]

Ano	Valor da prestação	Dispositivo legal
2009	10% da renda familiar do morador, com prestação mínima de R$ 50,00, durante o período de 120 meses.	Portaria nº 139/2009 do MCidades
2012	5% da renda familiar do morador, com prestação mínima de R$ 25,00, durante o período de 120 meses.	Decreto nº 7.795/2012
2016 Para beneficiários/as cuja indicação tenha sido formalizada nos Agentes Financeiros após 30 de junho do referido ano	O valor é estabelecido em conformidade com a renda familiar bruta mensal (RFBM): - Até R$ 800,00 – R$ 80,00 - De R$ 800,01 a R$ 1.200,00 – 10% da RFBM - De R$ 1.200,01 a R$ 1.800,00 – 25% da RFBM menos R$ 180,00	Portaria Interministerial nº 99/2016 (MCidades, Ministério da Fazenda e MPOG)

Fonte: Elaboração própria a partir dos dispositivos legais mencionados.

Nas faixas 2 e 1,5, os/as beneficiários/as recebiam um desconto no valor do imóvel para viabilizar o pagamento da entrada, chamado de desconto complemento, e um desconto na taxa de juros, denominado

---

[86] O MCMV-Entidades também prevê o pagamento de parcelas pelos/as beneficiários/as finais, nos mesmos moldes das prestações fixadas no quadro 3.

desconto equilíbrio, sendo este último correspondente à maior parte do subsídio – somados, esses valores perfaziam cerca de 20% do limite de preço da unidade no momento da assinatura do contrato. Desde 2016, as quantias subsidiadas eram compostas pelo OGU e pelo FGTS na proporção de 10% e 90% respectivamente, conforme Portaria Interministerial nº 98/2016,[87] vigente até a descontinuidade do Programa em 2020. A faixa 3, por sua vez, consistia na provisão de crédito habitacional para a classe média a partir somente de taxas de juros mais baixas do que o habitualmente praticado pelo setor imobiliário nos financiamentos tradicionais, subvencionadas por recursos exclusivos do FGTS, sem participação da União.

A comercialização das unidades habitacionais nas faixas 1,5, 2 e 3 ficava a cargo da própria empresa privada que as construía, restringindo-se a atuação da CEF ao financiamento da produção das moradias e à concessão dos subsídios para os/as compradores/as, de modo que os riscos e responsabilidades eram assumidos pelas construtoras. Vale mencionar que o MCidades definia um limite máximo de valor para a aquisição de unidades habitacionais novas nos âmbitos do MCMV-Empresas, em quaisquer das suas faixas, e também do MCMC-Entidades, sendo tais índices estabelecidos de forma diferenciada por estados e regiões brasileiras, de acordo com déficit habitacional calculado para cada local e atualizado periodicamente. Além disso, todas as faixas do MCMV-Empresas contavam com a garantia de um fundo público, o Fundo Garantidor da Habitação Popular (FGHab),[88] desde que o/a mutuário/a tivesse renda familiar de até R$ 5.000,00.

A Lei nº 11.977/2009 determinou a edição de portarias que estabeleciam o fluxo de ação do Programa e também indicavam as suas finalidades e diretrizes gerais, cujas modificações ao longo do tempo encontram-se indicadas a seguir:

---

[87] Até 2011, tais proporções eram 25% e 75%, na mesma ordem (art. 4º da Portaria Interministerial nº 325/2009). Entre 2011 e 2016, 17,5% e 82,5% (art. 3º da Portaria Interministerial nº 409/2011).

[88] Trata-se de fundo privado, constituído pela Lei nº 11.977/2009, administrado, gerido e representado judicial e extrajudicialmente pela CEF. O FGHab tem por finalidade garantir o pagamento aos agentes financeiros de prestação mensal de financiamento habitacional no âmbito do SFH, devida por mutuário final, em caso de desemprego e redução temporária da capacidade de pagamento, assumir o saldo devedor do financiamento imobiliário, em caso de morte ou invalidez permanente, bem como as despesas de recuperação relativas a danos físicos no imóvel para mutuários com renda familiar de até R$ 5.000,00. Seu Estatuto mais recente pode ser acessado em: https://fundosdegoverno.caixa.gov.br/sicfg/portal/documentos/download?chaveDocumento=2002. Acesso em: 22 maio 2023.

Quadro 4 – Finalidades e diretrizes do PMCMV, conforme definição do MCidades

(continua)

Dispositivo legal		Finalidades e diretrizes do Programa
Portaria nº 93/2010	Finalidade	Não havia previsão expressa nesse sentido.
	Diretrizes	a) fomento à oferta de unidades habitacionais por meio da construção de novas moradias e da requalificação de imóveis já existentes em áreas consolidadas; b) promoção da melhoria da qualidade de vida das famílias beneficiadas; c) intervenção habitacional em áreas objeto de planos diretores no âmbito estadual ou municipal, garantindo sustentabilidade social, econômica e ambiental aos projetos de maneira integrada a outras intervenções ou programas da União e demais esferas de governo; d) criação de novos postos de trabalho diretos e indiretos, especialmente por meio da cadeia produtiva da construção civil; e) promoção de condições de acessibilidade a todas as áreas públicas e de uso comum, disponibilidade de unidades adaptáveis ao uso por pessoas com deficiência, com mobilidade reduzida e idosos, de acordo com a demanda conforme disposto no art. 73 da Lei nº 11.977/2009; f) reserva de 3% das unidades habitacionais para atendimento aos idosos, conforme disposto no art. 38, inciso I, da Lei nº 10.741/2003 – Estatuto do Idoso; g) atendimento às diretrizes do PBQP-H – Programa Brasileiro da Qualidade e Produtividade do Habitat, principalmente no que diz respeito à utilização de materiais de construção produzidos em conformidade com as normas técnicas e à contratação de empresas construtoras certificadas no Sistema de Avaliação da Conformidade de Empresas de Serviços e Obras da Construção Civil; h) execução de trabalho técnico social, em empreendimento com regime de condomínio, entendido como um conjunto de ações voltadas para o exercício da participação cidadã, visando promover a melhoria de qualidade de vida das famílias beneficiadas e a sustentabilidade dos empreendimentos.

(continua)

Dispositivo legal		Finalidades e diretrizes do Programa
Portaria nº 325/2011	Finalidade	A transferência de recursos ao FAR, no âmbito do PNHU, tem por objetivo a aquisição e requalificação de imóveis destinados à alienação para famílias com renda até R$ 1.600,00 (um mil e seiscentos reais), por meio de operações realizadas por instituições financeiras oficiais federais.
	Diretrizes	As diretrizes a, b e c da Portaria nº 93/2010 foram excluídas. Em substituição foram inseridas as seguintes: a) promoção da melhoria da qualidade de vida das famílias beneficiadas; b) provisão habitacional em consonância com os planos diretores municipais, garantindo sustentabilidade social, econômica e ambiental aos projetos de maneira integrada a outras intervenções ou programas da União e demais esferas de governo. Todas as demais foram mantidas e renumeradas a partir daí.
Portaria nº 168/2013	Finalidade	A integralização de cotas no FAR, no âmbito do PNHU, tem por objetivo a aquisição e requalificação de imóveis destinados à alienação para famílias com renda até R$ 1.600,00 (um mil e seiscentos reais), por meio de operações realizadas por instituições financeiras oficiais federais.
	Diretrizes	Foram mantidas todas as diretrizes estabelecidas na Portaria nº 325/2011, alterando-se apenas a ordem da que determina a "reserva de 3% das unidades habitacionais para atendimento aos idosos, conforme disposto no art. 38, inciso I, da Lei nº 10.741/2003 – Estatuto do Idoso", deslocada para última posição.
Portaria nº 158/2016	Finalidade	Não houve previsão expressa nesse sentido.
	Diretrizes	Foi alterada a redação da diretriz que versa sobre o trabalho social, mas mantendo-se o mesmo sentido: f) promoção de ações inclusivas, de caráter socioeducativo, voltadas para o fortalecimento da autonomia das famílias, sua inclusão produtiva e a participação cidadã, por intermédio do trabalho social, contribuindo para a sustentabilidade dos empreendimentos habitacionais; Foi incluída a seguinte diretriz: h) existência de, no mínimo, 3% (três por cento) de unidades adaptadas ao uso por pessoas com deficiência na ausência de percentual superior fixado em legislação municipal ou estadual.

(conclusão)

Dispositivo legal	Finalidades e diretrizes do Programa	
Portaria nº 267/2017[89]	Finalidade	Não houve previsão expressa nesse sentido.
	Diretrizes	Foram excluídas as seguintes diretrizes: g) reserva de, no mínimo, 3% das unidades habitacionais para atendimento aos idosos conforme disposto no inciso I, do art. 38, da Lei nº 10.741, de 2003, e suas alterações – Estatuto do Idoso, no processo de seleção dos beneficiários, regulado por normativo específico. h) existência de, no mínimo, 3% (três por cento) de unidades adaptadas ao uso por pessoas com deficiência na ausência de percentual superior fixado em legislação municipal ou estadual. Foi incluída a seguinte diretriz: f) atendimento ao conjunto de especificações mínimas para a elaboração de projetos de empreendimentos de Habitação de Interesse Social (HIS) definidas em ato normativo específico do Ministério das Cidades;

Fonte: Elaboração própria a partir dos dispositivos legais indicados.

A primeira portaria, de 2010, evidenciava de modo mais flagrante a matriz da decisão governamental revelada na análise do plano macroinstitucional, qual seja, a de estimular a cadeia produtiva da construção civil a partir do consumo, na medida em que estabelecia enquanto primeira diretriz "o fomento à oferta de unidades habitacionais por meio da construção de novas moradias e da requalificação de imóveis já existentes em áreas consolidadas". Isso funciona como um indicativo da priorização da lógica de mercado, que aponta para o setor imobiliário como fonte capaz de solucionar a inadequação de moradia das famílias de baixa renda. A partir da Portaria nº 325/2011, no entanto, foi adotado outro discurso, ao fixar inicialmente a "promoção da melhoria da qualidade de vida das famílias beneficiadas" enquanto princípio, ainda que, na realidade, se mantivesse preponderante o tom empresarial.

Para entender como a ação governamental estava orientada para a consecução desse objetivo, acionam-se três categorias de análise, a serem investigadas a partir da base normativa indicada e dos elementos

---

[89] Até a descontinuação do PMCMV, em 2020, não foram mais editados atos pelo Ministério das Cidades que alterassem ou revogassem as diretrizes gerais estabelecidas pela Portaria nº 267/2017.

delineados nos quadros anteriores: a escala e o público-alvo do programa e a sua dimensão econômico-financeira, cuja leitura é feita em conjunto, e os mecanismos jurídicos de articulação entre os agentes governamentais e não governamentais que dele participam. Essa escolha não é aleatória, mas parte de elementos que integram o Quadro de Referência já mencionado (Bucci, Quadro de Referência de uma Política Pública: primeiras linhas de uma visão jurídico-institucional, 2015).

O primeiro deles diz respeito ao alcance esperado com a implementação da política e a identificação dos/as seus/suas beneficiários/as diretos/as e indiretos/as, o que é pertinente, uma vez que os/as beneficiários/as do PMCMV estão segmentados/as em faixas de renda, com disciplinas jurídicas próprias, como apontado; o segundo trata da alocação orçamentária dos recursos investidos em cada uma dessas faixas; e, por fim, o último volta-se às competências, atribuições e responsabilidades reservadas a cada agente que executa, sustenta e tensiona os aspectos do Programa, no sentido da decisão política. Combinando esses fatores, é possível lançar algumas luzes sobre a estratégia adotada no plano intragovernamental, bem como refletir sobre como esse desenho se coloca enquanto prática urbana e quais sentidos da produção social do espaço e de direito à cidade ele pôde produzir para pessoas do estrato inferior de renda abarcadas pelo PMCMV.

3.1.1 Escala, público-alvo e alocação de recursos: a habitação entra no circuito da troca e se generaliza na sua dimensão de mercadoria[90]

Em função de interesses do mercado, o PMCMV se ateve ao déficit habitacional quantitativo, com subsídio quase total da habitação para as famílias de renda mais baixa e com financiamentos a taxas de juros reduzidas ou atrativas para as faixas de renda superiores. Essa modalidade de déficit considera os domicílios em situação precária, rústicos ou improvisados, e também aqueles em que se verifica a coabitação familiar, ônus excessivo com aluguel e adensamento excessivo. São esses os critérios utilizados pela Fundação João Pinheiro, que estimou

---

[90] Título da subseção inspirado no pensamento de Ana Fani Alessandri Carlos: "[...] a produção do espaço se realiza sob a égide da propriedade privada do solo urbana [...] deste modo, o espaço entra no circuito da troca, generalizando-se na sua dimensão de mercadoria" (CARLOS, 2007, p. 91).

para 2009,[91] ano de lançamento do Programa, um déficit quantitativo de 5,998 milhões de domicílios, dos quais 5,089 milhões (84,8%) estariam localizados nas áreas urbanas.

A composição do déficit urbano baseada nos critérios apontados era a seguinte: 457.188 unidades enquadradas como habitações precárias; 2.186.995 em que havia coabitação familiar, incluindo nesse total apenas as famílias conviventes que declararam intenção de constituir uma nova residência; 2.088.458 domicílios ocupados por famílias com renda de até três salários mínimos que comprometem mais de 30% da receita com aluguel; e 356.518 imóveis alugados em que se constatou o adensamento excessivo. Considerando as faixas de renda média familiar mensal, o mesmo estudo demonstrou a intensa concentração do déficit habitacional no estrato de "até três salários mínimos": 90,1%. A categoria "mais de três a cinco" compreendeu 7% das famílias, a "mais de cinco a dez", 2,4% e a "mais de dez", 0,5%. Ao estabelecer outro ponto de corte, em seis salários mínimos, a pesquisa apontou que o déficit para as famílias de renda superior a essa era inexpressivo, representando apenas 1,9% do total.

Esses dados nos ajudam a visualizar o que Bucci (2015) define como escala e público-alvo de uma política, isto é, a magnitude pretendida pelo programa de ação governamental, o seu alcance indicado por dados quantitativos sobre os/as potenciais beneficiários/as. Destacam-se especialmente os últimos índices apontados, que dividem o déficit habitacional quantitativo em segmentos econômicos, dada a possibilidade de comparação com a estrutura do PMCMV, que divide o seu público-alvo em faixas segundo a renda familiar.

Na primeira fase do Programa, lançada em 2009 e concluída em 2010, a faixa 1, denominada de "interesse social", cujas unidades eram distribuídas pela Administração Pública, equivalia às famílias com renda mensal de até três salários mínimos, aquelas mesmas que respondiam por 90,1% da necessidade habitacional quantitativa urbana. Entretanto, quando se opõe esse percentual à quantidade de unidades residenciais previstas para esse mesmo recorte, se percebe uma discrepância: 400 mil de 1 milhão de unidades estabelecidas como meta. Outras 400 mil seriam destinadas à faixa 2, de 3 a 5 salários mínimos, e 200.000 unidades para

---

[91] O estudo foi produzido em parceria com a Secretaria Nacional de Habitação do Ministério das Cidades, a partir de dados da PNAD 2009 e do IBGE. Os resultados, disponibilizados em 2012, podem ser acessados em: http://www.bibliotecadigital.mg.gov.br/consulta/consultaDetalheDocumento.php?iCodDocumento=76500. Acesso em: 16 maio 2023.

a faixa 3, de 6 a 10 salários mínimos, que juntas eram denominadas de "mercado popular", comercializadas pelas construtoras. A escala efetivamente considerada para a implementação da política era, portanto, desproporcional ao déficit, critério que deveria ser considerado caso a decisão governamental priorizasse de fato o combate às necessidades habitacionais.

A cartilha de lançamento do Programa, ao tempo que informava as metas mencionadas, também era categórica ao afirmar, contraditoriamente:

> A meta é ambiciosa: construir um milhão de habitações, priorizando famílias com renda de até 3 salários mínimos, mas que também abrange famílias com renda de até 10 salários mínimos. Isto só será possível com uma ampla parceria entre União, estados, municípios, empreendedores e movimentos sociais. Trata-se de um esforço inédito em nosso país, mas necessário e viável. (CEF, 2009, p. 03)

Esse descompasso é reflexo imediato do desapego do PMCMV aos princípios norteadores PlanHab[92] e da sua filiação aos fundamentos macroeconômicos de recortes teóricos neoliberais do PAC, caracterizando-se mais como um programa de produção de unidades habitacionais de caráter econômico e menos como uma política habitacional. O Plano chegou a reforçar que a articulação das ações do Minha Casa, Minha Vida com as estratégias de longo prazo por ele estabelecidas seria fundamental para potencializar os resultados das medidas emergenciais e contribuir para o alcance dos objetivos da PNH e que, se implementadas, forneceriam ao Programa um nível estratégico para a política pública de habitação e elementos básicos para a consolidação de uma política de subsídios habitacionais a médio e longo prazos (BRASIL, 2010). Entretanto, dos quatro eixos previstos pelo documento – modelo de financiamento e subsídio, política urbana e fundiária, arranjos institucionais e cadeia produtiva da construção civil – alinhou-se o PMCMV apenas ao primeiro e ao último.

---

[92] É importante mencionar que o PlanHab reconhece e admite a participação ativa do setor privado frente ao déficit habitacional acumulado, estabelecendo inclusive como objetivo específico "formular mecanismos de fomento à produção e de apoio à cadeia produtiva da construção civil, tendo como meta a redução do custo da moradia sem perda de qualidade e a ampliação da produção" (BRASIL, 2010, p. 13), alinhando aos eixos do PNH, no entanto essa ação precisa estar articulada a outros pressupostos da ordem da inclusão social.

Na segunda fase do Programa, iniciada em 2011, se estabeleceu como objetivo para a faixa 1 da modalidade MCMV-Empresas do PNHU uma nova escala para o público-alvo mais vulnerável, a produção de 860.000 moradias,[93] anunciadas na Portaria MCidades nº 325/2011 e com data limite para conclusão em 31 de dezembro de 2014. Para os demais segmentos de renda, foi prevista a contratação de 800.000 domicílios.

Entretanto, duas observações precisam ser feitas: primeiro, a entrada no estrato inferior de forma maciça só ocorreu porque as empresas pressionaram o governo para torná-la igualmente lucrativa, solicitando a ampliação dos valores pagos nos financiamentos da produção e melhorando a viabilidade do negócio[94] – em 2009, a Portaria MCidades nº 139 definia como valor máximo de aquisição da unidade habitacional para São Paulo e para o Distrito Federal, unidades da federação com maior teto financeiro para as operações, os importes de R$ 52.000,00 para apartamentos e R$ 48.000,00 para casas; em 2011 a Portaria MCidades nº 325 os atualizou para R$ 65.000,00 e R$ 63.000,00, respectivamente; novo reajuste foi feito em 2012, por força da Portaria MCidades nº 435, unificando o limite de R$ 76.000,00 para os dois tipos de domicílio; e segundo, houve uma ampliação de 50% da meta de contratação para a faixa 2, que saltou de 400.000 para 600.000 unidades, aquecendo ainda mais o mercado na camada considerada mais rentável.

As metas de ambas as fases foram cumpridas dentro do tempo previsto. No PMCMV-1, ao final de 2010 haviam sido contratadas 477.601 unidades habitacionais para a faixa 1, distribuídas entre as modalidades da seguinte maneira:

---

[93] Foi prevista a produção de outras 340.000 moradias nas demais modalidades do PNHU e no PNHR para a faixa 1. Deste modo, o segmento concentrou a produção de 60% das unidades nesta etapa.

[94] Evidenciam esse argumento algumas notícias da época, notadamente aquelas em que se demonstra o posicionamento da Câmara Brasileira da Indústria da Construção, a exemplo: "Cbic considera defasados novos tetos para financiamentos do Minha Casa, Minha Vida", disponível em: https://www.em.com.br/app/noticia/economia/2011/07/08/internas_economia,238661/cbic-considera-defasados-novos-tetos-para-financiamentos-do-minha-casa-minha-vida.shtml. Acesso em: 26 jun. 2023; "Governo aumenta em 17% valor do imóvel do Minha Casa, Minha Vida para quem ganha menos", disponível em: https://cbic.org.br/es_ES/governo-aumenta-em-17-valor-do-imovel-do-minha-casa-minha-vida-para-quem-ganha-menos/. Acesso em 26 jun. 2023; "Mudanças no Minha Casa devem recuperar vendas do programa", disponível em: https://cbic.org.br/es_ES/mudancas-no-minha-casa-devem-recuperar-vendas-do-programa/. Acesso em: 26 jun. 2023.

Gráfico 1 – PMCMV-1: unidades contratadas e entregues na faixa 1

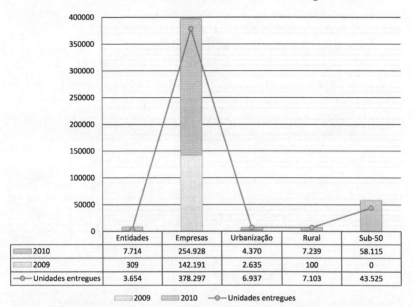

Fonte: Elaboração própria a partir de dados do Sistema de Gerenciamento da Habitação do Governo Federal, que podem ser consultados em: http://sishab.mdr.gov.br/operacoes/filtro. Acesso em: 5 jun. 2023.

Na segunda fase do Programa, os objetivos quantitativos também foram superados, chegando a faixa 1 ao número de 1.235.900 contratações, dentre as quais, 877.333 do MCMV-Empresas:

Gráfico 2 – PMCMV-2: unidades contratadas e entregues na faixa 1

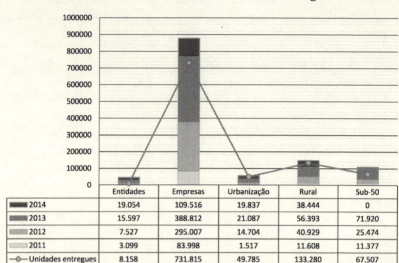

	Entidades	Empresas	Urbanização	Rural	Sub-50
2014	19.054	109.516	19.837	38.444	0
2013	15.597	388.812	21.087	56.393	71.920
2012	7.527	295.007	14.704	40.929	25.474
2011	3.099	83.998	1.517	11.608	11.377
Unidades entregues	8.158	731.815	49.785	133.280	67.507

Fonte: Elaboração própria a partir de dados do Sistema de Gerenciamento da Habitação do Governo Federal, que podem ser consultados em: http://sishab.mdr.gov.br/operacoes/filtro. Acesso em: 5 jun. 2023.

Os gráficos 1 e 2 confirmam a decisão governamental apontada, já que demonstram o maior volume da produção de novas unidades no âmbito do PNHU por empresas privadas em municípios com mais de 50 mil habitantes, em comparação com os demais segmentos da faixa 1. Claro, não se ignora o fato de que o maior elemento do déficit habitacional era à época – e é ainda hoje – a moradia urbana nas médias e grandes cidades, no entanto, a principal justificativa para isso é o desenho do PMCMV, favorável ao incentivo do mercado privado da construção civil, já que os processos com autogestão e cooperativados do MCMV-Entidades, que igualmente visavam combater essa mesma necessidade e inclusive eram apontados como importantes no PlanHab, mobilizaram muito menos recursos, em que pese o sensível aumento na segunda fase do Programa.

Originalmente, a dotação orçamentária do FAR[95] para o PMCMV era de R$ 14 bilhões, conforme disposição do art. 18 da Lei nº 11.977/2009,

---

[95] Cunha (2014) lembra que os recursos do FAR utilizados no PNHU para aquisição de moradias, apesar de conter a palavra "arrendamento", não guardava nenhum vínculo com o anterior Programa de Arrendamento Residencial (PAR), em que se adquiriam imóveis

valor que foi atualizado para R$ 16,5 bilhões pela Lei nº 12.424/2011, que modificou a legislação anterior e pode ser considerada como o marco normativo da segunda fase do Programa. Esse número representa algo em torno de 68,75% de toda a destinação de recursos públicos definida para a política, que só na faixa 1 contava com mais quatro modalidades. Um aporte financeiro dessa envergadura demonstrou o mote social-desenvolvimentista do PMCMV,[96] mas principalmente serviu como indicativo para o mercado da construção civil de que havia um potencial lucrativo na produção de moradias para os segmentos de mais baixa renda e que eles seriam tratados com prioridade do ponto de vista institucional.

Essa interface tão íntima com o setor imobiliário, necessária à estratégia de crescimento baseada na ampliação e generalização do consumo de massas (Bielschowsky, 2001) praticada pelos governos Lula 1 e 2, transformou a habitação em mercadoria e "clientelizou" os/as beneficiários/as,[97] sobretudo aqueles/as da faixa 1, ao financeirizar uma medida que deveria ser de proteção social.

Os resultados econômicos para o mercado, de fato, foram imediatos e são indiscutíveis, tendo se atendido às exigências do sociometabolismo do capital. O estudo realizado por Têmis Aragão, intitulado *Housing Policy and the Restructuring of The Real Estate Sector in Brazil*, indica que logo após o lançamento do PMCMV, em abril de 2009, as incorporadoras começaram a recuperar suas ações na bolsa e as produções foram retomadas. Além disso, o crédito habitacional passou de 1,55% do PIB do país, em 2006, para 3,48%, em 2010, e 6,73%, em 2013.

Nesse particular, é pertinente o argumento sustentado por Lúcia Shimbo em sua tese de doutorado, defendida em 2010, de que houve no Brasil o esmaecimento da divisão entre políticas de habitação social – que podem ser compreendidas, numa interpretação teleológica dos artigos 2º, 4º e 11 da Lei nº 11.124/2005, que dispõe sobre os objetivos

---

pelo sistema de *leasing*, como mencionado no capítulo anterior. A aplicação dos recursos do FAR no PMCMV se dá a partir de financiamentos de compra de casa própria, sobretudo por meio da alienação fiduciária com subvenção econômica, como também já dito.

[96] "Sua ideia chave é a definição do social como eixo do desenvolvimento, ou seja, propõe-se uma inversão de prioridade relativamente ao velho e ao novo-desenvolvimentismo nos quais o desenvolvimento das forças produtivas era o principal objetivo a alcançar. A despeito de continuar relevante, esse objetivo estaria subordinado à meta de desenvolvimento social, vale dizer, a direção e intensidade do primeiro estariam subordinadas às prioridades do segundo" (CARNEIRO, 2012, p. 773-774).

[97] Sobre a mercantilização dos direitos sociais: "A conversão de direito fundamental em dinheiro transforma o primeiro em mercadoria, numa aproximação incompatível com a sua própria essência teórica, desconsiderando ainda que no mais das vezes, as linhas de atuação que efetivamente garantem o direito social em cogitação não se têm disponíveis no mercado" (VALLE, 2015, p. 268).

do SHNIS, como aquelas voltadas para a efetivação do direito fundamental social à moradia pela população de menor renda, tornando-o acessível por meio de políticas setoriais e de investimentos e subsídios para aquisição, construção, melhoria, reforma, locação social e arrendamento – e políticas de habitação de mercado, na medida em que, na prática, essas duas vertentes se associaram a partir de uma infiltração do mercado nas ações do Estado, típica do capitalismo, criando aquilo que a autora denomina de "fronteira de indistinção entre as formas públicas e privadas de produção da habitação", que:

> [...] permeia a estreita, por vezes, promíscua, relação entre Estado e agentes promotores imobiliários. Por isso, as análises sobre a produção da cidade brasileira passam necessariamente pelas diferentes modulações do binômio Estado-mercado, desde os grandes projetos urbanos, as obras de infraestrutura, os investimentos em determinados bairros, até a produção da habitação de interesse social. (SHIMBO, 2010, p. 47-48)

Dialogando com essa perspectiva, Alysson Mascaro (2015) aduz que o Estado, ao se estabelecer como um *continuum* estrutural e relacional das ações capitalistas de troca mercantil e de exploração produtiva, pode ser compreendido como um momento de condensação de relações sociais específicas. Tais relações, que são institucionalizadas pela política estatal, contudo, seguem as regras de valorização do capital, mesmo aquelas que contribuem para o fortalecimento de direitos sociais e de agendas progressistas. É o caso do PMCMV, uma política pensada a partir do mercado que não é reflexo apenas de um momento – ainda que substancialmente motivada por eventos específicos –, mas coordenada por um exercício de memória institucional que já imprimia às políticas habitacionais uma lógica empresarial:

> Daí provém o conjunto de ações específicas de conjuntura interna que desembocaram no cenário atual desde 2004 [...] como a melhoria do ambiente regulatório, do crédito à pessoa física, do aumento dos prazos de pagamento, da diminuição dos valores de entrada e da ampliação da cota de financiamento de imóveis, a ampliação do volume de crédito para as incorporadoras pela Caixa Econômica Federal (CEF), o aumento da porcentagem de financiamento do total da obra (de 50% a 85%) e a revisão da carga tributária incidente na cadeia produtiva da construção civil (IPI). (CUNHA, 2014, p. 160)

A análise da produção pública da habitação, inserida nesse contexto e tão articulada com as dinâmicas privadas, é feita por Shimbo (2010) a partir de outra categoria conceitual híbrida: a habitação social de mercado, consequência direta de uma concepção do que é o urbano construída a partir do capital. Nesse trânsito entre o público e o privado, o Estado assume diferentes papéis, ora assinalando a lógica universalizante da política habitacional – a partir da premissa da habitação como direito –, ora realçando o tom empresarial da produção de mercado –, que procura a sustentabilidade do sistema de financiamento. Tomas Wissenbach categoriza essa atuação em três planos:

> [...] instituindo os marcos legais e institucionais através dos quais se realiza a produção privada, as leis de zoneamento, a legislação edílica e a normatização relativa ao crédito imobiliário, e as formas de tributação do setor; agindo diretamente como um incorporador urbano, por meio de grandes obras públicas ou ainda pela produção de moradias; e atuando, sobretudo através dos bancos estatais, no financiamento habitacional. (WISSENBACH, 2008, p. 34)

Destaque-se o primeiro movimento citado pelo autor, em que se assevera a necessidade de validação jurídica da díade poder público/ramo imobiliário. Essa chave de leitura serve ao PMCMV e se coaduna com o desenho institucional já apontado, tendo em vista que com a sua implementação se estabeleceu uma política de crédito habitacional em que o Estado, por meio do controle dos fundos públicos e da criação de instrumentos regulatórios, fomentou significativamente o mercado formal privado de habitação, sobretudo ao alçar uma parcela empobrecida da população à condição, até então inédita, de consumidora do setor. O Programa permitiu justamente essa adequação do poder de compra das famílias com renda de até três salários mínimos aos produtos oferecidos pelas construtoras, produzindo um duplo efeito: a realização do sonho da casa própria, tão caro ao brasileiro e à brasileira, e a contenção de uma crise econômica na indústria da construção civil.

As escolhas processuais feitas pelo governo para a faixa 1 do PMCMV enunciam a sua preferência em prover habitações sob a forma privada, seja na modalidade do Programa que poderia se identificar como "de interesse social", seja naquela que explicitamente trata da "habitação de mercado", alargando a mencionada fronteira de indistinção entre elas, que se verifica no Brasil desde o BNH, a diferença é que o Minha Casa, Minha Vida conseguiu atingir as pessoas mais pobres. Mas sob quais condições?

Frisa-se o fato de os cofres públicos custearem a aquisição de terras indicadas pelas próprias construtoras, numa grande oportunidade para a especulação imobiliária e a valorização de terrenos ao julgo do setor, que há muito já praticava a acumulação de propriedades fundiárias adquiridas a baixo preço para esperar a sua valorização, criando uma reserva financeira.[98]

A elevação desses custos interfere na política de moradias populares, ao prejudicar os empreendimentos na faixa social cujos tetos eram insuficientes para pagar os abusivos valores fundiários gerados pelo processo especulativo deflagrado, como alerta Bonduki (2014). O autor observa, ainda, que nesses cenários – que não eram novidade no Brasil, tendo acontecido em toda a história da produção habitacional pública – as unidades construídas por meio de subsídios do governo, mesmo quando informais, são "sugadas" para quem delas não necessita. Assim, são mantidas as bases da reprodução da suburbanidade segregante.

Os números do Programa – exitosos e festejados – derivaram, portanto, de uma ação governamental envisada para a criação de um circuito formal de aquisição da propriedade privada para um público de baixa renda, quando poderia se investir, por exemplo, na urbanização de assentamentos precários ou no próprio MCMV-Entidades, cuja proposta era a de construção da habitação por setores organizados da população, em resposta às demandas históricas dos movimentos sociais de moradia. O tratamento dado às faixas do PMCMV também se alinharam a essa intenção, o que foi flagrante em dois momentos: no lançamento da segunda etapa, que trouxe como novidade a definição de cada estrato não mais a partir de salários-mínimos, mas de um valor fixo, que ao longo do tempo se mostrou defasado, de modo a restringir a cobertura da faixa 1, aprofundando as desigualdades habitacionais;[99] e na criação da faixa 1,5, em 2016, na terceira etapa da política, com funcionamento semelhante à faixa 2, destinada a famílias com renda

---

[98] "Para estabelecer um plano de investimento de longo prazo, parte importante do novo capital injetado nas incorporadoras foi investida em reservas fundiárias (*land-banks*). Em 2014, 22 empresas estavam listadas na Bovespa. Entre elas, 9 concentravam 100 bilhões de reais (37 bilhões de dólares) em terra, o que representa quase 620 mil quilômetros quadrados de solo urbano, em várias cidades do país [...] isso trará consequências importantes no aumento de preços dos terrenos nas principais cidades" (ROLNIK, Guerra dos Lugares, 2019, pp. 292-293).

[99] Relatório de avaliação do Programa realizado pelo Conselho de Monitoramento e Avaliação de Políticas Públicas (CMAP), vinculado ao Ministério da Economia e publicado em dezembro de 2020, nesse sentido: "a faixa 1 apresentou elevação de 29,0%, frente ao IPCA acumulado de 52,8% no período entre dezembro de 2009 e março de 2016 (última alteração da faixa 1). Considerando esses reajustes, o valor inicialmente fixado como teto da faixa 1, equivalente a três salários-mínimos em 2009, atualmente representa 1,8 salários-mínimos" (CMAP, 2020).

mensal bruta até R$ 2.350,00 que tivessem capacidade de comprometimento de renda – ou seja, a fim de atender a uma demanda do setor imobiliário de ampliação de financiamento com recursos do FGTS, comercializadas diretamente pelas construtoras.

Vale registrar que o PMCMV-3 foi lançado em meio ao processo de *impeachment* da presidenta Dilma Rousseff no Congresso Nacional e um dia depois de o PMDB romper oficialmente com o Palácio do Planalto. Numa breve tentativa de reconstruir o plano macroinstitucional desse momento do governo:

> Para Pinho (2017, p. 19), o esgotamento da gestão do Governo Dilma ocorreu em 2014-2015, diante de diferentes acontecimentos econômicos, sociais e cultuais, e marcou o "[...] esfacelamento da estratégia desenvolvimentista ancorada no crescimento econômico com dinamização do mercado doméstico de consumo de massas e inserção social dos setores populares". Para o autor, o Governo Dilma adotou uma política econômica de austeridade característica dos anos 1990. O resultado foi o estancamento dos investimentos produtivos a favor da obtenção de superávit primário para pagar juros da dívida pública e favorecer as práticas que rendiam do setor financeiro. "Este contexto sinaliza o resgate do tripé macroeconômico dos anos 1990 (austeridade fiscal, regime de metas de inflação e câmbio flutuante)". Findava-se, assim, a possibilidade social-democrata a partir do rompimento da coalizão política desenvolvimentista, que possuía as políticas sociais no centro da ação nacional de desenvolvimento [...] e isso se concretizou "[...] em cortes de programas sociais estratégicos (Minha Casa, Minha Vida), recessão econômica, agravamento do desemprego, deterioração da renda, retrocesso social da 'Nova Classe Média' (Classe C) e falta de recursos nas áreas de saúde e educação públicas". (Souza & Hoff, 2019, pp. 5-6)

Esse cenário de descontinuidades políticas promovidas pelo golpe à permanência no poder de um governo de centro-esquerda não extinguiu o Programa, que acreditava-se já ter se consolidado enquanto uma política de Estado, inclusive em função do capital político-eleitoral capaz de mobilizar,[100] mas fragilizou a proposta de entregar 2 milhões de residências até 2018, principalmente para a faixa 1, tendo em vista

---

[100] A esse respeito, Rolnik, acertadamente: "[...] uma inovação trazida pelo MCMV é a possibilidade de, ao delegar a promoção de empreendimentos habitacionais a empresas, superar o 'federalismo partidário': o programa é implementado nos municípios quer estes sejam governados por partidos que compõem a base aliada, quer não. Assim, o governo federal obtém dividendos políticos independentemente da vontade da gestão local" (2019, p. 306-307).

o desmonte das políticas sociais e as medidas de austeridade fiscal que estariam por vir, ancoradas em bases neoliberais – e que já se desenhavam desde o início do segundo mandato de Dilma Rousseff – ao tempo em que favoreceu a produção para os demais segmentos superiores de renda, como se verá a seguir.

Soma-se à análise outro fator: a limitação da contratação de unidades habitacionais para a faixa 1 do MCMV-Empresas às metas estabelecidas pelo governo nas duas primeiras etapas, sobretudo ao se considerar a dimensão do déficit habitacional para esse público e o fato de que o mesmo não acontecia para a faixa 2, que mantinha o nível de financiamentos para novas produções, embora tivesse alcançado o número proposto, conforme se verifica no gráfico a seguir:

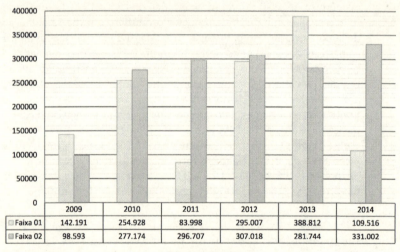

Gráfico 3 – Unidades contratadas para as faixas 1 e 2 do PMCMV/PNHU entre 2009 e 2014

	2009	2010	2011	2012	2013	2014
Faixa 01	142.191	254.928	83.998	295.007	388.812	109.516
Faixa 02	98.593	277.174	296.707	307.018	281.744	331.002

Fonte: Elaboração própria a partir de dados do Sistema de Gerenciamento da Habitação do Governo Federal, que podem ser consultados em: http://sishab.mdr.gov.br/operacoes/filtro. Acesso em: 5 jun. 2023; e de dados divulgados pelo Ministério do Desenvolvimento Regional disponibilizados em 21/09/2016, disponíveis em: http://www.consultaesic.cgu.gov.br/busca/dados/Lists/Pedido/Item/displayifs.aspx?List=0c839f31%2D47d7%2D4485%2Dab65%2Dab0cee9cf8fe&ID=1012265&Web=88cc5f44%2D8cfe%2D4964%2D8ff4%2D376b5ebb3bef. Acesso em: 19 maio 2023.

O modo como o governo fixou as metas de contratações para os estratos de renda permite interpretar que, na prática, havia um teto a ser batido para a faixa 1 e um piso a ser observado pela faixa 2. Isso porque, embora o PMCMV tenha sido publicizado enquanto uma política social em um governo progressista responsável por avanços sociais históricos no Brasil, a vinculação dos direitos à moradia e ao planejamento urbano veiculados pelo Programa a uma estratégia produtivista de crescimento econômico esbarrou nos limites intrínsecos a qualquer projeto de democratização social forjado num contexto capitalista, que invariavelmente prioriza manter os níveis de acumulação necessários à expansão do capital, o que era mais profícuo na produção de moradia para as faixas 2 e 3.

Na segunda etapa do Programa, entre 2011 e 2014, essa diferença ficou bastante acentuada, tendo em vista que o marco estabelecido de 600.000 unidades a serem contratadas para a faixa 2 foi cumprido ainda em 2012, contratando-se, ao todo, em torno de 102% de moradias a mais do que o previsto. Esse é um novo olhar que se lança à execução do objetivo estipulado para a faixa 1, corroborando com o credenciamento do PMCMV enquanto política habitacional social de mercado.

A redução do número de contratações para a faixa 1 a partir do momento em que as metas institucionais eram alcançadas, na verdade, serve como indicativo de como os rumos da política habitacional para pessoas pobres estavam, de fato, concentrados nas mãos do mercado. A ausência de uma regulamentação mais rígida quanto à escala de construção dos domicílios, que antevisse um alinhamento real com os índices do déficit habitacional ou condicionasse a contratação de empreendimentos para as faixas 2 e 3 à produção de unidades de interesse social, foi responsável pelo descompasso verificado nos anos de 2011 e 2014, conforme aponta o gráfico 3.

Em 2015, após o termo final da segunda etapa do Programa, a situação ficou ainda mais crítica, de modo que não constam no Sistema de Gerenciamento da Habitação do Governo Federal contratações para o MCMV-Empresas no âmbito do FAR, ao passo em que, segundo dados do Ministério das Cidades, para a faixa 2 foram contratadas 349.468 unidades habitacionais, número ainda maior do que o do ano anterior. Em 2016, ano de lançamento do PMCMV-3, o fato se repetiu: nenhuma contratação registrada para a faixa 1 do MCMV-Empresas, em contraste às 181.537 unidades contratadas para a faixa 2.

Em 2017, o Governo Temer redesenhou a política, sob o argumento de readequação dos recursos orçamentários da União e da necessidade de estimular o setor econômico: por força da Portaria Interministerial nº 528, foram reajustados os valores de referência das faixas 2 e 3 para R$4.000,00 e R$9.000,00, respectivamente, mas mantido o da faixa 1 em R$1.800,00, conforme explicitado no quadro 2; e o valor dos imóveis passíveis de aquisição com utilização do FGTS no âmbito do PMCMV chegou ao limite de R$1,5 milhão. Tais mudanças, aliadas à imposição do teto para gastos públicos promovida pela Emenda Constitucional nº 95/2016 e à baixa produção de novos imóveis para a faixa 1, fizeram com que a política pública passasse novamente a privilegiar as famílias com maior renda, sem que o Estado tivesse qualquer fonte de financiamento para viabilizar uma política habitacional para os mais pobres (ROLNIK, Mudanças no FGTS e no Minha Casa Minha Vida: e os mais pobres?, 2017).

Entre 2017 e 2018, foram contratadas apenas 83.902 unidades habitacionais para a faixa 1, das quais foram entregues 61.889. Em 2019, as últimas contratações antes da descontinuidade do Programa pelo governo Bolsonaro, somaram 1.500 imóveis, dos quais 500 foram concluídos. Numa análise comparativa entre os períodos 2009-2014 e 2015-2020, isto é, separados pelo início de políticas de austeridade fiscal, com o predomínio do discurso de redução dos gastos públicos e implementação do teto de gastos, se verifica que o impacto principal se dá sobre a população de baixa renda: para a faixa 1, se reduziu em 89% o ritmo médio anual de contratações, enquanto que para a faixa 3 o volume foi ampliado em 79% e a faixa 2 experimentou uma queda de apenas 15%, ainda que concentrasse a maioria das contratações (PENHA FILHO, 2023).

Essa desestruturação do potencial emancipatório do PMCVC, que se deu à medida que o Estado perdeu o protagonismo da sua regulação – abatido pela ideologia e pelas práticas do neoliberalismo e reduzindo a sua responsabilidade na produção do bem-estar social, cada vez mais atribuída ao mercado –, teve como efeito imediato a criação de novas possibilidades de valorização do capital, ao passo em que transformou direitos em nichos de mercado ávidos por consumidores/as. Isso se verifica na comparação das escalas finalmente implementadas, considerando o interstício 2009-2020, dos resultados quantitativos para cada faixa do público-alvo do MCMV-Empresas:

Quadro 5 – Contratações e entregas do MCMV-Empresas entre 2009-2020

	Contratações (unidades)	Entregas (unidades)	Valor contratado (em bilhões)
Faixa 1	1.363.379	1.176.020	R$ 78,9
Faixa 1,5	150.127	150.127	R$ 18,4
Faixa 2	3.108.378	3.108.378	R$ 357,8
Faixa 3	363.349	363.349	R$ 57,3

Fonte: Elaboração própria a partir de dados do Sistema de Gerenciamento da Habitação do Governo Federal, que podem ser consultados em: http://sishab.mdr.gov.br/operacoes/filtro. Acesso em: 5 jun. 2023

Como se percebe, a maioria das contratações, entregas e valores contratados se concentrou na faixa 2 e representou mais da metade dos valores do Programa. E isso não se deu ao arrepio dos arranjos institucionais do PMCMV, mas foi, na verdade, permitido por ele, que foi sendo aperfeiçoado para dinamizar os mercados de construção civil e imobiliário. Essas escolhas processuais se refletem nos dados sobre o déficit habitacional no Brasil, que continua elevado e agudizado nas faixas de renda mais vulneráveis economicamente em todos em seus componentes (habitação precária, coabitação familiar, ônus excessivo com aluguel e adensamento excessivo) – quadro que em momento algum se alterou. Dados da Fundação João Pinheiro – oficiais até 2015 e estimados para o período 2016-2019 – apresentam a seguinte evolução para o déficit habitacional quantitativo urbano desde a finalização da primeira etapa do PMCMV, em 2011:

Gráfico 4 – Déficit habitacional quantitativo urbano 2011-2019

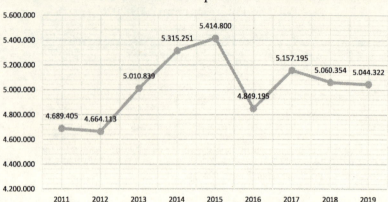

Fonte: Elaboração própria a partir de dados da Fundação João Pinheiro.

Em 2019, última estimativa realizada, a concentração do déficit habitacional em famílias com renda de até 2 salários mínimos – que totalizavam à época R$ 1.996,00, recorte próximo da faixa 1 do Programa – era de 75%. Ampliando para famílias com renda de até 3 salários mínimos, esse número chegava a 89% – ressalte-se que esse contingente populacional não era mais contemplado pela faixa 1, apesar da vulnerabilidade a que estava exposto, já que desde 2011 a definição do público-alvo de cada estrato passou a ser feita por um defasado valor absoluto e não mais por salários mínimos, como proposto inicialmente.

À medida que o teto de renda familiar para a faixa 1 deixou de alcançar pessoas que se encaixavam num padrão de precariedade de moradia, ampliou-se o filão preferido das construtoras, a faixa 2 (e, durante um determinado período, também a faixa 1,5), tomada pela lógica empresarial, em que poderiam ser produzidos empreendimentos a serem comercializados de modo assegurado e facilitado pelas subvenções econômicas concedidas com recursos do FGTS a fim de complementar o valor necessário a assegurar o equilíbrio econômico-financeiro das operações de financiamento, compreendendo as despesas de contratação, de administração e cobrança e de custo de alocação, remuneração e perda de capital, conforme as próprias Portarias do MCidades. Essas escolhas expandiam, portanto, as fronteiras do mercado imobiliário.

O FGTS foi a principal fonte de financiamento do BNH e, de um ponto de vista amplo, tal *modus operandi* se repetiu na política habitacional implementada pelo PMCMV, já que o número de imóveis entregues para a faixa 2 foi quase o triplo daquele relativo à faixa 1 e, para além disso, em função da definição dos limites de cada estrato de renda, a utilização desses recursos também se incorporou à realidade de famílias das classes populares. No entanto, por se tratar de um fundo financeiro, diferentemente do FAR, as decisões em torno dele eram tomadas tendo por horizonte o lucro. Assim como naquela experiência, subordinar as decisões sobre "para quem, onde, como e de que forma investir em habitação à necessidade de remuneração dos recursos desse fundo" teve como efeito o desprestígio das camadas populares, onde historicamente se concentra o déficit habitacional.[101]

A submissão da organicidade de todo o programa de ação governamental a essa racionalidade – o que se visualiza nos dados estatísticos organizados, mormente aqueles em que se comparam os resultados das faixas 1 e 2 – demonstra como, ao longo do tempo, a sua microinstitucionalidade não priorizou a regulação de processos que diminuíssem as desigualdades socioespaciais, mas tornou mais arrojada a atuação do setor imobiliário, garantindo rentabilidade para o ramo da construção civil. Alerta-se para o fato de que não se pode desprezar a produção do direito à moradia para pessoas pobres, uma grande conquista dos movimentos sociais que precisam mobilizar de punhos cerrados o discurso jurídico em prol da concessão de subsídios e viabilização de acesso ao crédito pelo Estado como ferramenta indispensável para que pessoas de baixa renda tenham acesso a programas de financiamento habitacional. Contudo, é preciso dizer que a pretensa centralidade estatal de uma proposta social-desenvolvimentista se perdeu na tradução normativa da política.

Nesse sentido, retoma-se o duplo sentido da habitação que atravessa todo o PMCMV – desde as disputas travadas na esfera institucional que antecederam a regulação dos processos que agora se analisam, passando pela exposição de motivos da MP nº 459/2009 e pelas finalidades anunciadas nas sucessivas portarias expedidas pelo MCidades para regulamentar o seu funcionamento –, tanto como um

---

[101] A título de comparação com os dados apresentados nos gráficos anteriores, vale lembrar que, no BNH, apenas 30% do total de 4,5 milhões de financiamentos concedidos entre 1970 e 1986 se dirigiram aos setores de menor renda, conforme levantamento feito por Luciana Royer (2014). Desde esse tempo, como se vê, o *locus* privilegiado de formulação e implementação da política habitacional é o setor financeiro nacional, "que também se estruturou e se mantém em grande medida para desenvolver um mercado imobiliário e uma indústria de construção civil, que funcionam como 'motores do próprio setor financeiro" (MENEZES, 2017, p. 132).

direito social universal atribuído a todos/as os/as sujeitos/as de direito quanto como um bem qualificado pelo livre mercado, cujo acesso para as faixas de baixa renda da população não é atendido por este de forma espontânea e demanda uma intervenção governamental, isto é, uma política pública no mais puro sentido adotado neste trabalho. Uma intervenção dessa natureza se alinha ao que se espera do Estado num cenário neoliberal: criar uma estrutura institucional conveniente às práticas de mercado, estimulando a sua promoção sobretudo onde ela não existe, conforme explica Harvey:

> O neoliberalismo é em primeiro lugar uma teoria das práticas político-econômicas que propõe que o bem-estar humano pode ser mais bem promovido liberando-se as liberdades e capacidades empreendedoras individuais no âmbito de uma estrutura institucional caracterizada por sólidos direitos a propriedade privada, livres mercados e livre comércio. O papel do Estado é criar e preservar uma estrutura institucional apropriada a essas práticas [neoliberais]; o Estado tem de garantir, por exemplo, a qualidade e a integridade do dinheiro. Deve também estabelecer as estruturasse funções militares, de defesa, da polícia e legais requeridas para garantir direitos de propriedade individuais e para assegurar, se necessário pela força, o funcionamento apropriado dos mercados. Além disso, se não existirem mercados (em áreas como a terra, a água, a instrução, o cuidado de saúde, a segurança social ou a poluição ambiental), estes devem ser criados, se necessário pela ação do Estado. Mas o Estado não deve aventurar-se para além dessas tarefas. As intervenções do Estado nos mercados (uma vez criados) devem ser mantidas num nível mínimo, porque, de acordo com a teoria, o Estado possivelmente não possui informações suficientes para entender devidamente os sinais do mercado (preços) e porque poderosos grupos de interesse vão inevitavelmente distorcer e viciar as intervenções do Estado (particularmente nas democracias) em seu próprio benefício. (HARVEY, O neoliberalismo: história e implicações, 2008, p. 12)

Repise-se, os subsídios concedidos no âmbito do PMCMV e a definição do público-alvo e das escalas para cada faixa de renda que compõe a política são engrenagens de uma estrutura macroeconômica de inserção social via consumo. Essa perspectiva, sobretudo ao se sublinhar como se operaram mecanismos financeiros, demonstra a prevalência de um modelo econômico de expansão capitalista sobre a cidade por meio de incentivos estatais. Como já dito na análise do plano macro, essa foi uma ação coordenada com outras ações voltadas para a melhoria e garantia de renda para populações das classes menos favorecidas, tanto por meio ao aumento real do salário mínimo como pelas políticas públicas de transferência de renda, classificadas por Singer (2012) como uma das principais marcas dos governos Lula 1 e 2, e que também acabaram por se verificar no campo da habitação.

Contudo, essas medidas estão longe de serem antimercantilizadoras, uma vez que a inclusão dessas pessoas nos circuitos de propriedade formal, de renda e de crédito cria o que Rolnik (2019) define como o que há de mais atual no capitalismo contemporâneo, a criação de novos mercados, inclusive financeiros, para as pessoas pobres.

Esse conjunto amplo de políticas a que se agrega o PMCMV, ao substituir progressivamente a linguagem dos direitos sociais e da cidadania pela linguagem do consumo, acabou por oferecer uma versão simplificada do paradoxo diminuição da pobreza/crescimento econômico e agudização da crise urbana: "[...] da porta para dentro, avançamos (leia-se: compramos geladeiras, computadores, celulares, viagens de férias, etc.), da porta para fora estamos cada vez pior (leia-se: a dimensão pública, coletiva, das políticas, a infraestrutura social e econômica inexistente, insuficiente ou precária)" (ROLNIK, Guerra dos Lugares, 2019, p. 271).

O combate ao déficit habitacional, bandeira hasteada pelo governo para legitimar socialmente o Programa, pode ser confrontado não somente pelos dados acerca das necessidades habitacionais dos/as brasileiros/as – que não se coadunaram às metas físicas estabelecidas, à definição dos/as beneficiários/as para as faixas de "interesse social" e à alocação dos recursos públicos, como visto – ou pela imagem da manutenção desse mesmo déficit independentemente dos imóveis construídos, como atesta o gráfico 4, mas também pelo modo como as competências institucionais foram distribuídas entre os agentes que se articularam em torno da ação governamental, informações que passam a ser analisadas mais detidamente a seguir, com especial atenção para o papel delegado às empresas da construção civil.

3.1.2 A articulação entre os agentes governamentais e não governamentais no PMCMV: o poder de decidir sobre a cidade nas mãos do mercado

Ao passo em que o direito à moradia foi capturado pelo sociometabolismo do capital, que transformou a face da política de habitação social do PMCMV em política de habitação social de mercado, o planejamento urbano, outra importante garantia em disputa no âmbito do Programa, também seguiu o mesmo rumo. A identificação dos papéis dos atores que fazem a política rodar – dentro e fora do aparelho governamental – é determinante, de acordo com Bucci (BUCCI, Quadro de Referência de uma Política Pública: primeiras linhas de uma visão jurídico-institucional, 2015), para que se compreenda a sua estratégia de implantação e o seu funcionamento, conferindo maior profundidade à análise, uma vez que permite apontar, inclusive, as forças antagônicas à produção dos direitos sociais veiculados pela *policy*.

Consideram-se como agentes do desenho institucional da faixa 1 do MCMV-Empresas, conforme a legislação: o MCidades, a CEF, as Instituições Financeiras Oficiais Federais (IFs), os entes subnacionais (Distrito Federal, estados e municípios) e as empresas do setor da construção civil interessadas em participar do Programa. As atribuições de cada um desses participantes, isto é, a instrumentalização do núcleo de sentido da ação governamental, seguem adiante sistematizadas em etapas e foram regulamentadas pelo MCidades a partir de portarias, conforme determinação da Lei nº 11.977/2009:

Quadro 6 – Agentes envolvidos na execução do PMCMV e suas atribuições

(continua)

Etapa	Agente	Ações
ETAPA 1	MCidades	✓ Definir as diretrizes do Programa. ✓ Alocar recursos por área do território nacional e solicitar a apresentação dos projetos.
	Entes subnacionais	✓ Assinar Termo de Adesão com a União, em que se comprometem com as responsabilidades descritas na etapa 3.
ETAPA 2	Empresas da construção civil	✓ Preparar a proposta do empreendimento, inclusive indicando o terreno onde ele será construído.
	Caixa Econômica Federal – *Agente gestor do FAR* Instituições Financeiras – *Agentes executores do Programa*	✓ Avaliar e selecionar as propostas de empreendimento a serem contratadas, a partir de critérios técnicos e jurídicos estabelecidos na legislação, cuja execução será acompanhada até a sua conclusão. ✓ Liberar os recursos, conforme previsão do cronograma aprovado.

(conclusão)

Etapa	Agente	Ações
ETAPA 3	Entes subnacionais	✓ Promover ações que facilitem a execução dos projetos, dentre as quais se destaca o reconhecimento do empreendimento a ser construído como Zona Especial de Interesse Social (ZEIS), induzindo o aproveitamento de áreas desocupadas ou ociosas, em atendimento ao Estatuto da Cidade.[102] ✓ Realizar investimentos em equipamentos e sérvios públicos.
	Empresas da construção civil	✓ Executar a obra.
ETAPA 4	Ente subnacional	✓ Divulgar o Programa. ✓ Selecionar os/as beneficiários/as a partir dos critérios de elegibilidade e seleção da demanda definido pelo MCidades, convocando-o/a para apresentação de documentação pessoal. ✓ Entregar a unidade habitacional, momento em que se assina o contrato de alienação.
ETAPA 5	Ente subnacional Instituições financeiras	✓ Executar o trabalho de inserção social dos/as beneficiários/as e de sustentabilidade na gestão dos conjuntos habitacionais.

Fonte: Elaboração própria a partir da Lei nº 11.977/2009 e Portarias do MCidades que dispõem sobre as diretrizes gerais para aquisição e alienação de imóveis por meio da transferência de recursos ao FAR, no âmbito do PNHU, integrante do PMCMV.

A mera leitura das informações do quadro 6 revela um aspecto crucial da política: a baixa capacidade reguladora e institucional dos entes subnacionais, em especial os municípios, em decidir acerca da localização dos empreendimentos habitacionais construídos na faixa 1 e, em seu lugar, o protagonismo das construtoras nessa deliberação, uma vez que cabia a elas a indicação do terreno onde o empreendimento seria construído, após avaliada e selecionada a proposta pela CEF. Ressalta-se esse ponto porque ele confirma duas das principais

---

[102] Nesse sentido, o art. 4º do Decreto nº 7.499/2011 estabelece:
"Art. 4º Em áreas urbanas, deverão ser respeitados os seguintes critérios de prioridade para projetos do PMCMV, observada a regulamentação do Ministério das Cidades:
I – a doação pelos estados, pelo Distrito Federal e pelos municípios de terrenos localizados em área urbana consolidada para implantação de empreendimentos vinculados ao programa;
II – a implementação pelos estados, pelo Distrito Federal e pelos municípios de medidas de desoneração tributária para as construções destinadas à habitação de interesse social; e
III – a implementação pelos municípios dos instrumentos da Lei nº 10.257, de 10 de julho de 2001, que visam ao controle da retenção das áreas urbanas em ociosidade" (BRASIL, 2011).

críticas feitas ao Programa, a drenagem de fartos recursos públicos pelo setor privado e o caráter empresarial de sua produção, ao tempo em que transborda a contradição da sua concepção, que propôs conciliar o estímulo à moradia social e o fortalecimento do mercado.

Ainda a esse respeito, merecem destaque as atribuições da CEF, que, embora não responda ao MCidades, mas sim ao Ministério da Fazenda, deveria observar se os critérios estabelecidos por aquele estavam sendo contemplados nas operações. O banco, além de exercer um papel de agente financiador, regulador e fiscalizador das políticas habitacionais desde a extinção do BNH, na arquitetura interna do PMCMV foi transformado em um importante ator no nível local, responsável por fazer o Programa "rodar" e ser o principal elo entre os sujeitos envolvidos: governo federal, empresas, governos subnacionais e beneficiários/as (KLINTOWITZ, Entre a reforma urbana e a reforma imobiliária: a coordenação de interesses na política habitacional brasileira nos anos 2000, 2015). A capilaridade da sua rede de atendimento a um público que em geral usufrui dos programas sociais de distribuição de renda fez com que a CEF ocupasse um lugar de presença do qual o MCidades não daria conta de se apropriar (em que pese, devesse), inclusive o de acompanhar as obras, ocasião em que cabia aos técnicos da instituição realizar duas vistorias por mês nos empreendimentos com até 500 unidades habitacionais, quando o engenheiro ou arquiteto do próprio banco verificava a evolução física do conjunto habitacional, a qualidade aparente da construção e o desempenho técnico da empresa contratada (D'AMICO, 2011).

Além do já discutido favorecimento à especulação imobiliária, essa previsão no desenho institucional do PMCMV acabou por promover a periferização dos domicílios construídos em sua faixa prioritária, já que a intenção das construtoras de alcançar o menor custo possível com a compra do terreno, visando a ampliação dos lucros, era validada pelo agente financeiro – fato amplamente constatado pela literatura e que Rolnik (2019) categoriza como "efeito colateral" do Programa, que enfraquece o vetor da inclusão social, elencado como uma de suas principais finalidades. Nessa perspectiva, resgata-se aqui a memória institucional do BNH, como já feito em outras ocasiões, a fim de demonstrar que a prevalência da mercantilização da questão habitacional e urbana no Brasil atravessa os tempos:

Ao transferir para a iniciativa privada todas as decisões sobre a localização e a construção das habitações que financia – e esta é uma diretriz que veio de cima, inerente à própria "filosofia" do plano, como acabamos de lembrar –, o BNH tem gerado, uma cadeia de negociatas inescrupulosas. Como nossas pesquisas confirmaram, e como jornais publicam semanalmente, a burla se inicia com a utilização de terrenos inadequados e mal localizados, prossegue na construção de edificações imprestáveis e se conclui com a venda da casa a quem não pode pagá-la, por preços frequentemente superiores ao valor do mercado. (BOLAFFI, 1979, p. 54)

A análise de Gabriel Bolaffi, que data do final da década de 1970, cabe em qualquer estudo sobre o PMCMV. Nesse último caso, dentre as razões no plano microinstitucional que explicam o fenômeno urbano apontado, ressalta-se uma inversão no fluxo das ações dos agentes: o planejamento e a regulação urbana (etapa 2) estavam previstos para acontecer *a posteriori* da contratação da produção das unidades habitacionais (etapa 3), concomitante à execução da obra e não *a priori*. Essa prática contrariava as disposições do art. 5º-A da Lei nº 11.977/2009, adiante transcrito, tornando-as inócuas, já que restava comprometida a expectativa de seu cumprimento:

> Art. 5º-A. Para a implantação de empreendimentos no âmbito do PNHU, deverão ser observados:
> I – localização do terreno na malha urbana ou em área de expansão que atenda aos requisitos estabelecidos pelo Poder Executivo federal, observado o respectivo plano diretor, quando existente;
> II – adequação ambiental do projeto;
> III – infraestrutura básica que inclua vias de acesso, iluminação pública e solução de esgotamento sanitário e de drenagem de águas pluviais e permita ligações domiciliares de abastecimento de água e energia elétrica; e
> IV – a existência ou compromisso do poder público local de instalação ou de ampliação dos equipamentos e serviços relacionados a educação, saúde, lazer e transporte público. (BRASIL, 2009a)

Como a definição do local a ser ocupado pelos/as beneficiários/as mais vulneráveis antecedia o desenvolvimento urbanístico necessário ao atendimento habitacional, é possível verificar também uma mobilização da estrutura normativa do Programa para afastar da sua implementação o poder que a Lei nº 10.257/2001 havia conferido aos municípios, à medida que, ao legitimar os agentes do mercado na determinação do modo pelo qual as cidades iriam crescer, se esvaziavam os instrumentos criados pela referida legislação, como o Plano Diretor, a quem cabia orientar o desenvolvimento urbano com base no planejamento territorial, no atendimento à função social da propriedade[103] e na participação popular.

Ao contradizer o Estatuto da Cidade, a repartição institucional de competências operada no PMCMV teve por efeito uma perigosa dissociação entre a política habitacional e a política urbana, entre o direito à moradia e o direito à cidade, no modo como este foi absorvido e interpretado pelo ordenamento jurídico brasileiro:

> A produção das cidades e da moradia relaciona-se de forma dialética, sendo que, as políticas e as práticas em torno da moradia são fundamentais ao acesso do cidadão à cidade como um todo, sua rede de serviços e equipamentos e à sociabilidade; da mesma forma a estruturação das cidades, a forma com que ela é produzida, moldada e valorizada é determinante para o acesso à moradia. Não há, portanto, como dissociar os processos que envolvem a produção da cidade e da moradia, notadamente quando ambas são concebidas e vendidas como mercadorias, submetendo-se à mesma lógica de mercado que redesenha as cidades e a vida dos cidadãos. (NEVES, 2020, p. 9)

Esse descompasso se deve, em alguma medida, ao arrefecimento das possibilidades de participação popular dentro da institucionalidade do Programa em função da hegemonia das forças do mercado, que não conseguiriam sustentar os seus interesses de outra forma. Com isso, se aponta também o flagrante desacordo dessa estrutura com o princípio da gestão democrática das cidades "por meio da participação da população e de associações representativas dos vários segmentos da comunidade na formulação, execução e acompanhamento de planos, programas e projetos de desenvolvimento urbano" (BRASIL, 2001), que fundamenta a elaboração participativa do próprio Plano Diretor (art. 40, §4º, I, da Lei nº 10.257/2001[104]) e poderia, se posto em prática,

---

[103] "Art. 39. A propriedade urbana cumpre sua função social quando atende às exigências fundamentais de ordenação da cidade expressas no plano diretor, assegurando o atendimento das necessidades dos cidadãos quanto à qualidade de vida, à justiça social e ao desenvolvimento das atividades econômicas, respeitadas as diretrizes previstas no art. 2º desta Lei" (BRASIL, 2001).

[104] "Art. 40. O plano diretor, aprovado por lei municipal, é o instrumento básico da política de desenvolvimento e expansão urbana. [...]
§4º No processo de elaboração do plano diretor e na fiscalização de sua implementação, os Poderes Legislativo e Executivo municipais garantirão:

permitir uma aproximação com o ideal do urbano enquanto espaço de troca e de construção coletiva.

Na verdade, é possível perceber essa escolha política desde o plano macroinstitucional, que também foi marcado pela centralidade do mercado e exclusão das arenas participativas, em desconformidade com a legislação urbanística. Prova disso é que os/as empresários/as, segundo Maricato, desde esse momento "não jogaram o peso de sua representação nos conselhos participativos – de habitação ou das cidades nos três níveis de governo – e buscaram ligação direta com a Presidência da República e a Casa Civil" (2017, p. 90).

Não é demais dizer que a regulação aqui criticada corroborou o processo de produção do espaço urbano segundo a reprodução do capital, em que se pressupõe a concentração da riqueza e do poder político em determinadas classes, favorecendo a expansão patrimonialista das cidades e acentuando a segregação, ao definir o lugar de cada cidadão/ã na hierarquia socioespacial. Não se trata de um problema de escassez de espaços habitáveis ou de impossibilidade de infraestrutura urbana, mas de uma regulação jurídica dos processos no PMCMV que impede o acesso dos seus/suas beneficiários/as ao valor de uso das moradias e das próprias cidades.

Está-se diante de mais um reflexo da lógica que trata a moradia mais como um produto imobiliário do que como um direito social que faz parte de um panorama muito maior e mais complexo de cidadania urbana, que atravessa todo o plano microinstitucional da política e justifica o baixo potencial redistributivo do PMCMV, bem como a reprodução dos padrões históricos de desigualdades e exclusão a partir dele.[105] A sintomática falta de articulação da política habitacional com a política urbana e a ausência de exigências concretas para que os municípios utilizassem os instrumentos do Estatuto da Cidade propiciaram que os empreendimentos se viabilizassem a partir da dinâmica de mercado, buscando as terras mais baratas (CARDOSO & ARAGÃO, 2013).

I – a promoção de audiências públicas e debates com a participação da população e de associações representativas dos vários segmentos da comunidade" (BRASIL, 2001).

[105] Bucci conceitua as políticas redistributivas como "aquelas em que alguns recebem mais em serviços do que pagam em impostos, ou em que alguém recebe um benefício sem ter contribuído para ele. É o caso típico dos programas do *welfare state*, como moradia ou aposentadorias e que são explicáveis com base nas classes sociais ou na oposição ricos/pobres, burguesia/proletariado" (2019, p. 814). No caso do Brasil, como se verá, à compreensão desse conflito se agregam outros termos.

Nesse sentido, outro ponto contraditório foi a atribuição aos municípios da responsabilidade do combate à retenção de áreas urbanas ociosas, igualmente em um formal atendimento ao Estatuto da Cidade – o que, claro, na prática demandava proatividade, capacitação técnica e vontade política para realizar os enfrentamentos aos interesses fundiários historicamente consolidados –, mas que não poderia ser cumprida sem o espaço de poder na cadeia de processos do PMCMV para que eles conduzissem o Programa nesse caminho. Se a centralidade das decisões mais importantes foi transferida para as construtoras e para a CEF, como o planejamento urbano poderia ser executado pelos municípios ao manejar a política habitacional? Com os municípios fora da coalizão governo federal-setor privado, como o interesse público na construção de uma cidade sustentável se efetivaria? Mais uma vez, se está diante de uma referência vaga à legislação urbanística, tolhida pela força do capital financeiro e imobiliário.

O PMCMV, política que provoca inequívocos impactos urbanísticos, contrariou a essência do Estatuto da Cidade, a quem muito pouco se alinhou, ao reservar aos municípios, na realidade, apenas as funções descritas na etapa 4 do quadro 6. Exemplo disso é o desrespeito à diretriz encartada no inciso XIII do art. 2º da Lei nº 10.257/2001, que impõe "audiência do Poder Público municipal e da população interessada nos processos de implantação de empreendimentos ou atividades com efeitos potencialmente negativos sobre o meio ambiente natural ou construído, o conforto ou a segurança da população", evento alheio à processualização da política em estudo e que sinaliza os dois aspectos abordados como fundamentais à manutenção do poder de decidir sobre a cidade nas mãos do mercado: o cerceamento da participação popular e o papel minorizado e esvaziado das municipalidades.

Se, como já dito, o planejamento e a regulação urbana estavam previstos para depois da contratação da produção das unidades habitacionais, que eram levadas para regiões não dotadas de infraestrutura, sem contestação, do que adiantava a necessidade de observância enquanto critério do "respectivo plano diretor, quando existente" para implementação dos empreendimentos, como estabelece o já transcrito art. 5º-A da Lei nº 11.977? Esses contrassensos decorreram não somente da "lateralidade do papel dos municípios"[106] frente aos privilégios concedidos ao setor privado na execução dos direitos veiculados pelo

---

[106] Expressão adotada por Menezes (2017).

PMCMV, mas também da inércia do governo federal em estimular a construção de unidades em locais mais adequados e que gerassem menor custo urbano, social e ambiental, como asseverou Bonduki (2009).

A inadequação do Programa ao sentido do Estatuto da Cidade é mais uma prova de que, de fato, a viabilização mais livre da reprodução do capital foi uma diretriz forte de sua estrutura jurídico-institucional. A quantidade de imóveis vazios continuou sem solução, a produção em massa de domicílios não freou o déficit habitacional e, principalmente, o padrão de expansão periférico das cidades se consolidou, suplantando o planejamento urbano pautado na democratização dos espaços, na justiça ambiental, na gestão compartilhada das cidades e no ideal de uma cidadania urbana.

CAPÍTULO 4

A PRODUÇÃO SOCIAL DO ESPAÇO URBANO PELO PROGRAMA MINHA CASA, MINHA VIDA

O exercício de visualizar o PMCMV "por dentro", em suas estruturas jurídicas e políticas, contribui para a compreensão de uma das falhas da sua implementação, amplamente apontada pela literatura: a localização dos empreendimentos construídos na faixa 1 em regiões distantes dos centros urbanos. Destaca-se, nesse sentido, o trabalho de Kowaltowski *et al.* (2019), que analisou um total de 2.477 estudos científicos sobre o Programa a fim de classificar e descrever os problemas mais recorrentes apontados pelas pesquisas, que também incluem entre os pontos críticos a qualidade dos projetos, a dificuldade de acesso aos serviços públicos e o aumento do custo de vida daqueles/as que acessaram a política.

Sobre estes, tem-se que: o primeiro refere-se à configuração monótona e repetitiva dos empreendimentos, sem paisagismo, e ao desconforto térmico, acústico e de iluminação natural nas unidades habitacionais, que não atendem especificidades climáticas regionais;[107] o segundo

---

[107] O padrão arquitetônico das moradias produzidas no âmbito do PMCMV não é objeto deste estudo, que analisa a moradia articulada à habitação e ao direito à cidade, mas vale destacar os aspectos normativos-institucionais a esse respeito, para efeito de registro: sobre a configuração monótona, o texto da Portaria MCidades nº 660/2018, que será analisada melhor logo mais à frente, dispunha que fosse desejável que o projeto do empreendimento previsse diferentes tipos de implantação e tipologias de edificação (casas térreas, sobrados, casas sobrepostas e edifícios de apartamentos), porém nada determinava de modo mais objetivo. Com relação ao paisagismo, havia a previsão de que o projeto do empreendimento considerasse iluminação, arborização (inclusive, definindo um número mínimo de árvores e espaços de sombreamento) e mobiliário urbano adequado para os espaços compartilhados de permanência, como áreas de recreação, salões de uso comunitário e quadras, que oferecessem condições de utilização pelos seus moradores e de seu entorno. Instruções

decorre de dois fatores, inicialmente da escolha do terreno, longe das áreas urbanas e, posteriormente, da não disposição pelo ente público dos serviços de educação, saúde, lazer e transporte público, embora a legislação do Programa exigisse a disponibilidade destes equipamentos e estados e municípios tenham se comprometido a realizar as ações devidas, mediante a assinatura de termo de responsabilidade; o terceiro, por fim, diz respeito às prestações pelo pagamento do imóvel, cujos valores estão indicados no quadro 3, bem como aos demais custos da moradia relativos às contas de água, energia elétrica, gás e condomínio – não raro inéditos na vida das pessoas que acessaram a política, sobretudo para aqueles/as que foram reassentados/as em função de remoções forçadas; as taxas condominiais são devidas quando o empreendimento está assim organizado e por vezes supera ou se equipara ao valor da parcela do financiamento da unidade habitacional,[108] o que pode ser expressivo no orçamento das famílias (SERAPIÃO, 2016), que já estão em vulnerabilidade de renda e consideram primordial a redução de despesas (ARAGÃO e HIROTA, 2016).[109]

Os elementos brevemente descritos contribuem para a segregação social, um componente e efeito direto do problema aqui tomado como principal, o distanciamento geográfico-espacial imposto aos empreendimentos da faixa 1, ocasionado substancialmente pelo preço da terra, mais barato em áreas mais distantes e definido ao sabor da

---

detalhadas quanto aos sistemas de iluminação e ventilação também foram estabelecidas, mas a legislação era silente quanto à acústica. Diante disso, podem se constatar dois problemas: um na norma, que trata de alguns elementos e não de outros; e outro, mais grave, nas etapas de apresentação e aprovação dos projetos, em que a CEF deixa passar propostas que não se alinham às especificações mínimas.

[108] Para a faixa 1 do MCMV-Empresas, o valor da prestação mensal pela habitação atualmente varia entre R$80,00 e R$270,00 (ver quadro 3), enquanto que, de acordo com o levantamento feito pelo CMAP (2020), a taxa condominial pode variar entre R$100,00 e R$250,00. Pesquisa realizada pelo Laboratório Espaço Público e Direito à Cidade da Faculdade de Arquitetura e Urbanismo da Universidade de São Paulo (LabCidade – FAU/USP) (2014) mostra que os gastos totais com moradia podem chegar a até 77% da renda nas classes mais baixas.

[109] O mesmo relatório mencionado na nota anterior, acerca disso, aduz que: "Os condomínios do MCMV sujeitam-se à legislação geral do novo Código Civil (Lei nº 10.406/2002), capítulos VI e VII. A norma específica do MCMV (Portaria nº 114/2018) estabelece a realização de ações de gestão condominial e patrimonial pelos entes subnacionais, em conjunto com o trabalho social. Caso o ente opte por não executar as ações, os agentes financeiros devem se encarregar de contratar uma empresa especializada. O intuito é fornecer conhecimentos e dar auxílio aos moradores, ao síndico e aos representantes do Conselho Fiscal com relação ao funcionamento de um condomínio e aos deveres que se impõem na relação condominial. Se por um lado o programa oferece assessoria na gestão do condomínio, por outro as decisões pelas despesas incorridas e as taxas mensais delas decorrentes são definidas pelos próprios moradores, em assembleia, de acordo com as regras do novo Código Civil" (2020).

especulação imobiliária. Esse fenômeno foi intensificado pela liberdade conferida às construtoras para a escolha dos terrenos, movimento-chave na análise da periferização dos conjuntos habitacionais, ao evidenciar a perda do controle social do espaço urbano, em um cenário inédito de investimentos públicos em habitação social e em que "nunca fomos tão participativos" (MARICATO, 2014).[110]

A par disso, o presente capítulo pretende tratar da produção social do espaço urbano pelo PMCMV, continuando a explorar a sua microinstitucionalidade ao ampliar o debate acerca do papel desempenhado pelos municípios no desenho do Programa e a sua desarticulação com os instrumentos jurídico-urbanísticos do Estatuto da Cidade, e se propondo a perceber quem são as pessoas escolhidas para, de um lado, acessar o direito à moradia e, de outro, ter o acesso à cidade negligenciado. Essa última análise, a partir do levantamento dos critérios estabelecidos normativamente ao longo do tempo pela política, é feita sob um olhar interseccional, que pode apontar novos limites e novos caminhos para ações governamentais dessa natureza.

É importante lembrar que, nas cidades, a marginalização territorial funciona como um suporte para outras marginalizações equivalentes (DOMINGUES, 1994), de modo que qualquer análise que proponha uma dissociação entre essas dimensões corre o risco da superficialidade, já que os afastamentos entre uma zona periférica e o que é tomado por centro não são quantificáveis apenas pelas distâncias físicas, mas revelados pelas circunstâncias de vida que denotam a desigualdade entre os/as moradores/as desses espaços (JESUS, 2019). Essa reflexão corrobora o argumento já debatido, e fundamental para qualquer política pública habitacional, de que habitação não é só moradia, mas moradia e acesso a trabalho, a serviços públicos e comunitários, ao comércio, dentre outros elementos imprescindíveis à existência cidadã no meio urbano. Habitação implica moradia e condições materiais, sociopolíticas e simbólicas de existência e, além disso, de participação na esfera pública.

Diante desse retrato fornecido pelos estudos que analisam o PMCMV, entende-se relevante defender no ambiente governamental

---

[110] Título de um dos capítulos do livro *O impasse da política urbana no Brasil*, em que Ermínia Maricato demonstra como, apesar dos conselhos participativos e de instâncias como as Conferências Nacionais das Cidades, que influenciaram na edição de marcos regulatórios avançados, os capitais continuam a tomar conta do espaço urbano, atribuindo isso, em alguma medida, ao fato de que as forças sociais, antes vivas, foram aparelhadas pelo Estado. Essa análise também foi realizada no segundo capítulo desta obra.

– motor do Estado para a produção de políticas – a ideia de que, quando se produz habitação social, por mais óbvio que o argumento seja, também é preciso produzir cidade no entorno, o que numa perspectiva jurídica significa produzir as condições instrumentais necessárias para o acesso a políticas e serviços públicos e, no limite, promover cidadania. Assim:

> Um princípio fica claro: não há nenhum sentido em projetar "habitação social" da maneira como isso tem sido feito. Nós devemos projetar e construir tecidos urbanos complexos e com usos mistos, e garantir que eles adaptem-se aos tecidos complexos e de usos mistos já existentes. A habitação social e a habitação em geral precisam ser parte de um processo saudável (e socialmente inclusivo) de urbanismo. A própria noção de habitação monofuncional é obsoleta e desacreditada, porque ela nunca funcionou com a intenção de conectar os residentes ao seu ambiente. Todas as medidas de planejamento que nós rejeitamos – originalmente bem intencionadas – foram adotadas como um meio para melhorar a eficiência para enfrentar os sérios desafios urbanos.
> As principais razões pelas quais elas falharam, no entanto, nunca foram admitidas oficialmente. Como resultado, tem havido uma tendência do debate em focar nos problemas do projeto da habitação social, enquanto construção: como se fosse meramente uma questão de aparecer uma melhor proposta de projeto para ser imposta com mais ou menos os mesmos aparatos de controle de-cima-para-baixo. Hoje em dia, a ideia de um bom projeto, para um arquiteto, é normalmente um desenho opressivo e impessoal para os usuários. (SALINGAROS, BRAIN, DUANY, MEHAFFY, & PHILIBERT-PETIT, 2019, on-line)

Bucci (2021) salienta que as estruturas da desigualdade podem ser, se não modificadas, bastante perturbadas em sua inércia conservadora mediante processos jurídico-institucionais que sejam bem articulados. No caso do PMCMV, o que se nota é justamente o oposto: a sua desarticulação com as normas sobre a função social da cidade e o desprezo às possibilidades de participação popular, que já tinham assento nos quadros do governo à época do seu lançamento e que eram legalmente previstas para as políticas urbanas e habitacionais, tanto na dimensão macro quanto na microinstitucional – sobretudo por força do Estatuto da Cidade, cuja malsucedida relação com o Programa brevemente comentada no capítulo anterior será retomada nos parágrafos seguir.

Em consequência disso, se observou na prática a metáfora lefebvriana (LEFEBVRE, 2019) do duplo movimento de "implosão-explosão", em que a negação da centralidade à cidade, promovida pelo PMCMV e pela sua racionalidade de produção de moradias em massa em benefício do capital, fez explodir na própria cidade vários fragmentos de suburbanidade, que se projetam em várias camadas na vida dos/ as beneficiários/as da política, rompendo as suas expectativas emancipatórias e de desenvolvimento no espaço. A anticidade que resulta dessa dinâmica, além de generalizar as relações, pautando-as no valor de troca (ARAÚJO J. A., 2012), transforma a habitação em dormitório, traduzida na pendularidade casa-trabalho, e a cidade em um local de passagem, no avesso da concepção que a compreende enquanto local de encontro que contribui para os objetivos da sustentabilidade social e para uma sociedade democrática e aberta (GEHL, 2013). Como efeito, depara-se com a degradação do tecido social e com a promoção de uma sociedade artificial, nivelada e igual a si mesma (RODRIGUES, 2009).

É pressuposto desta obra a ideia de que a cidade, lugar de experiência cotidiana e social, se configura como uma instância de maior complexidade, na medida em que é produto de forças políticas e econômicas que reproduzem, por intermédio do capital, a tônica das relações imobiliárias que impulsionam lucro para alguns poucos, empobrecimento para muitos e, em função disso, múltiplas segregações. A construção de condomínios monofuncionais e isolados para pessoas da faixa mais baixa de renda pelo PMCMV, isto é, voltados apenas para realização da moradia – em alguns casos, precária – limitou a pluralidade e as potencialidades do uso dos territórios, que, fragmentados e zoneados pelo mercado, perderam coesão física e social. Produzir espaços vivos que incorporem a habitação social significa, portanto, enfrentar as falhas apontadas no parágrafo que inaugura o presente capítulo.

Nesse sentido, destaca-se uma questão favorável ao aprofundamento das dificuldades de inserção urbana para o público da faixa 1: o preferencial interesse das empresas em construir grandes empreendimentos da maneira mais barata e eficiente possível, proporcionando a economia de escala. Com a prática, criaram-se grandes bolsões periféricos deslocados e desconectados da vida na cidade e dos ciclos econômicos locais e globais, tendo em vista que a redução de custos está diretamente associada à espacialização urbana das unidades longe dos centros, condição que evidencia a fragilidade dos equipamentos públicos presente em áreas remotas:

> De acordo com representantes de construtoras de grande porte entrevistados na pesquisa realizada pelo LabCidade (Rede Cidade e Moradia), a escala é uma condição para a lucratividade no contexto do programa: foi afirmado que, com taxas de retorno inferiores a 15%, só vale a pena

construir empreendimentos de faixa 1 com mais de seiscentas unidades habitacionais. Embora apresentem impactos urbanísticos muitas vezes desastrosos, os grandes conjuntos possibilitam significativos ganhos de escala para as construtoras, ampliando sua margem de lucro. (ROLNIK, Guerra dos Lugares, 2019, p. 311)

Vale ressaltar que esse padrão também foi apurado em políticas habitacionais destinadas aos segmentos sociais de baixa renda em outros países da América Latina, como Chile[111] e México,[112] contextos que haviam sido apontados pelo setor empresarial como exemplos quando feita a solicitação ao governo do "pacote habitacional" que deu origem ao PMCMV, conforme mencionado na análise do plano macroinstitucional.

No caso do Programa, o tratamento dado pela legislação às diretrizes e especificações técnicas dos domicílios e urbanísticas dos empreendimentos para a elaboração de projetos com recursos do FAR, quanto ao seu tamanho, pode ser sintetizado da seguinte maneira:

---

[111] Sobre a experiência chilena, Rolnik (2012) pontua: "As centenas de milhares de casas e apartamentos da supostamente exitosa política habitacional chilena produziram um território marcado por uma segregação profunda, onde o "lugar dos pobres" é uma periferia homogênea, de péssima qualidade urbanística e, muitas vezes, também, de péssima qualidade de construção, marcada ainda por sérios problemas sociais, como tráfico de drogas, violência doméstica, entre outros. Para se ter uma ideia, vários conjuntos habitacionais já foram demolidos (!) e muitos outros se encontram em estudo para demolição". Disponível em: https://raquelrolnik.wordpress.com/2012/05/10/eu-sou-voce-amanha-a-experiencia-chilena-e-o-minha-casa-minha-vida/. Acesso em: 5 jul. 2023.

[112] Acerca das políticas habitacionais mexicanas, recomenda-se o trabalho de Nora Ruth Libertun de Duren, que traça um paralelo com o contexto brasileiro, intitulado *Why there? Developers' rationale for building social housing in the urban periphery in Latin America*.

Quadro 7 – Diretrizes para elaboração de projetos para a faixa 1 do MCMV-Empresas (número mínimo de unidades habitacionais)

(continua)

Legislação	Diretriz
Portaria MCidades nº 93/2010	- Não estabeleceu número mínimo de unidades habitacionais por empreendimento.
Portaria MCidades nº 325/2011	- Dispôs que os empreendimentos que totalizassem mais de 1.000 unidades (unifamiliares ou multifamiliares, isto é, casas ou apartamentos) – à época concluídos, em construção ou em processo de aprovação na vigência da Portaria nº 93/2010 – deveriam ter garantidas áreas institucionais para implantação dos equipamentos públicos necessários para atendimento da demanda gerada por estes. - Estabeleceu que os empreendimentos na forma de condomínio deveriam ser segmentados em número máximo de 300 unidades habitacionais, podendo a proposta ser realizada em etapas ou módulos.
Portaria MCidades nº 465/2011	- Reforçou as disposições da Portaria nº 325/2011, estabelecendo que partir de 1º de janeiro de 2012, os empreendimentos na forma de condomínio, deveriam ser segmentados em número máximo de 300 unidades habitacionais e convalidando as operações em quantitativo superior, realizadas até a data de publicação da medida.
Portaria MCidades nº 168/2013	- Permitiu que cada empreendimento pudesse ter sido contratado em até três etapas, cada qual com um mínimo de 1000 unidades habitacionais. - Manteve-se a regra de que o empreendimento em regime de condomínio deveria observar número máximo de 300 unidades habitacionais por condomínio, admitindo-se, contudo, contratação de empreendimentos, sob a referida forma, com mais de 300 unidades por segmento, desde que os projetos tenham sido recepcionados pelas instituições financeiras oficiais federais até 30 de junho de 2012. - Determinou que as instituições financeiras oficiais federais deveriam submeter à avaliação da Secretaria Nacional de Habitação do Ministério das Cidades, imediatamente após sua recepção, propostas referentes a empreendimento ou conjunto de empreendimentos contíguos a partir de 1.500 unidades habitacionais. - A própria portaria trouxe a definição de que um empreendimento seria considerado contíguo a outro quando a menor distancia, em linha reta, do ponto do perímetro da sua poligonal mais próximo ao perímetro da poligonal do outro empreendimento, for igual ou inferior a mil metros.
Portaria MCidades nº 146/2016	- Trouxe, pela primeira vez, a definição legal do termo "empreendimento" como sendo "[...] a área de intervenção no território, abrangendo as edificações ou conjuntos de edificações residenciais e não residenciais construídos sob a forma de unidades isoladas ou em condomínios, bem como o conjunto de espaços livres e equipamentos públicos e privados" (BRASIL, 2016). - Definiu que empreendimento ou empreendimentos contíguos com mais de 1.000 unidades habitacionais deveriam ser avaliados pela Secretaria Nacional de Habitação do Ministério das Cidades.

(conclusão)

Legislação	Diretriz
Portaria MCidades nº 146/2016	- Determinou como limite máximo 2.000 unidades habitacionais por empreendimento isolado e 3.000 por empreendimento contíguo, sendo aqueles em regime de condomínio limitado ao quantitativo de 300 unidades por condomínio.
Portaria MCidades nº 269/2017	- Passou-se a se definir o número máximo de unidades habitacionais por empreendimento a partir do número de habitantes município onde ele se localizava: - acima de 100 mil habitantes: 500 unidades habitacionais por empreendimento, limitado por vias públicas em todo o perímetro; permitido agrupamento de no máximo quatro empreendimentos, separados por vias públicas. - superior a 50 mil e inferior a 100 mil habitantes: 300 unidades habitacionais, observando-se as mesmas regras. - superior a 20 mil e inferior a 50 mil habitantes: 100 unidades habitacionais, observando-se as mesmas regras. - inferior a 20 mil habitantes: 50 unidades habitacionais, observando-se as mesmas regras. - Manteve-se a regra de que o empreendimento em regime de condomínio, deveria observar número máximo de 300 unidades habitacionais por condomínio.
Portaria MCidades nº 660/2018	- Além do porte do município, o número máximo de unidades habitacionais passou a ter como critério o fato de o empreendimento ser isolado ou agrupado com até outros quatro: - acima de 500.000 habitantes: 500 unidades habitacionais, se empreendimento isolado, e 2.000 unidades, em caso de agrupamento. - superior a 100.000 e inferior a 500.000 habitantes: 300 unidades habitacionais, se empreendimento isolado, e 1.200 unidades, em caso de agrupamento. - superior a 50.000 e inferior a 100.000 habitantes: 200 unidades habitacionais, se empreendimento isolado, e 800 unidades, em caso de agrupamento. - superior a 20.000 e inferior a 50.000 habitantes: 100 unidades habitacionais, se empreendimento isolado, e 400 unidades, em caso de agrupamento. - até 20.000 habitantes: 50 unidades habitacionais, se empreendimento isolado, e 200 unidades, em caso de agrupamento. - Manteve-se a regra de que o empreendimento em regime de condomínio deveria observar número máximo de 300 unidades habitacionais por condomínio.

Fonte: Elaboração própria a partir da legislação indicada.

Na análise, é importante estar ciente dos contextos políticos em que são criadas e alteradas as normas. A partir de 2016, na terceira etapa do PMCMV, brevemente apresentada no capítulo anterior e historicamente marcada pelo início dos cortes de gastos públicos que desencadearam a retração e o desmantelo das políticas sociais – na sequência do golpe sofrido pela presidenta Dilma Rousseff e do governo Temer –, verificou-se o aumento do limite de unidades habitacionais por empreendimento, o que evidentemente não representou um avanço na consecução do direito à moradia para pessoas pobres, já que precarizou ainda mais as condições de habitação, ao agudizar a periferização dos espaços e todos os distanciamentos daí decorrentes, vulnerabilizando ainda mais o exercício da cidadania, ao tempo em que oportunizou às construtoras a redução de custos – fatores que já haviam sido observados em análises focalizadas da política, a exemplo dos estudos compilados por Caio Amore, Lúcia Shimbo e Maria Beatriz Rufino, na obra *Minha Casa... E a Cidade? Avaliação do Programa Minha Casa, Minha Vida em seis estados brasileiros* (2015).

Quanto maior o conjunto habitacional, maior precisa ser o espaço em que ele é construído e mais distante das centralidades das cidades ele fica. A esse respeito, tanto a Lei nº 11.977/2009 como as portarias mencionadas no quadro 7 formalmente exigiam que o terreno do empreendimento estivesse inserido na malha urbana ou, pelo menos, em área de expansão contígua que apresentasse atividades comerciais locais no entorno. Além disso, foi estabelecido que a obra deveria dispor de infraestrutura urbana básica, composta por vias de acesso e de circulação pavimentadas, drenagem pluvial, calçadas, guias e sarjetas, rede de energia elétrica e iluminação pública, rede para abastecimento de água potável, soluções para o esgotamento sanitário e coleta de lixo. Vale ressaltar que a legislação passou a definir esses padrões urbanísticos mínimos a partir da MP nº 514/2010, posteriormente convertida na Lei nº 12.424/2011.[113]

Anos depois, fortalecendo o que já dispunha a Lei nº 11.977/2009, a Portaria nº 146/2016 estabeleceu os seguintes eixos estruturadores

---

[113] "Art. 5º-A. Para a implantação de empreendimentos no âmbito do PNHU, deverão ser observados:
I – localização do terreno na malha urbana ou em área de expansão que atenda aos requisitos estabelecidos pelo Poder Executivo federal, observado o respectivo plano diretor, quando existente;
II – adequação ambiental do projeto;
III – infraestrutura básica que inclua vias de acesso, iluminação pública e solução de esgotamento sanitário e de drenagem de águas pluviais e permita ligações domiciliares de abastecimento de água e energia elétrica; e
IV – a existência ou compromisso do poder público local de instalação ou de ampliação dos equipamentos e serviços relacionados a educação, saúde, lazer e transporte público" (BRASIL, 2009a).

do desenho urbano para os projetos apresentados pelas construtoras: conectividade, mobilidade e acessibilidade, diversidade, infraestrutura e sustentabilidade e sistema de espaços livres, cujas principais diretrizes estão descritas a seguir:

Quadro 8 – Eixos estruturadores do desenho urbano para os projetos da faixa 1 do MCMV-Empresas

CONECTIVIDADE	MOBILIDADE E ACESSIBILIDADE	DIVERSIDADE
- Inserção e conectividade do empreendimento com o seu entorno físico; - Articulação com a malha viária existente ou possibilidade de integração com a malha futura; - Superação ou compensação dos impactos negativos provenientes das barreiras físicas naturais ou construídas entre o empreendimento e o restante da cidade.	- Projeção do sistema viário com hierarquização definida, de acordo com seu porte e tipologia, permitindo a circulação de diversos modais de transporte e garantir o livre acesso a transporte coletivo e serviços públicos; - Priorização do uso do sistema viário por pedestres, com garantia da acessibilidade às pessoas com deficiência e mobilidade reduzida.	- Favorecimento da criação de microcentralidades pelas áreas institucionais do empreendimento e pelas áreas destinadas aos usos comerciais e de serviços públicos ou privados; - Dimensão e distribuição das áreas comerciais dos empreendimentos com o seu porte e com a diversidade de atividades que ele e o seu entorno podem demandar.
INFRAESTRUTURA E SUSTENTABILIDADE		SISTEMA DE ESPAÇOS LIVRES
- Realização de análise do terreno empreendimento e do seu entorno, de forma a minimizar a necessidade de cortes e aterros, prevenir casos de escorregamentos e erosão do solo e evitar a eliminação dos elementos arbóreos existentes; - Projeto de drenagem que considere as linhas naturais de escoamento de água e reduza os riscos de inundação; - Favorecimento da gestão de águas e dos esgotos produzidos e de estratégias para a redução do consumo de energia, devendo propiciar, quando possível, a utilização de fontes renováveis; - Priorização de estratégias de conforto térmico e ambiental, considerando características geográficas da zona bioclimática do empreendimento. - Previsão de gestão de resíduos sólidos, criando as condições necessárias para armazenamento e coleta, preferencialmente seletiva.		- Criação de um sistema de espaços livres com distribuição, localização e porte adequados dos espaços livres urbanos; - Criação de espaços livres urbanos de permanência, com iluminação, arborização e mobiliário urbano adequado, que ofereçam condições de sua utilização pelos seus moradores e de seu entorno; - Quando dentro do empreendimento existirem Áreas de Preservação Permanente (APP), deve-se associá-lo a parques de forma a propiciar o seu uso coletivo, respeitando os limites da legislação vigente.

Fonte: Elaboração própria a partir da Portaria MCidades nº 660/2018.

O quadro jurídico-institucional que definia as especificações urbanísticas era, como se verifica, muito sofisticado, ao exigir dos projetos apresentados pelas construtoras uma série de soluções para os problemas da crise urbana em suas variáveis de infraestrutura, meio ambiente e acesso a serviços e consumo, historicamente enfrentados pelas periferias das cidades. Todo esse arcabouço, contudo, destoou dos resultados reais da política, atestado por relatórios produzidos pelo próprio governo e por pesquisadores da urbe já referenciados, mas também aparentes em uma visita eventual à maioria desses locais.

Estudos de caso (CAETANO, SELBACH e GOMES, 2016; SOARES *et al.*, 2014) e o Relatório de Avaliação da Execução de Programas de Governo nº 65/2015,[114] produzido pela Controladoria-Geral da União (CGU), que alcançaram o período de produção mais extensivo da política, as suas duas primeiras etapas, identificaram uma grande incidência de defeitos construtivos nas unidades habitacionais e nos empreendimentos que utilizaram recursos do FAR. Considerando uma amostra de 195 conjuntos habitacionais, distribuídos em 110 municípios e em 20 estados, o levantamento da CGU concluiu que em quase 50% deles houve algum problema ou incompatibilidade nos domicílios quanto às especificações e quantitativos estabelecidos no projeto aprovado pela CEF, notadamente relacionados com falhas ou deficiências de ambientes sujeitos à incidência de água, como trincas, fissuras, infiltrações e vazamentos.

A respeito das questões urbanísticas do empreendimento, verificaram-se incongruências entre a infraestrutura executada e a prevista em pouco mais de 60% dos casos, sendo mais frequentes aquelas associadas à pavimentação, rede de drenagem e esgotamento sanitário. Apesar disso, impende frisar que a análise encontrou um número pouco significativo de falhas mais graves, consideradas críticas e com potencial de comprometer a segurança ou a vida útil da habitação ou do próprio empreendimento.

---

[114] A ação de controle foi realizada com a finalidade de avaliar a efetiva aplicação dos recursos na produção de unidades habitacionais para o PMCMV, beneficiários/as com renda de até 3 salários mínimos. O escopo contemplou a avaliação do processo de seleção da construtora pelo Poder Público e de aprovação do empreendimento na Caixa, verificação da compatibilidade das unidades habitacionais e da infraestrutura frente aos projetos, divulgação do Programa e adequação do processo de hierarquização e de seleção dos beneficiários/as, realização do trabalho social e o nível de satisfação dos beneficiários/as. Disponível em: https://auditoria.cgu.gov.br/download/9141.pdf. Acesso em: 3 jul. 2023.

Os defeitos construtivos mencionados não decorreram necessariamente de uma omissão legislativa quanto às especificações técnicas – ainda que os avanços nesse sentido tenham sido paulatinos, desde a MP nº 514/2010 que a Lei nº 11.977 cuidou minimamente do tema e, da mesma forma, a Portaria MCidades nº 93/2010,[115] pioneira nesse sentido – ou da elaboração dos projetos pelas empresas, já que a avaliação e seleção dos empreendimentos a serem contratados consideravam a adequação da proposta aos critérios técnicos e jurídicos estabelecidos. A discrepância entre o apresentado formalmente no planejamento e a entrega efetiva das unidades significa muito mais um problema na execução e acompanhamento das obras dos empreendimentos, que são de responsabilidade, respectivamente, das construtoras e dos agentes financeiros,[116] cuja atuação já fora criticada no capítulo anterior.

Ademais, é preciso rememorar que, além do poder de escolha sobre a localização e a efetiva compra do terreno, os agentes de mercado também estabeleciam as tipologias habitacionais. Ambas as decisões eram tomadas na direção da economia de custos do processo de produção, o que envolve a uniformização das medidas, materiais e componentes, bem como das formas de execução e gestão no canteiro (SHIMBO, 2010). O resultado imediato dessa arquitetura financeira, segundo Rolnik (2019, p. 310), "é a construção de megaempreendimentos padronizados inseridos nas piores localizações das cidades, isto é, onde o solo urbano é mais barato".

Ao percorrer o caminho normativo-institucional do PMCMV, se percebe também que algumas determinações, decisivas para a produção do espaço urbano a partir dos empreendimentos construídos pelo Programa, foram estabelecidas tarde demais. Os eixos estruturadores do quadro 8, por exemplo, que tão bem dialogam com os marcos

---

[115] Apesar de trazer poucas diretrizes urbanísticas para elaboração dos projetos, a Portaria MCidades nº 93/2010, primeira a tratar do tema, trouxe as seguintes determinações, que serviram de base para as portarias subsequentes, que ampliaram o seu texto e especificaram novas instruções: "4.1 Os projetos serão elaborados para a execução de empreendimentos inseridos na malha urbana e que contem com a existência de infraestrutura básica que permita as ligações domiciliares de abastecimento de água, esgotamento sanitário e energia elétrica, bem como vias de acesso e transportes públicos. 4.1.1 Deverá ser considerada a existência ou ampliação dos equipamentos e serviços relacionados à educação, saúde e lazer" (BRASIL, 2010).

[116] Quando da constatação de serviços executados com qualidade ou materiais inadequados ou em desacordo com os projetos, caberia à CEF solicitar a correção dos serviços ou a substituição dos materiais ou equipamentos não condizentes com as especificações, promovendo o repasse dos valores à construtora na medida em que forem cumpridas as obrigações contratualmente assumidas (TRIBUNAL DE CONTAS DA UNIÃO, 2013).

regulatórios ambientais e com o próprio Estatuto da Cidade, só foram propostos em 2016, ano em que não consta no Sistema de Gerenciamento da Habitação do Governo Federal nenhuma contratação registrada para a faixa 1 do MCMV-Empresas e que precede o redesenho da política pelo governo Temer no ano seguinte. Ou seja, todas as unidades habitacionais contratadas e efetivamente entregues entre 2009 e 2016 para as pessoas de baixa renda, que compõem a maioria expressiva dos domicílios proporcionados a esta população pelo Programa (ver quadro 5 e gráficos 1 e 2) e fornecem o seu retrato mais contundente, não precisaram observar com o devido rigor legal os parâmetros mais específicos que avançaram no acesso à cidade.

Nessa perspectiva, considerando que aqueles/as que acessavam a faixa 1 do PMCMV majoritariamente possuíam uma experiência periférica prévia nas cidades (ainda que fazer parte do déficit habitacional não fosse necessariamente um critério do Programa para sua seleção, como se verá mais adiante), destaca-se o eixo urbanístico da *conectividade* trazido pela Portaria MCidades nº 660/2018, que representava uma chance de superar a tradução do direito à cidade tradicionalmente feita pelas políticas habitacionais, que tende a resumi-lo ao conjunto teto-água-esgoto-energia elétrica. Morar é fundamento básico da vida urbana, isso não se discute e nem se desvaloriza, mas não há como participar dela sem a existência de vias de acesso à cidade ao redor, sem possibilidades concretas de integração e circulação que permitam a mobilidade e o convívio compartilhado com as temporalidades e espacialidades do outro, essenciais à urbanidade (NETTO, 2013).

Nesse sentido, também se sublinha o eixo da *sustentabilidade*, já que os contextos urbanos são marcados pela degradação permanente do meio ambiente (JACOBI, 2000), o que decorre do impacto da urbanização predatória sobre o ecossistema e afeta sobremaneira as populações periféricas que se integram à cidade a partir de um processo de ocupação da terra extensivo e desorganizado, sendo adensadas pela expansão imobiliária, que, por sua vez, é legitimada pelas fronteiras[117] criadas a partir do disciplinamento do espaço urbano promovido pelo poder

---

[117] A tensão estabelecida entre o Estado e as comunidades periféricas, que alimentam o distanciamento entre os indivíduos e dificultam a interação desse grupo nos diferentes espaços sociais, cria o que Pierre Bourdieu denomina de fronteira, que "[...] nada mais é do que o produto de uma divisão a que se atribuirá maior ou menor fundamento na 'realidade' segundo os elementos que ela reúne, tenham em si semelhanças mais ou menos fortes [...]. A fronteira é um ato jurídico de delimitação, produz a diferença cultural do mesmo modo que é produto desta" (BOURDIEU, 2009, p. 114-115).

público. Como a experiência de desigualdade e injustiça ambiental é típica aos subúrbios, favelas e loteamentos irregulares, construídos em áreas expostas a riscos dessa natureza (MARICATO, 1996; 2014), de fato, esse é um fundamento a ser combatido por uma política pública que se propõe a veicular o direito à moradia e o planejamento urbano – até por se considerar que os direitos (mormente os constitucionalizados enquanto "sociais", que servem ao princípio da dignidade da pessoa) não se fragmentam, mas se associam e se transversalizam na perspectiva da dignidade.

No entanto, é curioso o que se verifica no caso do PMCMV. A Lei nº 11.977/2009, produzida originalmente no âmbito dos Ministérios da Casa Civil e da Fazenda, deixou a cargo do MCidades a regulamentação de uma série de pormenores necessários à execução do Programa e que interferiam diretamente na produção social do espaço urbano, tema evidentemente sensível à pasta (assim como o próprio Programa em sua essência), como se observa em todas as categorias analíticas acionadas na leitura do plano microinstitucional. Esse preenchimento normativo dependia de diagnósticos que, ou já estavam prontos e poderiam ter sido incorporados na legislação original, ou só foram sendo produzidos ao longo do tempo, o que justificaria a quantidade de portarias editadas anualmente, cujo ritmo paulatino de produção modulou os padrões urbanísticos e de acesso à cidade pela política.

Como a arquitetura principal do Programa escapou do MCidades e de toda a sua tecnologia institucional – que incluía, dentre outros componentes, uma Secretaria Nacional de Habitação, a experiência acumulada com a elaboração do PlanHab e do PNH e um corpo técnico composto por arquitetos, urbanistas e pesquisadores –, restou insuficiente e moroso o trabalho do referido Ministério de recuperar as lacunas urbanísticas de uma legislação principal que aderiu à ideia de cidade como um negócio, fruto de uma aproximação com o setor empresarial em sua gênese. Não ter feito parte do desenho da macroestrutura de funcionamento do Programa impediu que a pasta o modelasse e agregasse satisfatoriamente a ele os elementos de uma política de habitação de interesse social capazes de amenizar as consequências da submissão da proposta aos interesses do mercado.

Mais do que corroborar com a constituição da cidade enquanto o ambiente em que as relações de mercado de desenvolvem, o PMCMV também cedeu à transformação da cidade, ela própria, em mercadoria. Se essa foi a decisão governamental, era de se esperar que as normatizações em sentido diverso, que tentassem conter os seus efeitos negativos na produção do espaço e reparar a falta de investimento na reciprocidade da relação entre *moradia* e *cidade*, fossem de difícil implementação, já que esbarrariam em questões mais profundas e estruturantes da política, já analisadas, como o papel dos agentes nela imbricados ou a sequência das etapas de sua execução.

O ponto que se quer chamar atenção é o seguinte: na produção social do espaço urbano pelo Programa, coube ao MCidades definir diretrizes urbanísticas fundamentais, aparando as arestas jurídicas deixadas pela base normativa principal, ao mesmo tempo em que essa produção já acontecia e criava para os/as beneficiários/as – sem renda, sem poder e com pouca influência nas tomadas de decisão sobre os locais que ocupavam – uma cidade desprovida de urbanidade. Claro que esse movimento era favorável ao setor da construção civil, que continuava a comandar a expansão urbana. Como a própria estrutura interna do Ministério foi sendo enfraquecida em função dos acordos políticos feitos pelo governo, as brechas da Lei nº 11.977/2009 não foram supridas a tempo ou satisfatoriamente.

Entre 2009 e 2016, num país que continha um avançado Estatuto da Cidade em seu ordenamento jurídico, que experimentou a progressista e promissora criação de um Ministério das Cidades e com a desastrosa memória institucional acerca da habitação social deixada pelo BNH e pelos incipientes programas habitacionais que o sucederam, o que mais poderia justificar não terem sido estabelecidos antes os eixos para o desenho urbano descritos no quadro 8? O processo de racionalização do poder demonstrado no segundo capítulo talvez responda a essa pergunta.

Enquanto se editavam portarias extemporaneamente pelo governo, os empreendimentos editavam, conforme as temporalidades do capital, as cidades em suas franjas, arredores e limites terminais, isto é, em suas periferias, repetindo e reconfigurando o velho decalque geográfico da desigualdade, sob o manto da institucionalidade e de uma política de financiamento – e não mais a partir da "trilogia loteamento clandestino/casa própria/autoconstrução" (MAUTNER, 1999) nos locais onde a terra é mais barata, paradigma urbanístico brasileiro originário, empreendido pelos trabalhadores ou pela população mais pobre de um modo geral e potencializado pela industrialização do país (BONDUKI, 2004).

Vale ressaltar que, embora a autoconstrução continue a ocorrer atualmente, o processo geral ganha eficiência capitalista quando empresas passam a implementar o mesmo modelo de expansão segregador de outrora. Colaborando com o sucesso dessa fórmula, foram acrescentados substanciais volumes de subsídios estatais, supostamente voltados a realizar o direito à moradia de trabalhadores pauperizados. Nesse sentido, prevaleceu a aparência de que não existiria

> [...] por parte dos que detêm o poder político nos vários níveis de governo e no setor privado, uma compreensão clara da dimensão fundiária, urbana, arquitetônica e ambiental da política habitacional, que ainda é tratada, por muitos, como uma mera questão de produção de unidades habitacionais ou de geração de crescimento econômico, emprego e crédito. (BONDUKI N., Pioneiros da Habitação Social no Brasil. Volume 3. Onze propostas para morar para o Brasil moderno., 2014, p. 107)

O que se identifica nas justificativas políticas para as decisões governamentais e para o arranjo jurídico-institucional do PMCMV, que realçam os ganhos sociais que ele também representa e o seu festejado título de "maior programa habitacional já feito na história do Brasil", é uma espécie de radicalização do direito à moradia – quase dissolvendo as suas relações com as demais garantias jurídicas necessárias à cidadania urbana, privilegiando o papel da casa e consolidando precariedades de toda ordem – como se ele fosse capaz de, sozinho, suplantar a necessidade do convívio com a cidade; como se fosse possível disfarçar, com uma produção em massa de imóveis, a articulação fragilizada com o espaço urbano; e como se a construção dos equipamentos que sustentam a cidade pudesse esperar. Havia urgência na promoção da moradia diante do déficit habitacional quantitativo, situação que também não foi revertida substancialmente pelo Programa (ver gráfico 4), mas também há urgência na reversão do padrão periférico desconectado e insustentável das cidades, para fazer referência aos eixos do desenho urbano trazidos pela Portaria MCidades nº 660/2018 e destacados anteriormente.

É importante ressaltar que uma das causas da divergência entre a moradia produzida pelo PMCMV e a cidade que ele (re)cria é o fato de que a demarcação da malha urbana e das áreas contíguas à malha urbana são de competência dos municípios, que possuem autonomia para estender delimitações desta natureza no tecido das cidades, permitindo que um determinado empreendimento se adéque às regras, ainda que o território daquele determinado local não apresente a configuração e as características básicas de convivialidade e habitabilidade estabelecidas pela norma.

Diante disso, a fim de dificultar a realização dessa manobra para atender a projetos específicos, a Lei nº 11.977/2009 passou a determinar que a contratação de empreendimento inserido em área de expansão urbana instituída após 10 de abril de 2012 – data de promulgação da Lei nº 12.608/2012, que inseriu no Estatuto da Cidade a obrigatoriedade de projeto específico para expansão do perímetro urbano municipal, cujas especificações constam do artigo 42-B – estivesse condicionada à comprovação da existência de projeto específico que justificasse a expansão, instituído pela legislação local e com exigências de planejamento mínimas.

De todo modo, não se esgotam as questões que podem ser confrontadas com a institucionalidade do Programa: se o empreendimento fosse construído na malha urbana, haveria um impacto voraz e imediato na urbanidade daquele local, já que foi permitida a construção de grandes conjuntos habitacionais; se o empreendimento fosse construído em área urbana ainda não constituída, ainda mais precária seria a situação. Nesse sentido, pesquisa do LabCidades – FAU/USP revelou dois padrões distintos de localização nas obras da faixa 1 do MCMV-Empresas:

> (1) empreendimentos de grande porte, produzidos em grandes terrenos localizados em frentes de expansão nos limites da mancha urbana; (2) empreendimentos de pequeno e médio porte, produzidos em terrenos menores (muitas vezes públicos) remanescentes em periferias consolidadas. [...] No primeiro caso, a inserção de empreendimentos do MCMV em frentes de expansão se assemelha ao padrão de produção de HIS em São Paulo entre os anos 1970 e 1980, quando imensos aglomerados de conjuntos habitacionais da COHAB [...] construídos fora da malha urbana, em áreas sem infraestrutura adequada, sem espaços comerciais ou equipamentos públicos, precariamente conectados ao tecido urbano e com condições inadequadas de transporte público e mobilidade.[118]

---

[118] O relatório, a esse respeito, faz uma relevante observação, alertando para um problema que viria a se consolidar: "A intensa produção de moradia sem cidade naquele período acabou por gerar ampla segregação e uma série de problemas sociais que trouxeram ônus significativos para o poder público ao longo das décadas seguintes, fenômeno que está se repetindo em parte da produção do programa. Cabe ressaltar que, naquele período, o rápido crescimento populacional nas grandes metrópoles do país, fruto de um crescimento demográfico acelerado e do forte êxodo rural, impulsionou um crescimento urbano desordenado, impondo sérias dificuldades para o assentamento da população em condições satisfatórias. No atual momento histórico, entretanto, com taxas de crescimento demográfico menores,

[...] No segundo padrão observado, a inserção de empreendimentos MCMV se dá em periferias consolidadas [...] servida por equipamentos sociais e inserida num tecido que se consolidou a partir de um padrão de urbanização bastante precário e fragmentado. Embora atualmente essas áreas já possuem uma dinâmica urbana própria, dispondo de subcentralidades e possuindo alguma diversidade de comércios e serviços [...] a renda domiciliar e a densidade de empregos mostram que essas localidades ainda são bastante homogêneas e precárias, oferecendo poucas oportunidades de desenvolvimento econômico e cultural aos seus moradores, mantendo características de bairros-dormitório e com baixa qualidade urbanística. (Laboratório Espaço Público e Direito à Cidade, 2014, p. 18-20)

No segundo caso, ainda que menos extrema, a segregação continua sendo uma característica central de sua configuração socioespacial. Seja de um jeito, seja de outro, o problema reside no modelo lógico estabelecido para o Programa, que reproduz, com a chancela do Direito, as disputas ideológicas da sociedade e a hierarquização típicas de uma urbanização capitalista – em matrizes de classe, de raça, de gênero, de capacidade, por exemplo, como se discutirá mais adiante. Isso se revela numa sequência de escolhas: o papel das construtoras; a aprovação dos projetos por agentes financeiros – ressaltando-se que a gestão da CEF realmente não poderia garantir que os resultados do PMCMV atingissem os objetivos do PlanHab e da PNH, aos quais o PMCMV, em tese, seria subordinado (KRAUSE, BALBIM, & LIMA NETO, 2013); a ausência de participação dos/as beneficiários/as; e o papel lateral exercido pelos municípios – a quem coube selecionar as pessoas que ocupam essa cidade contraditória, da suposta efetivação do direito à moradia e da negação do direito à cidade.

Todo esse quadro reflete uma das conclusões da análise realizada até aqui: as decisões governamentais levaram o PMCMV a uma contínua submissão à política econômica anticíclica, reiterando o "compromisso" da sua concepção em resposta a uma crise econômica mundial, de incentivar o desenvolvimento capitalista do país. Essa foi uma escolha política, repactuada ao longo do tempo, como visto,

---

maior disponibilidade de recursos públicos e estágios mais avançados de consolidação do tecido urbano nas metrópoles do país, os desafios encontrados para o atendimento das necessidades habitacionais em condições adequadas de urbanidade são significativamente menores, o que torna a reprodução desse modelo ainda mais injustificável" (Laboratório Espaço Público e Direito à Cidade, 2014, p. 20).

que negava a legislação urbanística aprovada no período anterior, em especial o Estatuto da Cidade.

4.1 O papel dos municípios e a seleção dos/as beneficiários/as[119] do Programa: critérios de inclusão para a reconfiguração de espaços periféricos e a reprodução da urbanização capitalista

O movimento pela reforma urbana historicamente preconizou o fortalecimento dos municípios para o atendimento habitacional e o desenvolvimento urbanístico, no entanto, o PMCMV foi em direção oposta, mobilizando o Direito e a política para centralizar o desenho institucional do Programa no governo federal – palco de disputas, contradições e ambiguidades que culminaram na desintegração entre as políticas habitacional e urbana – e outorgar para as construtoras e para a CEF decisões institucionais da maior relevância e determinantes na produção de uma cidade em favor dos interesses do setor imobiliário, zoneada pela especulação imobiliária. Tal medida, aliada ao desprestígio dos instrumentos de participação popular, foi fundamental para que se estabelecesse a aludida primazia das forças de mercado, na política e no espaço.

Nesse contexto, dentre outras contradições já apontadas, foi preterida a figura do Plano Diretor, previsto pela Constituição Federal de 1988 em seu artigo 182 como instrumento básico da política de desenvolvimento e expansão urbana, de competência do poder púbico municipal, apto a delimitar o conteúdo jurídico da função social da propriedade – elemento central para o Direito Urbanístico brasileiro e para a interpretação do direito à cidade feita por ele. Essa determinação constitucional foi acolhida também pelo Estatuto da Cidade,[120] que estabeleceu os critérios técnicos e formais para sua elaboração, realçou o seu caráter dirigente e ressalvou a necessidade de participação popular nesse processo, a ser garantida pela realização de audiências públicas e de debates com a presença da comunidade e de associações

---

[119] Mais uma vez, chama-se atenção para o uso do termo "beneficiários/as" utilizado pela base normativa do Programa. Como, nesse momento, ainda se trata de uma análise do plano microinstitucional, ancorada na legislação, segue-se utilizando a referida terminologia.

[120] Art. 40. O plano diretor, aprovado por lei municipal, é o instrumento básico da política de desenvolvimento e expansão urbana (BRASIL, 2001).

representativas dos seus vários segmentos, bem como na fiscalização do seu cumprimento, devendo os documentos e informações produzidos serem publicizados e de livre acesso.

Nesse sentido, Victor Carvalho Pinto (2011) rememora que o próprio MCidades, quando da sua criação, em 2003, implementou uma política de apoio à elaboração de planos diretores pelos municípios, inclusive denominando-os de "planos diretores participativos". Entre as medidas adotadas, destacavam-se o apoio técnico e financeiro, a composição de um programa de capacitação, de uma rede de discussão e de um banco de experiências, além do cadastro de profissionais aptos/as a assessorar a edição dos planos. Essa é mais uma evidência da desarticulação do PMCMV, na dimensão macro, ao conjunto de políticas em curso à época e à evolução do debate sobre a questão habitacional no Brasil, bem como do quão problemática foi a atuação de cunho econômico da Casa Civil e do Ministério da Fazenda, que, sob a influência de pressões neoliberais, conceberam o direito à moradia para pessoas pobres sem diretrizes bem estabelecidas acerca da cidade a ser constituída a partir daí.

Outra ferramenta relevante atribuída aos municípios, que decorre do Plano Diretor ou da lei específica de zoneamento que dele deriva, são as Zonas Especiais de Interesse Social (ZEIS), instrumento da política urbana que serve para estabelecer os caminhos da expansão do perímetro da cidade, por meio de um conselho gestor com participação comunitária. Dentre outras coisas, as ZEIS definem áreas para a construção de habitação de interesse social, numa estratégia de regulação distributivista do solo, em locais que podem já estar ocupados por assentamentos precários ou que constituam vazios urbanos. Seja numa hipótese ou em outra, obrigatoriamente, tais regiões devem ser alvo de recuperação ambiental, regularização fundiária e melhorias na infraestrutura básica para garantir o acesso da população de baixa renda à urbanidade: moradia, equipamentos públicos, mobilidade, áreas verdes, dentre outros. A efetivação do instrumento, no entanto, é objeto de disputa entre os agentes detentores de terras e o mercado imobiliário, que querem explorar economicamente determinadas regiões, de um lado, e, do outro, os grupos sociais excluídos que ocupam esses espaços e reclamam direitos (SANTOS, LESSA, & PONTE, 2019).

No caso do PMCMV, houve certa subversão do instituto para atender ao interesse da especulação imobiliária, arrefecendo as possibilidades de sua concretização. Isso porque a legislação do Programa, na realidade, não impôs a necessidade de que os empreendimentos se situassem em áreas demarcadas como ZEIS,[121] determinando que os estados e municípios deveriam tão somente incentivar que as propostas de empreendimentos fossem apresentadas nas áreas assim delimitadas – volta-se ao ponto exaustivamente mencionado: a retirada dos municípios da competência para definir a localização dos empreendimentos, a decisão final era da construtora. Nesse sentido, a Portaria MCidades nº 24/2013, ao tratar do termo de adesão entre a União e os demais entes, estabeleceu como atribuição destes:

> b) garantir a celeridade nos processos de autorizações, alvarás, licenças e de outras medidas inerentes à aprovação dos projetos arquitetônicos, urbanísticos e complementares dos empreendimentos habitacionais;
> c) dar celeridade ao licenciamento ambiental junto aos órgãos competentes;
> d) articular com as concessionárias de serviços públicos de modo a viabilizar a implantação, operação e a manutenção das redes de energia elétrica, água, saneamento, transporte público, para emissão do termo de viabilidade;
> e) promover ações facilitadoras e redutoras dos custos de produção dos imóveis, apresentando propostas legislativas, quando for o caso, que disponham sobre a desoneração de tributos de sua competência;
> f) ao seu critério, estender sua participação no Programa Minha Casa, Minha Vida, sob a forma de aportes financeiros e de fornecimento de bens, serviços ou obras;
> g) apresentar proposta ao Poder Legislativo local que reconheça os empreendimentos habitacionais do Programa Minha Casa, Minha Vida, nos casos de operações que envolvam recursos do Fundo de Arrendamento Residencial – FAR, como de Zona Especial de Interesse Social – ZEIS; [...] (BRASIL, 2013)

Foi criado, portanto, um ambiente muito confortável para o setor da construção civil. Chama-se atenção especialmente para o último dos itens citados, que deliberadamente condiciona a iniciativa dos governos locais em instituir as ZEIS ao *modus operandi* empresarial do PMCMV, a fim de estimular o mercado e a implementação de conjuntos habitacionais, inclusive com a previsão de desonerações tributárias a partir daí. Na realidade, as ZEIS deveriam representar o reconhecimento pelo Estado de que as normas de uso e ocupação do solo da comunidade

---

[121] A única menção expressa ao instrumento na Lei nº 11.977/2009 havia sido inserida no capítulo que trata da regulação fundiária, em trecho revogado pela Lei nº 13.465/2017.

devem ser respeitadas e a regulação do território definida. Mas qual município perderia a oportunidade de participar de um programa com um apelo eleitoreiro deste quilate, notadamente pela geração de empregos e aquecimento do comércio por ele proporcionados, e de fortalecer os laços com um setor econômico tão expressivo e influente no cenário político brasileiro?

Com isso, se evidenciam dois aspectos já mencionados outras vezes: primeiro, a interferência do governo federal nas dinâmicas dos municípios; segundo, como o PMCMV assumiu sucessivas posturas em favor de uma urbanização capitalista, cedendo a sua institucionalidade às regras e ao ritmo empresarial, na forma e no conteúdo de uma habitação social de mercado. O Programa acabou por incorrer num retrocesso, pois a demarcação por ZEIS, quando feita de acordo com o proposto pelo Estatuto da Cidade, com o propósito de garantir moradias urbanizadas e integradas, traz benefícios para toda a sociedade e principalmente para os/as ocupantes dos territórios, que ampliam suas perspectivas de avançar no sentido da cidadania.

Sendo o Plano Diretor um dispositivo que estende o conteúdo constitucional da política urbana à realidade fática das cidades (ANDRADE, 2019), dele precisa derivar toda a tecnologia legislativa acerca dos critérios e parâmetros a serem empregados na produção social do espaço, não da lógica eminentemente empresarial do PMCMV. Noutras palavras, debaixo do guarda-chuva das políticas urbanas precisam estar as políticas habitacionais, de modo que o dimensionamento e as estruturas destas precisam atender às bases epistemológicas do Estatuto da Cidade, que incluem aspectos relativos ao governo democrático das cidades, à justiça urbana e ao equilíbrio ambiental (MARICATO, O estatuto da cidade periférica, 2010), bem como se adequar aos instrumentos jurídicos e políticos nele inseridos, a exemplo do Plano Diretor e da ZEIS, previstos para nortear o cumprimento da função social da propriedade e da cidade.

É equivocada, nessa perspectiva, a leitura reducionista do PMCMV como um programa de provisão habitacional (ou pior, de uma política econômica para incitar o mercado de trabalho e o setor da construção civil), quando ele deveria ter sido tratado, ao fim e ao cabo, como uma complexa política de desenvolvimento urbano e, nessa condição, submeter-se às regras de ordenação territorial estabelecidas pela Lei nº 10.257/2001 para ações governamentais dessa natureza, dentre as quais destacam-se: planejamento do desenvolvimento das cidades, da distribuição espacial da população e das atividades econômicas do município sob sua área de influência, de modo a evitar e corrigir as distorções do crescimento urbano e seus efeitos negativos sobre o meio ambiente; controle do solo de modo a evitar a retenção especulativa de imóvel urbano, que resulte na sua subutilização ou não utilização; regularização fundiária e urbanização de áreas ocupadas por população de baixa renda mediante o estabelecimento de normas especiais de urbanização, uso e ocupação do solo e edificação, consideradas a situação socioeconômica da população e as normas ambientais (BRASIL, 2001). A porosidade do vínculo entre o Programa e o Estatuto da Cidade,[122] comentada desde o capítulo anterior e determinante para a reprodução de um padrão urbanístico periférico, dificulta a consecução da cidade sustentável, entendida como aquela em que se tem "direito à terra urbana, à moradia, ao saneamento ambiental, à infraestrutura, ao transporte e aos serviços públicos, ao trabalho e ao lazer, para as presentes e futuras gerações" (BRASIL, 2001).

Por outro lado, ao refletir sobre a ampliação da competência dos municípios na implementação de políticas de desenvolvimento urbano (tanto no financiamento, como na gestão), definida constitucionalmente, e criticar o desvio a essa determinação pelo PMCMV, é preciso considerar que essa descentralização do poder para a esfera local encontra desafios no contexto brasileiro. Em que pese o arranjo federativo e tributário decorrente da Constituição tenha significado uma transferência de renda e capacidade institucional para os entes subnacionais, a capacidade financeira e de gestão de boa parte das mais de cinco mil cidades brasileiras, especialmente as menores, foi e ainda tem sido bastante limitada para enfrentar os problemas da urbe, como pontua Massonetto:

> A articulação do Direito Urbanístico com o Direito Econômico e o Direito Financeiro pode iluminar alguns fenômenos jurídicos altamente impactantes na produção do espaço urbano e abrir uma agenda de investigação sobre o papel do Estado na gestão política da riqueza social. A política de austeridade fiscal permanente e a reduzida capacidade dos entes subnacionais financiarem o desenvolvimento urbano a partir

---

[122] Vale ressaltar que o Estatuto da Cidade é mencionado na Lei nº 11.977/2009 uma única vez, hipótese também apresentada no capítulo anterior, ao se estabelecer que a implementação pelos municípios dos instrumentos do Estatuto voltados ao controle da retenção das áreas urbanas em ociosidade é um dos critérios de prioridade para atendimento pelo Programa. Do mesmo modo, só há menção ao Plano Diretor quando se define o que é área urbana.

do fundo público têm gerado um esforço de construção de mecanismos alternativos para mobilização dos recursos necessários à expansão da infraestrutura e promoção de serviços urbanos adequados. (MASSONETTO, 2015, p. 150)

Antes da edição do Estatuto da Cidade, a situação era ainda mais precária, sobretudo em função da falta de coordenação interinstitucional e interfederativa. Nesse sentido, Rolnik relembra que a Constituição de 1988 promoveu importantes transformações na geografia político-administrativa brasileira ao facilitar a criação de novos municípios, que se tornaram dependentes de transferências orçamentárias diversas: provenientes de fundos de participação; obrigatórias relacionadas à educação, saúde e assistência social; e voluntárias, como os repasses de recursos do OGU por meio de convênios. No campo do desenvolvimento urbano, durante a década de 1990, estas últimas ocorriam por meio de emendas parlamentares, que, apesar de significativas financeiramente, tiveram pouco ou nenhum impacto desenvolvimentista local, em função da inexistência de qualquer marco de planejamento territorial municipal e também do caráter episódico, pontual e fragmentado dos repasses, sem contar as dificuldades de ação coletiva entre os municípios e entre estes e os estados (ROLNIK, A construção de uma política fundiária e de planejamento urbano para o país: avanços e desafios, 2006). Nesse cenário, a estratégia municipal encampada foi a de estabelecer uma política de atração de investimentos e investidores, denominada pela autora de "salve-se quem puder":

> [...] o paradigma da "cidade eficiente e competitiva nos mercados globalizados", dominante na política urbana internacional contribuiu também para fomentar uma guerra fiscal perversa e predatória entre cidades, na prática inviabilizando projetos regionais e estruturas de cooperação e sistematicamente fazendo com que cidades abrissem mão de receitas próprias. Neste sentido a equação da descentralização, aliada à competição entre cidades, na prática enfraqueceu poderes locais e reforçou o poder de grandes corporações. Desta forma, enquanto os déficits de habitabilidade se avolumavam nas metrópoles e centros regionais, a distribuição do financiamento público penalizou claramente os municípios médios e grandes, ao mesmo tempo em que potencializou a dependência política dos menores, que embora representem 25% da população, constituem a maioria (70%) dos municípios e, portanto, tem peso significativo no desenho da máquina político-eleitoral do país.

(ROLNIK, A construção de uma política fundiária e de planejamento urbano para o país: avanços e desafios, 2006, p. 203)

Na tentativa de corrigir esse impasse e avançando institucionalmente, o Estatuto da Cidade definiu algumas saídas, mecanismos de cooperação alternativos destinados ao financiamento e à mobilização de recursos para a formulação e execução de políticas de infraestrutura urbana, sinalizadas em seu artigo 2º:

> Art. 2º A política urbana tem por objetivo ordenar o pleno desenvolvimento das funções sociais da cidade e da propriedade urbana, mediante as seguintes diretrizes gerais:
> [...]
> III – cooperação entre os governos, a iniciativa privada e os demais setores da sociedade no processo de urbanização, em atendimento ao interesse social;
> [...]
> VII – integração e complementaridade entre as atividades urbanas e rurais, tendo em vista o desenvolvimento socioeconômico do Município e do território sob sua área de influência;
> [...]
> X – adequação dos instrumentos de política econômica, tributária e financeira e dos gastos públicos aos objetivos do desenvolvimento urbano, de modo a privilegiar os investimentos geradores de bem-estar geral e a fruição dos bens pelos diferentes segmentos sociais;
> XI – recuperação dos investimentos do Poder Público de que tenha resultado a valorização de imóveis urbanos; (BRASIL, 2001)

Contudo, retomada a realidade brasileira, ressalta-se a coerência do pensamento de Ferreira e Motisuke (2007), ao aduzirem que o sucesso dos instrumentos previstos no Estatuto da Cidade depende de um forte embate político local e de uma articulação governamental consistente, que abarque estratégias, inclusive macroeconômicas, dispostas a enfrentar os privilégios das classes dominantes, inverter as prioridades dos investimentos públicos e admitir a existência da cidade informal, encarando a subcidadania urbana do país de frente. Não se pretende romantizar o marco regulatório das cidades, na medida em que se reconhece que o desprestígio dos seus instrumentos não é exclusividade do PMCMV e repousa em motivos muito mais profundos, que antecedem a própria existência do Programa, mas é certo que a falta de adesão aos seus pressupostos e a sua principiologia participativa,[123] com todos os seus limites, contribuiu para a reprodução de um modelo de expansão urbana patrimonialista e especulativo tipicamente brasileiro.

Nesse sentido, pesquisa coordenada pelo Observatório das Metrópoles, publicada em 2011, demonstra que, apesar do êxito quantitativo de elaboração de planos diretores municipais – à época, dos 1.644 municípios com mais de 20 mil habitantes, 1.433 declararam possuir o instrumento, o que corresponde a 87% do total – e da presença de instrumentos como as ZEIS, a aplicação deles ou a sua articulação com o território e com estratégias de desenvolvimento urbano estava se mostrando muito deficiente:

> Muitos planos apenas transcreveram os trechos do Estatuto, outros incorporaram os instrumentos sem avaliar sua pertinência em relação ao território e à capacidade de gestão do município, outros, ainda, incorporaram alguns fragmentos de conceitos e ideias do Estatuto de modo desarticulado com o próprio plano urbanístico [...]. A pesquisa evidenciou uma generalizada inadequação da regulamentação dos instrumentos nos Planos Diretores no que se refere à autoaplicabilidade ou efetividade dos mesmos, principalmente no caso dos instrumentos relacionados à indução do desenvolvimento urbano. (SANTOS JÚNIOR & MONTANDON, 2011, p. 31-34)

Rolnik completa a análise, pontuando que:

> Por outro lado, no início da última década, enquanto o movimento pela Reforma Urbana procurava fomentar o debate em torno da desmercantilização do solo urbano, em várias cidades brasileiras, Planos Estratégicos desenhados para reposicionar as cidades no âmbito da competição global pela atração de investimentos internacionais, plataforma neoliberal de resposta a crise, era também experimentada.

---

[123] Os instrumentos participativos do Estatuto da Cidade já foram demonstrados no capítulo anterior, mas destacam-se novamente algumas dessas previsões: no artigo 2º, a "gestão democrática por meio da participação da população e de associações representativas dos vários segmentos da comunidade na formulação, execução e acompanhamento de planos, programas e projetos de desenvolvimento urbano", aprofundada no Capítulo IV da legislação, que também veicula disposições sobre a gestão orçamentária participativa e vincula a aprovação do plano plurianual, da lei de diretrizes orçamentárias e do orçamento anual à realização de debates, audiências e consultas públicas; o artigo 4º, por sua vez, dispõe que todos os instrumentos previstos que demandem "dispêndio de recursos por parte do Poder Público municipal devem ser objeto de controle social, garantida a participação de comunidades, movimentos e entidades da sociedade civil"; há ainda previsão de participação popular em operações consorciadas (artigo 32) e na elaboração e fiscalização de implementação do plano diretor (artigo 40, § 4º, I), como também já salientado.

Esta plataforma surgiu a partir de uma espécie de consenso geral em todo o mundo capitalista avançado de que benefícios positivos têm de ser obtidos por cidades que assumam um comportamento empresarial em relação ao desenvolvimento econômico. (ROLNIK, 10 anos do Estatuto da Cidade: das lutas pela Reforma Urbana às cidades da Copa do Mundo, 2012)

Apesar disso, alheio ao Estatuto, ao PMCMV não restou outro destino que não fosse continuar a desempenhar o papel que historicamente as políticas habitacionais ocuparam no desenho das cidades: o de alimentar a segregação socioespacial, impulsionar o espraiamento urbano, proporcionar um padrão urbanístico monofuncional e estabelecer uma divisão territorial entre pessoas ricas e pobres. Essa é uma forte hipótese para explicar por que, apesar do alto volume de recursos investido (ver quadro 5), o Programa reforçou os distanciamentos já impostos às periferias, seja criando novas manchas urbanas nas franjas das cidades, seja aumentando a densidade populacional em zonas precárias já existentes. Do mesmo modo, não houve contribuição efetiva na qualificação das regiões onde os empreendimentos foram implantados, trazendo, em verdade, novos ônus para o poder público local (ROLNIK, Guerra dos Lugares, 2019).

Distante da centralidade conferida aos municípios pelo Estatuto da Cidade, o PMCMV, basicamente, concedeu aos referidos entes a função de indicar a demanda para os imóveis da faixa 1 do MCMV-Empresas que fossem construídos em seu território, selecionando quem o acessaria. Esse trabalho era orientado por uma série de critérios definidos pelo MCidades, que determinavam não só quem seria contemplado/a com a moradia, mas também quem teria a já descrita experiência urbana delineada pelo Programa. Inicialmente, foi editada a Portaria nº 140/2010, cujos critérios de elegibilidade encontram-se sistematizados no quadro:

Quadro 9 – Critérios para hierarquização e seleção de beneficiários/as da faixa 1 do MCMV-Empresas estabelecidos pela Portaria MCidades nº 140/2010

Portaria MCidades nº 140/2010
CRITÉRIOS NACIONAIS
- Famílias residentes ou que tenham sido desabrigadas de áreas de risco ou insalubres;[124] - Famílias com mulheres responsáveis pela unidade familiar.
CRITÉRIOS LOCAIS
De forma a complementar os critérios nacionais, poderiam ser escolhidos três critérios de territorialidade ou de vulnerabilidade social, priorizando candidatos: - Que habitassem ou trabalhassem próximos à região do empreendimento, de forma a evitar deslocamentos intraurbanos extensos e desnecessários; - Que se encontrassem em situação de rua e recebessem acompanhamento socioassistencial do DF, estados e municípios, bem como de instituições privadas sem fins lucrativos, que trabalhassem em parceria com o poder público.
OBSERVAÇÕES
- Os critérios locais deveriam ser aprovados pelos conselhos locais de habitação ou, nos casos em que o município não o possuísse, pelo Conselho de Assistência Social.

Fonte: elaborada pelo autor a partir da Portaria MCidades nº 140/2010.

Posteriormente, destaca-se a publicação da Portaria MCidades nº 163/2016, que inovou ao instituir o Sistema Nacional de Cadastro Habitacional (SNCH), gerido pelo MCidades e alimentado pelos entes subnacionais, que faria a consolidação dos cadastros de demandas locais, os processos de seleção e sorteio dos/as candidatos/as a moradores/as e o seu registro. Além disso, a normativa aprovou também um Manual de Instruções para Seleção de Beneficiários do PNHU, no âmbito do PMCMV, que, repetindo as Portarias MCidades nºs 610/2011, 595/2013, 412/2015, se alinhou às modificações promovidas pela Lei nº 12.424/2011 na Lei nº 11.977/2009,[125] que incluíram a prioridade de

---

[124] Eram consideradas áreas de risco, pela portaria, aquelas que apresentassem risco geológico ou de insalubridade, tais como, erosão, solapamento, queda e rolamento de blocos de rocha, eventos de inundação, taludes, barrancos, áreas declivosas, encostas sujeitas a desmoronamento e lixões, áreas contaminadas ou poluídas, bem como outras que assim fossem definidas pela Defesa Civil.

[125] Rememora-se o fato de que a Lei nº 12.424/2011 foi o marco legal da segunda fase do Programa e trouxe expressamente ao texto da Lei nº 11.977, além do critério nacional mencionado, outros dois que já haviam sido elencados pela Portaria nº 140/2010: estar a família residindo em áreas de risco, insalubres, que tenha sido desabrigada ou perdido a moradia em razão de enchente, alagamento, transbordamento ou em decorrência de qualquer desastre natural do gênero ou ser a família chefiada por mulher. Vale ressaltar que a redação original da base normativa do PMCMV não trouxe nenhuma preocupação

atendimento às famílias de que fizessem parte pessoas com deficiência. Dentre os critérios nacionais e nos mesmos moldes de sua antecessora imediata, a Portaria nº 412/2015 trouxe um rol mais específico dos possíveis critérios adicionais (anteriormente denominados de "critérios locais") a serem escolhidos pelo ente subnacional, acrescendo à lista de possíveis requisitos alguns elementos considerados para medir o déficit habitacional quantitativo:

Quadro 10 – Critérios para hierarquização e seleção de beneficiários/as da faixa 1 do MCMV-Empresas estabelecidos pela Portaria MCidades nº 163/2016

(continua)

Portaria MCidades nº 163/2016
CRITÉRIOS NACIONAIS
- Famílias[126] residentes em áreas de risco ou insalubres ou que tivessem sido desabrigadas, comprovado por declaração do ente público; - Famílias com mulheres responsáveis pela unidade familiar, comprovado por autodeclaração; - Famílias de que fizessem parte pessoa com deficiência, comprovado com a apresentação de atestado médico.
CRITÉRIOS ADICIONAIS
- Famílias que habitassem ou trabalhassem a determinada distância do centro do empreendimento, comprovado com a apresentação de comprovante de residência; - Famílias residentes no município há um número mínimo anos, a ser estabelecido comprovado com a apresentação de comprovante de residência; - Famílias que fossem beneficiadas por Bolsa Família ou Benefício de Prestação Continuada (BPC) no âmbito da Política de Assistência Social, comprovado por declaração do ente público; - Famílias que se encontrassem em situação de rua e que recebessem acompanhamento socioassistencial do Distrito Federal, estado ou município, ou de instituições privadas sem fins lucrativos, com Certificação de Entidade Beneficente de Assistência Social (CEBAS) e que trabalhassem em parceria com o poder público, comprovado por declaração do ente público ou da instituição;

nesse sentido, tendo tão somente estabelecido em seu artigo 3º que, "para a definição dos beneficiários do PMCMV, devem ser respeitadas, além das faixas de renda, as políticas estaduais e municipais de atendimento habitacional, priorizando-se, entre os critérios adotados, o tempo de residência ou de trabalho do candidato no Município e a adequação ambiental e urbanística dos projetos apresentados" (BRASIL, 2009). Esse é mais um sintoma da amplamente discutida desarticulação entre a criação da política e os diagnósticos acerca do déficit habitacional produzidos pela SNH do MCidades.

[126] Os conceitos de família, pessoa responsável pela unidade familiar e morador presentes nas Portarias MCidades nºs 140/2010 e 163/2016 eram aqueles previstos legislação do CadÚnico, notadamente no Decreto nº 6.135, de 26 de junho de 2007, e na Portaria MDS nº 376, de 16 de outubro de 2008.

(conclusão)

Portaria MCidades nº 163/2016
CRITÉRIOS ADICIONAIS
- Famílias com filhos em idade inferior a 18 anos, comprovado por documento de filiação; - Famílias monoparentais (constituída somente pela mãe, somente pelo pai ou somente por um responsável legal por crianças e adolescentes), comprovado por documento de filiação e documento oficial emitido pela Justiça que comprove a guarda; - Famílias de que fizessem parte pessoas idosas, fato comprovado por documento oficial em que contasse a data de nascimento; - Famílias de que fizessem parte pessoas com doença crônica incapacitante para o trabalho, comprovado por laudo médico; - Famílias em situação de coabitação involuntária, comprovado por autodeclaração do candidato; - Famílias com ônus excessivo de aluguel, comprovado por recibo ou contrato de aluguel e declaração de renda; - Famílias inscritas no cadastro habitacional há tempo determinado pelo ente, desde que posterior a julho de 2009, independente das datas de atualização cadastral, comprovado por protocolo ou similar; - Famílias em atendimento de "aluguel social", comprovado pelo ente público; - Famílias de que fizesse parte pessoa atendida por medida protetiva prevista na Lei nº 11.340, de 7 de agosto de 2006 (Lei Maria da Penha), comprovado por cópia da petição inicial do Ministério Público que formalizasse a ação penal; - Outros, que deveriam ser submetidos previamente à aprovação da SNH.
OBSERVAÇÕES
- Os critérios adicionais ou a decisão de não os adotar deveriam ser aprovados nos conselhos municipais, estaduais ou distrital, conforme o caso, que tenham entre suas atribuições opinar ou deliberar sobre a política habitacional, previamente à publicação do decreto que regulamenta essa decisão. - Ficavam dispensados do sorteio os candidatos a beneficiários enquadrados nas seguintes situações: a) advindas de situação de emergência ou estado de calamidade pública, pela Secretaria Nacional de Defesa Civil do Ministério da Integração Nacional, conforme Portaria Interministerial MCidades/Integração Nacional nº 1, de 2013; b) vinculadas a intervenções no âmbito do PAC, que demandassem reassentamento, sendo as famílias beneficiadas aquelas residentes nas respectivas áreas de intervenção, que tiveram que ser realocadas ou reassentadas; c) vinculadas a reassentamentos de famílias, indicadas pelo ente público, decorrentes de obras vinculadas à realização dos Jogos Rio 2016; d) provenientes de assentamentos irregulares, em razão de estarem em área de risco; de terem sido desabrigadas; ou por motivos justificados em projetos de regularização fundiária e obras que tenham motivado seu deslocamento involuntário. - No mínimo 3% das unidades habitacionais do empreendimento deveriam ser direcionadas para atendimento de pessoas idosas e pessoas com deficiência.

Fonte: elaborada pelo autor a partir da Portaria MCidades nº 163/2016.

Em 2020, já no governo Bolsonaro, foi editada a Portaria nº 2081/2020, que definiu como competência do Ministério do Desenvolvimento Regional (MDR), por meio da SNH, já estando extinto o MCidades, a função de normatizar os procedimentos de seleção de candidatos/as ao PMCMV e articular, em conjunto com o Ministério da Cidadania, um fluxo operacional de cadastramento para essa finalidade, a partir do CadÚnico, revogando o SNCH. Essa foi a última normativa a tratar desse tema antes da descontinuidade do Programa. Nela, a metodologia de escolha dos/as moradores/as passou a levar em consideração os seguintes critérios, relacionados ao déficit habitacional e à vulnerabilidade social:

Quadro 11 – Critérios para hierarquização e seleção de beneficiários/as da faixa 1 do MCMV-Empresas estabelecidos pela Portaria MDR nº 2081/2020

(continua)

Portaria MDR nº 2081/2020
CRITÉRIO INICIAL[127]
O candidato deveria atender a, no mínimo, um dos seguintes requisitos: - Viver em domicílio rústico, caracterizado como aquele cuja parede não seja de alvenaria ou de madeira aparelhada; - Viver em domicílio improvisado, caracterizado por local sem fins residenciais que serve como moradia; - Encontrar-se em situação de coabitação involuntária, caracterizada pela soma das famílias conviventes em um mesmo domicílio; - Encontrar-se em situação de adensamento excessivo em domicílio alugado, caracterizado pelo número médio de moradores superior a três pessoas por dormitório; - Possuir ônus excessivo com aluguel, caracterizado por famílias que despendem mais de 30% de sua renda com aluguel.
CRITÉRIOS SECUNDÁRIOS
Após a verificação dos critérios iniciais, os candidatos resultantes devem atender a, no mínimo, cinco dos seguintes requisitos: - Viver em domicílio rústico, comprovado por meio de ateste do ente público; - Viver em domicílio improvisado, comprovado por meio de ateste do ente público; - Encontrar-se em situação de coabitação involuntária, comprovado por autodeclaração; - Encontrar-se em situação de adensamento excessivo em domicílio alugado, comprovado pela razão entre o número de membros familiares autodeclarados pelo número de dormitórios autodeclarados; - Possuir ônus excessivo com aluguel, comprovado pela razão de valor expresso em contrato ou recibo de aluguel pela renda familiar mensal que conste no Cadastro Único; - Mulher na condição de responsável familiar, comprovado por autodeclaração; - Ser beneficiário do Programa Bolsa Família, comprovado por meio de verificação da folha de pagamento do PBF; - Ser beneficiário do Benefício de Prestação Continuada, comprovado por meio de verificação da folha de pagamento do BPC;

---

[127] A Portaria não estabelece essas nomenclaturas, que foram atribuídas pelo autor.

(conclusão)

Portaria MDR nº 2081/2020
CRITÉRIOS SECUNDÁRIOS
- Possuir dependentes de até seis anos, comprovado por documento de certidão de nascimento, guarda ou tutela do dependente e pela composição familiar no Cadastro Único; - Possuir dependentes de seis a doze anos, comprovado por documento de certidão de nascimento, guarda ou tutela do dependente e pela composição familiar no Cadastro Único; - Possuir pessoa com deficiência na composição familiar, comprovado por laudo médico, até a regulamentação da Lei nº 13.146/2015 e pela composição familiar no Cadastro Único; - Possuir idoso na composição familiar, comprovado por documento civil no qual conste a data de nascimento do idoso e pela composição familiar no Cadastro Único; - Possuir negro na composição familiar, comprovado por autodeclaração e pela composição familiar no Cadastro Único; ou - Fazer parte de Grupos Populacionais Tradicionais Específicos, comprovado por autodeclaração.
OBSERVAÇÕES
- Os candidatos que atendiam a, no mínimo, cinco dos critérios elencados, eram ranqueados aleatoriamente entre si para fins de seleção ao programa; - As pessoas em situação de rua faziam parte do ranqueamento aleatório sem necessidade de atenderem aos critérios secundários estipulados; - A lista gerada deveria especificar os idosos e as pessoas com deficiência, em conformidade com os requisitos e critérios de seleção, para o atendimento das reservas de, no mínimo, 3% das unidades habitacionais, caso inexistisse percentual superior fixado em legislação municipal ou estadual; - Para fins de hierarquização dos candidatos, constituía prerrogativa do ente público atribuir peso dois para até três dos critérios secundários, conforme realidade local, mediante prévia aprovação do conselho local de habitação ou congênere com ampla publicidade da decisão, respeitando-se o atendimento mínimo de requisitos e de critérios estipulados.

Fonte: elaborada pelo autor a partir da Portaria MDR nº 2081/2020.

Várias questões podem surgir a partir da análise dos critérios para seleção dos/as sujeitos/as do Programa e da sua evolução ao longo do tempo. Primeiro, a ressalva de que, em função do maior nível de envolvimento das esferas subnacionais da Administração com os/as potenciais candidatos/as às moradias, de fato, essa atribuição teria que ser descentralizada do governo federal. Esse talvez seja o primeiro momento no PCMMV em que entram em cena os/as denominados/as burocratas em nível de rua, evocando aqui os estudos de Michael Lipsky (2019), que os caracteriza como agentes governamentais de baixo nível hierárquico que lidam pessoal e diretamente com as pessoas afetadas pela política.[128] Detentores de relativa autonomia e alto grau de discricionariedade, a interferência das suas decisões pode se tornar a face do poder público e interferir na qualidade do serviço, razão pela qual o autor os define como o foco da controvérsia política.[129]

Contudo, diante do papel ancilar dos municípios apresentado até aqui, em função do protagonismo da burocracia federal de alto escalão, mesmo nesse episódio de descentralização, a atuação dos/as agentes locais restou limitada, em que pese a reconhecida liberdade de escolha dos critérios adicionais para ranqueamento dos/as candidatos/as à aquisição das unidades conferido pelas Portarias MCidades nºs 140/2010 e 163/2016 (em maior e menor grau, respectivamente, vale destacar) e dos requisitos que teriam peso dobrado na hierarquização dos/as candidatos/as, concedido pela Portaria MDR nº 2081/2020. Mesmo até a edição da Portaria MCidades nº 412/2015, quando ainda vigorava

---

[128] Outro momento de importante atuação dos governos locais, que influencia nos resultados alcançados pelo PMCMV nos municípios e em que talvez possam se evidenciar as reflexões de Lipsky de modo mais acurado, é a realização do trabalho de inserção social (etapa 5 do quadro 6), que compreende um "conjunto de estratégias, processos e ações, realizado a partir de estudos diagnósticos integrados e participativos, compreendendo as dimensões social, econômica, produtiva, ambiental e político institucional do território e das famílias beneficiárias, além das características da intervenção, visando promover o exercício da participação e a inserção social dessas famílias, em articulação com as demais políticas públicas, contribuindo para a melhoria da sua qualidade de vida e para a sustentabilidade dos bens, equipamentos e serviços implantados" (BRASIL, 2020), momento de execução da política que não será tratado na presente pesquisa. De todo modo, há que se considerar também que, assim como as demais etapas analisadas até aqui, esta também foi coordenada e burocratizada pelos órgãos do governo federal, especialmente pelo MCidades (cujas atribuições foram posteriormente absorvidas pelo MDR) e pela CEF. Para aprofundamento no tema, sugere-se a leitura do Manual de Instruções para ações de apoio à provisão habitacional de interesse por meio do Fundo Nacional de Habitação de Interesse Social (FNHIS), editado pela SNH em 2020 e disponível em: https://www.gov.br/mdr/pt-br/acesso-a-informacao/legislacao/secretaria-nacional-de-habitacao/Manual10SJAnenoIIPortaria31142020.pdf. Acesso em: 11 jul. 2020. De igual modo, indica-se a tese de Vera Silene Leonardo, que, ao analisar a implementação do PMCMV em Maringá/PR, também toca nesse aspecto, inclusive acionando o referencial teórico mencionado. Disponível em: https://bibliotecadigital.fgv.br/dspace/handle/10438/18209. Acesso em: 11 jul. 2023.

[129] "Os burocratas de nível de rua dominam as controvérsias políticas sobre serviços públicos por duas razões. Primeiro, os debates sobre o escopo adequado e o foco dos serviços públicos são, essencialmente, debates sobre o escopo e a função desses funcionários públicos. Em segundo lugar, os burocratas de nível de rua têm um impacto considerável na vida das pessoas. Esse impacto pode ser de vários tipos. Eles introduzem aos cidadãos as possíveis expectativas a respeito de serviços públicos e seu lugar na comunidade política. Eles determinam a elegibilidade dos cidadãos a respeito de benefícios e sanções governamentais. Eles supervisionam o tratamento (o serviço) que os cidadãos recebam nesses programas. Assim, os burocratas de nível de rua, implicitamente, medeiam a relação constitucional entre cidadãos e o Estado. Em suma, eles detêm as chaves para uma dimensão de cidadania" (LIPSKY, 2019, p. 39).

uma maior discricionariedade na definição pelos governos municipais das condicionantes adicionais para acesso à política, a Lei nº 12.424/2011 já havia incluído enquanto exigências principais de priorização: estar a família residindo em áreas de risco ou que tenham sido desabrigadas; ser a família chefiada por mulher; e ter na família uma pessoa com deficiência, sendo que as duas primeiras já eram contempladas desde a publicação da Portaria MCidades nº 140/2010. Além disso, a partir de 2015, a criação de novos parâmetros seletivos passou a ter que ser aprovada pela SNH, órgão federal, e não mais por conselhos subnacionais de habitação ou órgãos similares.

Um segundo aspecto que chama atenção é a já mencionada evolução dos critérios adotados pela metodologia de seleção dos/as candidatos/as às unidades domiciliares, que reforça a observação feita nesse mesmo capítulo de que a suplementação das lacunas da base normativa do Programa foi feita lentamente, muitas vezes não alcançando um volume significativo da produção habitacional. Existe um refinamento na determinação dos requisitos ao longo do tempo, que de modo cada vez mais amplo passou a considerar as mais diversas vulnerabilidades que compõem o tecido social brasileiro, e que, se realizado desde o início, poderia permitir uma consecução da moradia pelo Programa mais condizente com a realidade do déficit, reparando historicamente essa face da exclusão, que inescapavelmente dialoga com tantas outras.

Apenas a partir de 2015 parâmetros nessa perspectiva – famílias em coabitação involuntária e com comprovado ônus excessivo de aluguel – passaram a ser previstos pela legislação como uma possibilidade a ser utilizada pelos municípios. Ou seja, contraditoriamente, durante as duas primeiras fases do PMCMV, fazer parte do déficit não era garantia de acesso preferencial à política, condição que só foi alçada à categoria de critério principal em 2020, quando o Programa estava para ser descontinuado e sua produção para a faixa 1 era inexpressiva.

Noutra perspectiva, há que se ressaltar a relevância de, desde a Portaria MCidades nº 140/2010, terem tido preferência, na distribuição dos domicílios, as famílias com mulheres responsáveis pela unidade familiar. Em 2015, de modo ainda mais atento a essa questão, famílias de que fizessem parte mulheres atendidas por medida protetiva prevista na Lei Maria da Penha, também poderiam ser priorizadas – uma ação que certamente reforçava a rede de enfrentamento à violência contra essas pessoas, colocando segurança pública e habitação em uma perspectiva relacional.[130]

Esse cenário somente se alterou em 2020, no governo Bolsonaro, vez que a Portaria MDR nº 2081/2020 atribuiu aos parâmetros do déficit habitacional quantitativo (moradia em domicílio rústico ou improvisado, coabitação involuntária, adensamento excessivo em domicílio alugado, ônus excessivo com aluguel, estar em situação de rua) um caráter fundamental e eliminatório para acesso à moradia produzida pela política na faixa 1. Nesse novo panorama, o critério de gênero passou a ocupar um lugar secundário nas seleções feitas pelos municípios, inclusive em conjunto com outros até então inéditos no Programa, mas determinantes na leitura do déficit habitacional brasileiro, como raça e etnia.

Intempestividades à parte, esse foi um avanço muito importante no tratamento da matéria porque favoreceu a criação de novas culturas institucionais, ao revelar uma análise interseccional[131] que, é bem verdade, deveria anteceder a execução de uma política pública que veicula direitos sociais e servir como premissa da sua formulação, sob pena de, na tentativa de promover a cidadania para grupos com histórico de marginalização, continuar a entregar para esses mesmos destinatários uma experiência subalternizada – nesse caso, de moradia, de desenvolvimento e planejamento urbano e de cidade.

Para o PMCMV, a importância do estabelecimento desses requisitos e de um olhar mais preciso acerca deles se torna imprescindível,

---

[130] A cartilha "Mulheres em ação nas cidades periurbanas", produzida pela Federação de Órgãos para Assistência Social e Educacional (FASE) em 2011, em Recife, ao abordar os problemas urbanos que mais afetam as mulheres de cidades de médio e pequeno porte e as desigualdades de gênero no espaço, denota a importância de ações nesse sentido: "A violência de gênero reforça a violência urbana e é reforçada pela ela. Para as mulheres, não há lugar seguro; não há lugar de acolhimento. Porém, casa e praça formam uma dupla face de sonhos para conquistar para aquelas que ainda lutam por reconhecimento de seu lugar de sujeito. A casa como lugar do acolhimento e da intimidade; a praça como símbolo do espaço público a ser conquistado: lugar que produz tensão, medo e, ao mesmo tempo, desejo, pois, para as mulheres, a praça traduz o sonho de liberdade" (JÁCOME, 2011, p. 30).

[131] Nesse sentido, a avaliação do PMCMV feita pelo relatório da ONU-Habitat intitulado Women and Housing: Towards inclusive Cities: "Brazil's innovative housing programme – Minha Casa, Minha Vida – My House, My Life, is a unique mass housing project that embodies an intersectional analysis in the national government's attempt to address the housing needs of some of the most marginalized women and men in the country. The substantive number of affordable housing units is geared to low-income women and men. The provision of this housing also acknowledges the vulnerability and discrimination faced by low-income women due to gender-based violence, racism and their status as single mothers" (ONU HABITAT, 2014, p. 39). Documento completo pode ser acessado em: https://unhabitat.org/women-and-housing-towards-inclusive-cities. Acesso em: 14 jul. 2023.

sobretudo ao se considerar que, como demonstra a análise dos planos macro e microinstitucional, ao ceder aos interesses do setor imobiliário e da construção civil no processo de racionalização do poder e de tomada de decisão, o Programa foi orientado por uma lógica capitalista e esse é um sistema que "sempre interseciona os corpos que produzem o trabalho" (Eisenstein, 2014), isto é, que tem como pilar a divisão sociossexual e racial do trabalho. Há que se considerar, nesse sentido, o contexto nacional racializado, que pressupõe uma associação imediata entre as relações raciais, a aquisição da propriedade imobiliária e o alargamento das desigualdades no espaço urbano (RIBEIRO, 2020) e as vulnerabilidades de gênero evidenciadas por levantamentos como o feito em 2019 pelo LabCidades – FAU/USP, de que, dos/as brasileiros/as que não possuem casa própria, 60% eram mulheres habitando moradias irregulares e inadequadas.

No Brasil, a segregação socioespacial urbana tem um rosto feminino negro, num contexto em que "tanto o sexismo como o racismo partem de diferenças biológicas para se estabelecerem como ideologias de dominação" (GONZALEZ, Por um feminismo afro-latino-americano, 2020d, p. 141). Diante disso, tem-se que o aparelhamento do PMCMV pelo mercado, a ausência do MCidades e da SNH no desenho das macroestruturas da política, a inviabilização da participação popular e dos movimentos sociais organizados, a desarticulação com os instrumentos jurídicos-urbanísticos do Estatuto da Cidade e com o PlanHab, a preferencial alocação de recursos na produção de moradias para as faixas 2 e 3, a aparente dissociação da política habitacional das demais políticas urbanas, o papel desprivilegiado dos municípios na execução da proposta, isto é, todos os pontos problemáticos levantados e discutidos até aqui e que agudizam as desigualdades nas cidades, recriando padrões e dinâmicas periféricos para quem acessa a faixa 1 do Programa, influenciam de modo mais contundente a vida de pessoas atravessadas por marcadores sociais de gênero e raça, além da classe social, negando a elas a perspectiva, ainda que utópica, de direito à cidade defendida no capítulo I da presente pesquisa, então reduzida a um teto para morar.

Não é por acaso que, segundo dados do IPEA de 2014, 65% dos/as atendidos/as pelo Programa são pretos/as ou pardos/as, contra 51% da população, e 86% são mulheres e mães, índice bem acima dos 52% da população brasileira (IPEA, 2014). Se, numa ponta, se prioriza o acesso dessas pessoas à moradia, na outra, se instrumentalizam, por meio de uma linguagem e modelagem jurídicas legitimadoras, os mecanismos que permitem a produção de uma cidade destituída de urbanidade – uma anticidade – para elas, que neste espaço assumem a condição híbrida de *sujeitas do direito* à moradia e de excluídas da vida urbana, já que o direito ora garantido fora transformado em mercadoria.

Nesse sentido, cabe explicar o uso do termo *sujeitas de direito* que aparece agora pela primeira vez no corpo do trabalho para se referir às pessoas que acessaram a faixa 1 do MCMV-Empresas, no lugar do termo "beneficiários/as", utilizado pela terminologia institucional do Programa. Entende-se mais adequada a referida denominação – em que pese a crítica à categoria "sujeito de direito" enquanto uma invenção capitalista necessária a reprodução do sistema[132] –, tendo em vista que, inspirado pela perspectiva trazida por Patricia Williams (2003) para a *Critical Race Theory* e para o *Critical Legal Studies*, o uso do discurso dos direitos precisa ser mobilizado por grupos historicamente subalternizados a fim de afirmarem garantias emancipatórias e se contraporem às estruturas de dominação, que, numa pretensão liberal de neutralidade, exploram a indeterminação de direitos para legitimar um *status quo* que mantém desigualdades sistematicamente (NERIS, 2018). Ademais, a flexão de gênero da expressão foi feita no feminino a fim de ressaltar os dados sobre o PMCMV trazidos.

Sim, é possível afirmar que a adoção dos critérios descritos para a provisão habitacional pretendida pelo Programa – tardiamente, é um fato – se alinha a uma perspectiva de inclusão social, que olha para as diferenças produzidas no espaço urbano, que reconhece os códigos excludentes sustentados pelas cidades, atravessados no contexto brasileiro por questões de renda, raciais, étnicas, de gênero, com profundas raízes históricas, que se sobrepõem num fluxo concomitante de opressão. No entanto, há que se olhar criticamente para isso, tendo em vista o padrão

---

[132] Nessa perspectiva, a figura do sujeito de direito, que fundamenta a noção abstrata de igualdade jurídica e de liberdade necessárias à validação das dinâmicas entre capital e trabalho e ao disfarce das relações de exploração que fomentam as desigualdades no tecido social, é capaz de transformar o ser humano em mercadoria e reduzir a sua relação com o espaço em uma única forma possível, a da propriedade privada. De acordo com Mascaro (2015): "O caráter terceiro do Estado em face da própria dinâmica da relação entre capital e trabalho revela a sua natureza também afirmativa. Não é apenas um aparato de repressão, mas sim de constituição social. A existência de um nível político apartado dos agentes econômicos individuais dá a possibilidade de influir na constituição de subjetividades e lhes atribuir garantias jurídicas e políticas que corroboram para a própria reprodução da circulação mercantil e produtiva. E, ao contribuir para tornar explorador e explorado sujeitos de direito, sob um único regime político e um território unificado normativamente, o Estado constitui, ainda afirmativamente, o espaço de uma comunidade, no qual se dá o amálgama de capitalistas e trabalhadores sob o signo de uma pátria ou nação".

segregado, precário e fragmentado de urbe que as institucionalidades do PMCMV, nos dois planos aqui analisados, proporcionam às sujeitas dos direitos que ele veicula, com legitimação política e jurídica. Pensar outras bases para as políticas habitacionais, a partir de uma visão crítica e interseccional da desigualdade urbana e do ideal direito à cidade, tomando-os como seus principais fundamentos, é o esforço final deste livro, feito nas linhas a seguir.

4.2 Qual cidade para quais sujeitas? Repensando o direito à cidade a partir da interseccionalidade

No capítulo anterior, defendeu-se a ideia de que o PMCMV, na condição de política habitacional, deveria ser também sido concebido como uma política urbana em essência, tendo em vista uma relação que se pressupõe imediata: pensar moradia significa pensar a cidade. Nesse sentido, para evitar o aprofundamento da segregação socioespacial, além de articular a sua estrutura normativa-institucional com os marcos jurídicos que regulam a produção do espaço, previstos principalmente na Lei nº 10.257/2001, o Programa precisaria ter integrado outras agendas à análise do déficit habitacional quantitativo, uma vez que as desigualdades da urbe, quando capturadas apenas por uma lente, não podem ser compreendidas em sua complexidade.

Distante de um paradigma emancipatório, o acesso à moradia pelas camadas populares a partir de um modelo em que o governo subsidiava a aquisição de um domicílio produzido em massa, segundo uma lógica imobiliária financeirizada, sujeita aos ritmos e às necessidades de retorno do capital investido nessa produção pelo setor privado, demonstrou como a habitação, com o PMCMV, continuou a não ocupar um lugar central no Estado de bem-estar social empreendido tardiamente pelo Brasil a partir de 1988.[133] A coadjuvação do caráter redistributivo

---

[133] Vale destacar que o Brasil optou, na Constituição de 1988, por um pacto reformista – e não revolucionário – do sistema herdado do autoritarismo, em que as disposições constitucionais são mandatórias ao instituir o Estado social, introduzindo normas que representam objetivos. As políticas públicas assumem, nesse contexto, a função primordial de materializar os direitos fundamentais pela via parlamentar, sem, contudo, desmantelar os marcos da ordem capitalista (BUCCI, Método e aplicações da abordagem Direito e Políticas Públicas (DPP), 2019). Segundo a autora, no campo jurídico, o Estado social trata-se de uma ordem deontológica e a "força normativa da Constituição" deveria bastar para implementá-lo, legitimando o Estado a atuar sobre a economia e a política, por meio dos programas de ação.

da política a tornou, como visto, um instrumento de negação de direitos, reproduzindo nos empreendimentos periferizados da faixa 1 do Programa a mesma atuação pública discriminatória e discricionária historicamente destinada aos territórios irregulares e ilegais, no que se refere à prestação de serviços públicos, à mobilidade, à infraestrutura e, principalmente, ao direito de pertencer à cidade.

Nas cidades brasileiras, se subordinou o exercício da cidadania à regularidade do espaço ocupado: quem está fora do circuito de produção legal da habitação ocupa um posto desprestigiado, um lugar de subcidadania e é excluído/a da arena política urbana. Romper com essa clandestinidade jurídica, urbanística (e também simbólica[134]), foi uma das promessas do PMCMV,[135] no entanto, quando a ação governamental, mais uma vez, transformou a moradia em produto imobiliário, perdeu de vista o horizonte do direito à cidade e a possibilidade de avançar na democratização espacial dos centros urbanos, ainda que as moradias tenham sido entregues.

Para cindir com essa prática e com a cidade capitalista, uma revisão epistemológica precisa ser feita no modo como as políticas habitacionais são institucionalizadas. A reforma do tratamento jurídico dado ao planejamento urbano pela Constituição de 1988, esteio para a incorporação da função social da cidade no ordenamento e para a efetivação dos instrumentos urbanísticos criados a partir de então, como demonstrado até aqui, não foi capaz de conter as cumplicidades entre o Direito, a política e as forças do mercado na formulação do PMCMV. Deste modo, se propõe – num pensamento ainda introdutório e articulado com outras análises acerca da produção de políticas

---

[134] Há aqui uma referência ao trabalho do sociólogo Jessé Souza, para quem a naturalização da desigualdade no Brasil, um fenômeno de massa, se estrutura a partir de um mecanismo de dominação simbólica específico do capitalismo, que constrói hierarquizações sociais legitimadas pela atribuição de diferentes valores aos seres humanos, entre as classes e as raças que compõem as sociedades (SOUZA J., 2006): "[...] esse estado de coisas condiciona que o espaço de aprendizado coletivo no âmbito da esfera pública seja comparativamente reduzido e dominado por considerações instrumentais de desenvolvimento econômico, progresso material e modernização entendida segundo um registro economicista que exclui a tematização de aprendizados morais e políticos. O melhor exemplo desse tipo de percepção seletiva do processo de modernização é a continuada crença fetichista no progresso econômico como política de combate às desigualdades, ainda que o crescimento econômico continuado entre 1930 e 1980, se bem que tenha criado uma classe média relativamente expressiva, não tenha reduzido em nada a desigualdade abissal que sempre marcou a sociedade brasileira" (SOUZA J., (Sub)cidadania e naturalização da desigualdade: um estudo sobre o imaginário social na modernidade periférica, 2005, p. 92).

[135] Nesse sentido, as finalidades e diretrizes do Programa definidas pelo MCidades ao longo do tempo, trazidas pelo quadro 4.

públicas e do direito à cidade (SILVA, 2021; FREITAS e GONÇALVES, 2021; TRINDADE e PAVAN, 2022) – politizar os programas de ação que tratam da habitação a partir de outros parâmetros, radicados na experiência brasileira e comprometidos com os atravessamentos entre raça, classe, gênero como estruturais e estruturantes das relações institucionais (PIRES, 2018)[136] e da própria interdição do direito à cidade.

Nessa tentativa, é primordial lembrar que o(s) campo(s) de pesquisa das políticas públicas é/são marcadamente multidisciplinar(es) (FARIA, 2013), de modo que o debate que se abre agora no presente trabalho (assim como o ponto de onde ele se inicia, nas aproximações em torno do conceito de direito à cidade) não pretende propor um dever-ser, uma solução a ser abrigada pela legislação, que se encasule no campo jurídico, mas sim que dialogue com ele e nele possa encontrar alguma possibilidade de retorno, assim como com outros campos com o qual interage uma ação governamental que veicula direitos: a gestão pública, a economia e a ciência política, por exemplo. O esforço, na verdade, é o de perceber outros contatos: entre a interseccionalidade e a abordagem direito e políticas públicas e os direitos à e na cidade.

Isto porque "camadas populares", "moradores/as de regiões irregulares", "populações periféricas", "pessoas fora do circuito de produção legal da habitação", dentre outras denominações utilizadas até aqui para se referir àqueles/as que vivenciam a desigualdade urbana, não podem ser lidas – nem pelos estudos sobre a cidade, nem pela sociologia, quiçá pelo Direito – de modo desagregado dos evidentes marcadores sociais que identificam e territorializam esses/as sujeitos/as a partir do capitalismo. Essa afirmação assenta-se em dois argumentos principais, que se sobrepõem:

1) De um lado, tem-se que o privilégio racial branco no acesso à propriedade é fundante da estrutura fundiária brasileira, que desde a Lei de Terras de 1850 relegou a população negra escravizada e/ou liberta à ilegalidade e cerceou para ela as possibilidades de acumulação de renda e integração no espaço em uma urbanização forjada pelo capital (RIBEIRO,

---

[136] Ainda que já tenha sido feita a referência, destaca-se que a parte final deste parágrafo foi inspirada no pensamento da Dra. Thula Pires, ao propor uma discussão afrocentrada dos direitos humanos, a partir da categoria *amefricanidade*, pensada por Lélia Gonzalez.

2020).[137] Nesse sentido, Lélia Gonzalez relembra que no caso brasileiro um dos legados concretos da escravidão diz respeito à distribuição geográfica e espacial da população negra, isto é, à sua localização periférica em relação às regiões e setores hegemônicos, que é continuamente reproduzida para manutenção do equilíbrio do sistema de estratificação social, em termos de capitalismo industrial competitivo (GONZALEZ, Cultura etnicidade e trabalho: efeitos linguisticos e políticos da exploração da mulher, 2020a).

2) De outro, a divisão sexual do trabalho, fenômeno profundamente constitutivo das relações de poder (ARAÚJO e VEIGA, 2015; BIROLI, 2016; 2018; SAFFIOTI, 1992), em que as mulheres, além do trabalho produtivo, em geral também são responsabilizadas inteiramente pelo trabalho reprodutivo, relacionados às tarefas domésticas e de cuidado que são realizadas dentro, mas também fora do lar, e é majoritariamente não remunerado e desvalorizado (FEDERICI, 2019). Esse aspecto ganha um desdobramento especial ao se considerar que a produção da infraestrutura das cidades não toma como ponto de partida a experiência feminina, o que impacta profundamente no cotidiano das mulheres (BUCKINGHAM, 2010).

Retomando a provocação presente no título da subseção, que questiona a produção do espaço urbano em torno do PMCMV e quem precisa lidar com ele, ao ocupar o lugar de sujeita dos direitos veiculados pela política, pergunta-se: se a cidade destituída de urbanidade criada pelo Programa afeta diametralmente as famílias chefiadas ou da qual fazem parte mulheres negras – que lideram o déficit habitacional no país e que foram as maiores destinatárias da ação governamental, como fazem prova indicadores já citados – por que somente é realçado esse aspecto numa das últimas etapas da sua execução, quando se estabelecem os critérios para a seleção dos/as moradores/as dos empreendimentos?

Uma das chaves para essa questão é a própria decisão do governo e a racionalização do poder acerca do PMCMV, que privilegiaram o aquecimento do setor da construção civil, enfraquecendo as arenas

---

[137] Para o aprofundamento deste debate, indica-se o cuidadoso trabalho de Anna Lyvia Roberto Custódio Ribeiro, publicado em 2020 pela Editora Contracorrente, *Racismo estrutural e aquisição da propriedade: uma ilustração na cidade de São Paulo*.

de participação popular. Outra resposta possível, que complementa a anterior, relacionada com os dois argumentos já sintetizados, e com a qual concorda-se, é dada por Thula Pires: "As normas jurídicas refletem hierarquias morais e estratégias de poder, evidenciando modelos de sociabilidade e mecanismos de produção/enfrentamento das desigualdades" (2018, p. 68). É preciso, diante disso, pensar em instrumentos que as reposicionem, as normas e as políticas, frente às demandas que se exteriorizam a partir das configurações de poder que determinam os lugares que as pessoas ocupam no espaço urbano.

Como abordado no primeiro capítulo, o direito à cidade traz em seu núcleo a ideia basilar de que as desigualdades e opressões são determinantes e estão estabelecidas na produção do espaço, segundo as diretrizes da lógica de reprodução ampliada do capital. Ao tratar dos impactos do surgimento de centros urbanos nas relações socioespaciais a partir da industrialização, Lefebvre atenta para a acentuação das hierarquias territorialmente identificadas e diferenciadas na paisagem urbana. Essa expansão de fronteiras das cidades é, para o autor, o movimento responsável pela instalação das periferias desurbanizadas e dependentes dos espaços que detêm e concentram o fluxo de capitais (LEFEBVRE, O direito à cidade, 2015).

Esse é o mesmo paradigma de urbanização reproduzido pelo PMCMV, que, na esteira da evolução brasileira tardia da sociedade industrial para a sociedade urbana, contribuiu para a imposição de um modelo de segregação e violência a segmentos sociais específicos como parte da constituição social e política dos territórios da e na cidade. Nesse contexto, analisar – e efetivamente colocar em prática – a forma planejamento e as formas jurídico-urbanísticas em sua emergência espacial, alia-se à tarefa de investigar e discutir processos que consistem, em suas interseções e sobreposições, em práticas racistas, misóginas e classistas.

Aponta-se que as discussões críticas sobre o fazer institucional das políticas que conformam a cidade, como é o caso das políticas habitacionais, precisam tomar gênero e raça não apenas como marcadores identitários individuais numa perspectiva liberal, utilizando-os para estabelecer critérios de seleção para o acesso aos direitos, mas sim como categorias empíricas, analíticas e normativas que verdadeiramente posicionam as pessoas no espaço urbano e que devem ser consideradas de modo associado, como de fato estão na reprodução das desigualdades e opressões. Nesse sentido:

As políticas de cadastramento e critérios para beneficiamento de programas sociais, a vinculação entre domicílio formal e cidadania, as decisões urbanísticas sobre onde e como se instalarão grandes projetos e as estratégias de despossessão atreladas aos instrumentos urbanísticos negociais são dinâmicas jurídico-espaciais que reproduzem subjetividades políticas, constituindo "identidades territoriais" (FORD, 2001): não só pelo *status*, pela classe, os sujeitos estão vinculados aos seus regimes de direitos, de privilégios e de deveres, mas também pelos lugares que ocupam nos espaços, pelo corpo como *locus* que é atravessado por interseções de marcadores sociais. (FRANZONI & HOSHINO, 2019, p. 128)

O PMCMV, enquanto ação do governo que interfere na produção do espaço urbano, ao ser moldado por uma lógica capitalista, produz e reproduz nas cidades as múltiplas formas de opressão que, além de intrínsecas e benéficas a essa racionalidade, não atuam isoladamente. Muito pelo contrário, elas estão imbricadas ou em "simbiose" (SAFFIOTI, Rearticulando gênero e classe social, 1992), constituindo-se como ferramentas de segregação que se entrelaçam e se reforçam (COLLINS, Toward a new vision: Race, class, and gender as categories of analysis and connection, 1993). Na medida em que atravessam uns aos outros, tais fatores modificam-se mútua e continuamente, revelando uma série de experiências de desigualdade e exclusão e forjando sistemas de estratificação interseccionados que devem ter centralidade na análise de problemas sociais complexos (CRENSHAW, 1991).

Nesses termos se fundamenta a ideia de interseccionalidade, compreendida aqui enquanto uma das leis gerais do capital, presente em todos os seus desdobramentos – retomando o pensamento de Zillah Eisenstein, de que o capitalismo constrói hierarquias de gênero, raça, classe, idade, sexualidade, que moldam e forjam subjetividades, para além da acumulação contínua e incessante de lucro e mais-valia. Sem utilizar o temo interseccionalidade – que, vale registrar, foi introduzido ao debate acadêmico, institucional e epistemológico nos anos 1990, nos Estados Unidos, por Kimberlé Crenshaw[138] – Heleieth Saffioti denomina

---

[138] Ao publicar o artigo *Mapping the Margins: interseccionality, identity politcs and violence Against women of color* (CRENSHAW, 1991), Kimberlé, a partir das experiências das mulheres *of color*, teoriza as relações de poder, identificando que as iniciativas de justiça social não podem ser entendidas por meio de uma categoria de análise, já que as estruturas de poder se constroem mutuamente e produzem lugares sociais distintos para cada indivíduo. Sobre a trajetória do termo, ver o capítulo *Como entender a história da interseccionalidade?*, do livro de Collins e Bilge (2021), e o artigo *Uma análise crítica sobre os antecedentes da interseccionalidade,*

a superestrutura que desencadeia essas relações de opressão como patriarcado-racismo-capitalismo:

> Com a emergência do capitalismo, houve a simbiose, a fusão, entre os três sistemas de dominação-exploração [...]. Só mesmo para tentar tornar mais fácil a compreensão deste fenômeno, podem-se separar estes três sistemas. Na realidade concreta, eles são inseparáveis, pois se transformaram, através deste processo simbiótico, em um único sistema de dominação-exploração, aqui denominado patriarcado-racismo-capitalismo. (SAFFIOTI, O poder do macho, 1987, p. 60)

Essa é uma potencial ferramenta analítica das questões urbanas, notadamente ao congregar em um duplo registro, assim como a plataforma política do direito à cidade, teoria e conhecimento prático comprometidos com a justiça social (PIRES, Prática e teoria: direito à cidade e interseccionalidade: pistas para a ação e para a pesquisa, 2019), desafiando o *status quo* e visando transformar as relações de poder (COLLINS & BILGE, 2021):

> A interseccionalidade, ao reconhecer que a desigualdade social raramente é causada por um único fator, adiciona camadas de complexidade aos entendimentos a respeito da desigualdade social. Usar a interseccionalidade como ferramenta analítica vai muito além de ver a desigualdade social através de lentes exclusivas de raça ou classe; em vez disso, entende-se a desigualdade social através das interações entre as várias categorias de poder. (COLLINS & BILGE, 2021)

Mais do que pensar a interseccionalidade como uma forma de analisar as experiências sociais, ela aparece aqui como uma forma de retirar da invisibilidade informações relevantes para que se proponham alternativas de resolução das desigualdades, o que é o cerne das políticas públicas sociais[139] e um dos objetivos da República. Observa-se, contudo, que muitas vezes as políticas se formam num campo pretensamente

---

de Gabriela M. Kyrillos, que inclusive recupera a perspectiva teórica do feminismo negro brasileiro.

[139] "[...] há dois paradigmas principais de política pública social: o primeiro a concebe como o conjunto de programas e ações governamentais voltadas para o alívio de situações de pobreza, privação e vulnerabilidade; o segundo enfatiza ações e programas em sua capacidade de resolver problemas sociais, atender necessidades e criar oportunidades" (KERSTENETZKY, 2014, p. 2). O PMCMV se encaixa no segundo grupo, já que não se presta ao "combate" de uma questão residual, mas sim de uma das principais externalidades das economias de mercado, a habitação precária, que requer uma intervenção protetora e preventiva por parte dos governos.

universalista, resultando na exclusão sistemática de determinados/as sujeitos/as (FARRANHA & SENA, 2021), que têm suas experiências desconsideradas. De encontro a essa perspectiva, o entrelaçamento que a interseccionalidade propõe, como ferramenta de análise e de práticas críticas, permite compreender de modo mais apurado as dinâmicas capitalistas, que afinal determinam a produção social do espaço, tendo em vista que marcadores como os de gênero e raça não correspondem apenas a uma diferença, mas instituem desigualdades e impõem obstáculos no acesso a direitos.

Toma-se aqui a interseccionalidade como um ponto de partida para a investigação das relações de poder e de desigualdades sociais complexas (COLLINS, 2015) que servem para fundamentar uma investigação e uma práxis críticas não somente para "auxiliar o empoderamento de comunidades e indivíduos" (COLLINS & BILGE, 2021, p. 56), mas que mobilize a esfera pública na construção de políticas que considere os enfrentamentos e resistências de quem carrega determinadas identidades sociais (SILVA E. A., 2021), com o fim de promover justiça social ao relacionar contextos sociais distintos.[140]

No caso do PMCMV, como já demonstrado, não se pode dizer que a veiculação de direitos aconteceu de modo "estéril", baseada numa igualdade formal ou pressupondo uma desigualdade material que fosse unidimensional – ou, para fazer referência ao pensamento de Nancy Fraser (1992), não se colocaram todas as diferenças "entre parênteses". Quando o Programa definiu, por exemplo, que os contratos e registros efetivados em seu âmbito seriam formalizados, preferencialmente, em nome da mulher (art. 35 da Lei nº 11.977/2009) ou que na distribuição dos domicílios da faixa 1 seriam priorizadas as famílias chefiadas por mulheres, ele assumiu que o déficit habitacional quantitativo afeta de modo distinto os setores sociais, bem como considerou que as contradições urbanas possuem um recorte definido de gênero – o que não é

---

[140] Collins reúne enquanto ideias paradigmáticas da interseccionalidade, ao afirmá-la enquanto ferramenta de investigação crítica, os seguintes construtos centrais: relacionalidade, poder, desigualdade social, contexto social, complexidade e justiça social. Por sua vez, enquanto premissas orientadoras: 1) raça, classe, gênero e sistemas similares de poder são interdependentes e constroem mutuamente uns aos outros; 2) a intersecção das relações de poder produz desigualdades sociais complexas e interdependentes de raça, classe, gênero, sexualidade, nacionalidade, etnia, capacidade e idade; 3) a localização social de indivíduos e grupos na intersecção das relações de poder determina suas experiências e perspectivas no mundo social; 4) o fato de que resolver problemas sociais dentro de dado regional, nacional ou global requer análises interseccionais (COLLINS, Bem mais que ideias: a interseccionalidade como teoria social crítica, 2022).

uma inovação espontânea, mas resultado tanto de uma agenda internacionalmente compartilhada, a exemplo dos Objetivos de Desenvolvimento do Milênio (2000) e da Plataforma de Ação da IV Conferência Mundial da Mulher em Beijing (1995), que estabeleceram a necessidade de alcançar a igualdade de gênero, o empoderamento da mulher e a paridade na representação política como condições necessárias para o desenvolvimento, como do histórico protagonismo das mulheres no movimento pela reforma urbana no Brasil, ainda que minorizadas em espaços institucionais acerca do tema:

> Em 2002, aproximadamente cinco mil mulheres na Conferência Nacional de Mulheres Brasileiras, em Brasília, produziram o documento "Plataforma política feminista", incluindo principalmente questões de terra e moradia. Em 2003, a "Plataforma feminista para a reforma urbana" é construída pelo Fórum Nacional da Reforma Urbana (criado em 1987 para atuação na constituinte de 1988). Essa plataforma apresenta diversos elementos para a inclusão das mulheres no rol de direitos já estabelecidos, discutindo também violência contra a mulher e transporte público, o que vai além do caráter meramente "patrimonial" da legislação anterior sobre cidades. Em 2005, mulheres paraenses preparam a "Agenda Feminista" para a II Conferência Nacional das Cidades, defendendo a inclusão dos pontos definidos na "Plataforma Política Feminista" de 2002 e no Plano Nacional de Políticas para as Mulheres em futuras plataformas da reforma urbana. (FREITAS & GONÇALVES, 2021, p. 7-8)[141]

A mobilização da agenda da moradia por uma perspectiva "generizada" pelo PMCMV – que já incorporava a perspectiva de classe, uma vez que o Programa estava segmentado em faixas de renda – era necessária. Fazem prova desse argumento os dados mais recentes sobre o déficit habitacional apurado pela Fundação João Pinheiro, que apontam, entre 2016 e 2019, a predominância feminina nos índices: 60% do total correspondem a mulheres vivendo em condições de moradia inadequadas, arcando com valores excessivos de aluguel ou em situação

---

[141] Nesse sentido: "No primeiro mandato do conselho, as mulheres são minoria em todos os segmentos e ocupam apenas 15,5% das 71 vagas titulares do ConCidades. No segundo mandato, este percentual amplia-se para 22,6%, representando 19 conselheiras sobre um total de 86 vagas titulares (a 2ª Conferência aprovou a ampliação do número de vagas de 71 para 86). [...] Com poucas mulheres presentes no ConCidades o resultado não poderia ser diferente: na avaliação feita do primeiro mandato, Santos Jr. e Maricato assinalam que 'o Conselho das Cidades não aprovou nenhuma resolução ou política específica para as mulheres, o que indica que a questão de gênero não foi reconhecida como um aspecto relevante das políticas urbanas pelo Conselho'" (FERREIRA, 2008).

de coabitação. Ao analisar essa realidade, Larissa Lacerda, Isadora Guerreiro e Paula Freire Santoro aduzem que o fenômeno deve ser compreendido "a partir de determinados processos sociais e urbanos, que vão de mudanças demográficas e dos arranjos familiares à reprodução histórica de violências de gênero que atravessam as trajetórias de vida de mulheres" (2021). Nesse sentido, Rolnik aponta que:

> A dinâmica da desigualdade de gênero se verifica, portanto, em todas as dimensões da vida humana. Com relação à moradia não é diferente. Para as mulheres, a não realização desse direito ou a sua violação têm consequências específicas, que não se verificam da mesma forma para os homens. Se quisermos de fato promover a igualdade entre homens e mulheres, essas diferenças precisam ser levadas em consideração. Tradicionalmente, no entanto, tal compreensão não costuma ser levada em conta pelos governos na hora de formular leis, de elaborar políticas públicas ou de executar projetos. (ROLNIK, Como fazer valer o direito das mulheres à moradia?, 2012, p. 4-5)

Acontece que, ao avançar na pauta sobre o acesso à moradia pelas mulheres, o PMCMV recuou ao aprovar e construir projetos urbanísticos que acabaram por "legitimar o espaço das cidades como um território que reforça a desigualdade nas relações de gênero" (ALFONSIN, 2009, p. 257). Ora, a cidade não equipada ocupada para fins de moradia é ainda mais injusta e dura com as mulheres pobres, na medida em que "são elas que sentem na carne a precariedade do acesso aos bens materiais e simbólicos produzidos pela cidade" (ALFONSIN, 2009, p. 255).

Por outro lado, o Programa deixou de explicitar o fator raça, embora, como já sinalizado, haja na formação econômico-social do Brasil uma interação estrutural de camadas de opressão, "um nó entre a dominação de classe, a discriminação racial de origem escravocrata[142] e o patriarcado" (COLOSSO, 2019, p. 106), que precisa ser enfrentado conjuntamente, já que inscrevem e se articulam mutuamente. Acerca do reflexo dessas relações nas cidades, Joice Berth pontuou:

---

[142] Maria do Carmo Rebouças dos Santos, nesse sentido, define como fatos instituintes da modernidade inescapáveis para a sua inteligibilidade, sem o qual o capitalismo não teria surgido: "i. a investida brutal da Europa Ocidental no Continente Africano; ii. o empreendimento do tráfico humano de mais de 10 milhões de africanos e africanas; e iii. a imposição a pessoas africanas de raça negra, nas Américas, por mais de três séculos, de um sistema de escravidão racial que gerou as fabulosas riquezas para o mundo Ocidental, dando origem ao capitalismo industrial" (2021, p. 30-31).

> A configuração do nosso espaço urbano é onde espelham-se as desigualdades sociais e essas são reforçadas [...] que determinam quem é privilegiado e quem é escamoteado pela ação direta do Estado. Essas particularidades, embora não citadas, são assimiladas pelas pessoas que interagem entre si e com o espaço. Andando pelas cidades, sabemos intuitivamente se estamos em lugares sociais acolhedores, percebemos os lugares hostis e permanecemos nos lugares em que o sentimento de pertencimento é despertado. Também sabemos exatamente onde estão os espaços de poder e decisão, onde mora o privilégio. Sabemos onde a cidade é branca e onde a cidade é negra. Sabemos também quais são os espaços femininos e masculinos, ainda que sensivelmente se misturem ou camuflam, essa divisão de gênero também acontece. (BERTH, 2019)

Se sabemos onde a cidade é branca e onde a cidade é negra, sabemos que ela é racializada e sabemos também onde ela é mais precária (VILLAÇA, 2011; LEMOS, 2017), o que indica um processo de relativa homogeneização social de certas áreas do território. Essa segregação no espaço é apontada por Lélia Gonzalez desde a década de 1980, quando a autora, ao explicitar que o racismo possui uma eficácia estrutural às formações socioeconômicas capitalistas, reconhece um outro *nó* no caso brasileiro: entre o mito da democracia racial[143] e o do racismo por omissão,[144] que fornecem as bases materiais e simbólicas da opressão e sujeitam os corpos racializados a um controle social e político violento (GONZALEZ, Por um feminismo afro-latino-americano, 2020d), fazendo do racismo nacional o mais sofisticado do mundo, como ela chegou a apontar em seu discurso em plena Assembleia Constituinte:

> Nós não estamos aqui brincando de fazer Constituição. Não queremos essa lei abstrata e geral que, de repente, reproduz aquela história de que no Brasil não existe racismo porque o negro reconhece o seu lugar.

---

[143] "Na verdade, esse silêncio ruidoso no que diz respeito às contradições raciais se baseia, nos tempos modernos, em um dos mitos mais eficazes de dominação ideológica: o da democracia racial" (GONZALEZ, Por um feminismo afro-latino-americano, 2020d, p. 144).

[144] A autora aponta que esse fenômeno de *abstração* e *esquecimento* possui raízes numa visão de mundo eurocêntrica e neocolonialista, que, ao agrupar as opressões sob o manto das contradições de classe (numa perspectiva metodológica mecanicista) com o apoio dos aparatos ideológicos tradicionais, acaba por enfatizar duas realidades, a serem expostas pelos movimentos étnico-sociais, que se insurgem contra os violentos efeitos de desintegração e fragmentação das identidades étnicas pelo mito da superioridade branca: "[...] o movimento negro [...] desmascara as estruturas de dominação de uma sociedade e de um Estado que considera 'natural' o fato de que quatro quintos da força de trabalho negra são mantidos presos em uma espécie de cinto socioeconômico que 'lhes oferece oportunidade' de um trabalho manual e não qualificado" (GONZALEZ, Por um feminismo afro-latino-americano, 2020d, p. 147).

Nós queremos, efetivamente, que a lei crie estímulos fiscais para que a sociedade civil e o Estado tomem medidas concretas de significação compensatória, a fim de implementar aos brasileiros de ascendência africana o direito à isonomia nos setores de trabalho, remuneração, educação, justiça, moradia, saúde e por aí afora. (GONZALEZ, Discurso na Constituinte, 2020b, p. 258)

A intelectual, que reiteradamente em seus trabalhos conceitua o racismo enquanto uma articulação ideológica e conjunto de práticas, denota que não é casual que a força de trabalho negra esteja confinada nos empregos de menor qualificação e pior remuneração. Na verdade, essa é entendida como uma estratégia compartilhada sistematicamente pelas formações capitalistas contemporâneas, que resultam de um modelo de modernização conservadora e excludente: "a formação de uma massa marginal, de um lado, assim como a dependência neo-colonial e a permanência de formas produtivas anteriores, de outro, constituem-se como fatores que tipificam o sistema" (GONZALES, Mulher negra, 2020c, p. 96) e também ganham lugar nas disputas e na divisão do espaço, evidenciando o imbricamento entre raça, classe e território:

> Desde a época colonial aos dias de hoje, percebe-se uma evidente separação quanto ao espaço físico ocupado por dominadores e dominados. O lugar natural do grupo branco dominante são moradias saudáveis, situadas nos mais belos recantos da cidade ou do campo e devidamente protegidas por diferentes formas de policiamento que vão desde os feitores, capitães de mato, capangas, etc., até à polícia formalmente constituída. Desde a casa grande e do sobrado até aos belos edifícios e residências atuais, o critério tem sido o mesmo. Já o lugar natural do negro é o oposto, evidentemente: da senzala às favelas, cortiços, invasões, alagados e conjuntos "habitacionais" [...] dos dias de hoje, o critério tem sido simetricamente o mesmo: a divisão racial do espaço [...] No caso do grupo dominado o que se constata são famílias inteiras amontoadas em cubículos cujas condições de higiene e saúde são as mais precárias. Além disso, aqui também se tem a presença policial; só que não é para proteger, mas para reprimir, violentar e amedrontar. É por aí que se entende porque o outro lugar natural do negro sejam as prisões. A sistemática repressão policial, dado o seu caráter racista, tem por objetivo próximo a instauração da submissão. (GONZALEZ, Racismo e sexismo na cultura brasileira, 2020e, p. 84-85)

A articulação entre a deterioração das condições de vida nos estratos urbanos de baixa renda, recorte de análise aplicado ao PMCMV nesta tese, e as dimensões raciais colocadas nos informam o "lugar do/a negro/a" (GONZALES & HASENBALG, Lugar de negro, 2022), expressão que nos remete a uma dimensão muito crucial das desigualdades e representa um dos impasses à democratização das cidades e das políticas urbanas no Brasil, além de tensionar as posições sociais dadas pela dinâmica capitalista em seus processos de acumulação, sustentadas pelas condições biológicas de sexo e raça (GONZALEZ, Por um feminismo afro-latino-americano, 2020d).

Dialogando com o pensamento de Gonzalez, em um trabalho de construção de uma perspectiva crítica no âmbito da geografia, Mckittrick (2006) afirma que o confinamento, a marginalização e as fronteiras são socialmente produzidos e organizam em quais locais a diferenciação racial ocorre, denunciando como a espacialidade negra tem sido restringida em binarismos espaciais, como "assentamento e reassentamento, segregação e integração, centros e margens", que não são completos para compreender as dimensões da trajetória negra, mas tão somente classificam o "onde" da raça.[145]

Na experiência brasileira, a exemplo do PMCMV, que repetiu a memória institucional do BNH, a "neutralidade racial" das políticas urbanas contribuiu para a persistência das colonialidades (COELHO & MELGAÇO, 2019) e para a manutenção de hierarquias historicamente estabelecidas pelo racismo enquanto articulação ideológica e conjunto de práticas (GONZALEZ, Racismo e sexismo na cultura brasileira, 2020e) que favorecem o sistema capitalista.[146] Nessa linha, Ribeiro (2020) aponta que, em função da integração socioeconômica problemática obrigatoriamente atrelada à ausência de integração racial após a abolição da

---

[145] O trabalho de Lélia Gonzalez, não se pode deixar passar, é "marcado por duas chaves analíticas: chamar atenção para as desigualdades e hierarquias sociais, mas também para as formas de luta e resistência. A importância de um pensamento feminista afro-latino-americano que evidencia uma reflexão de e sobre mulheres negras dá sentido à ideia de lugar enquanto uma posição da qual se fala. [...] O sentido natural do lugar social dá espaço ao sentido político presente na construção do feminismo negro" (LIMA, 2022).

[146] "[...] tanto brancos quanto negros pobres sofrem os efeitos da exploração capitalista. Mas, na verdade, a opressão racial faz-nos constatar que mesmo os brancos sem propriedade dos meios de produção são beneficiários do seu exercício. Claro está que, enquanto o capitalista branco se beneficia diretamente da exploração ou superexploração do negro, a maioria dos brancos recebe seus dividendos do racismo, a partir de sua vantagem competitiva no preenchimento das posições que, na estrutura de classes, implicam as recompensas materiais e simbólicas mais desejadas" (GONZALEZ, Cultura etnicidade e trabalho: efeitos linguísticos e políticos da exploração da mulher, 2020a, p. 35).

escravatura, a população negra historicamente alcançou possibilidades de moradia caracterizadas como "não lugares" – o que se relaciona com a ideia de *anticidade* elaborada a partir da análise do trabalho de Lefebvre, já mencionada na pesquisa noutros momentos – tanto por não oportunizarem trabalho, acesso a serviços públicos de transporte, educação, saúde, saneamento básico e lazer, quanto pela violência.

Tem-se, diante disso, que o privilégio racial no/do acesso à propriedade – e à cidade, por consequência – deve ser compreendido como uma manifestação estrutural do racismo, que não pode ser colocado em segundo plano nas análises sobre a cidade, na medida em que a raça é um fator responsável na distribuição das posições na estrutura de classe e no sistema de estratificação, bem como na distribuição geográfica da população negra, inclusive numa dimensão intergeracional, o que prolonga os efeitos desse fenômeno, ainda não superado numa perspectiva tríplice: da acumulação patrimonial, da aquisição de propriedade e da ocupação socioespacial.

O PMCMV apenas veio a incluir o elemento racial dentre os critérios de distribuição de moradias para pessoas de baixa renda em 2020, quando a produção habitacional para a faixa 1 já era irrisória, ainda que se soubesse a cor do déficit que ele anunciava combater e que a identidade territorial periférica no Brasil é racializada (RIOS & MACIEL, 2018), o que é problemático ao se considerar os argumentos delineados anteriormente. Contudo, ao ter feito um recorte de gênero, obrigatoriamente o Programa fez também um recorte racializado, já que esses dois marcadores estão associados no retrato da desigualdade urbana: mais mulheres negras do que mulheres brancas se tornaram moradoras dos conjuntos habitacionais porque as marginalidades de renda e de território têm um marcador de raça. Por outro lado, a ausência do critério racial contribui para a perpetuação de estratificações no meio urbano, na medida em que esse silêncio é sintomático do nó apontado por Lélia Gonzalez: entre o mito da democracia racial e o do racismo por omissão.

***

"Ela riu e disse:
É hora de um salto mortal
um salto vital
sobre a cidade, a burrice e o mal".
Antônio Cícero / Marina Lima, *Anna Bella*

CONCLUSÕES: PISTAS PARA A CONSTRUÇÃO DE NOVAS CENTRALIDADES URBANAS A PARTIR DAS POLÍTICAS HABITACIONAIS

Ao evidenciar as nuances da decisão governamental sobre o PMCMV a partir do contexto e das disputas políticas no ambiente do governo que desafiaram a sua concepção, verifica-se que a decisão que moldou o Programa foi a de estimular o mercado habitacional, estabelecendo-o como uma medida econômica anticíclica. Isso foi feito a partir de um arranjo institucional politicamente legitimador, em função da prioridade na agenda governamental trazida pela sua incorporação ao PAC, e baseado numa tríplice e desequilibrada aliança na coordenação de interesses em torno do Programa formada pelo governo (sem a participação do MCidades), pelo setor empresarial e pelos movimentos sociais, da qual estes últimos pouco participaram. Por questões atreladas à manutenção da governabilidade, os impulsos de criação do PMCMV foram melhor ajustados ao ritmo do capital financeiro, como indicou a proposta de inclusão social pela via do mercado, o que reduziu o seu potencial econômico redistributivo.

Não se pode deixar de reforçar que, apesar do forte apelo de inclusão habitacional, é inevitável destacar o resgate da memória institucional deixada pelo BNH pelo PMCMV, ainda que se tenha avançado no tratamento do tema no ambiente governamental, em especial com a inclusão do capítulo constitucional sobre política urbana e da previsão expressa do direito à moradia enquanto direito social por força da EC nº 26/2000, e se verifiquem as consequências exitosas de outras políticas sociais implementadas após a redemocratização do país, que alteraram sensivelmente o mapa de desigualdades brasileiro. O lugar privilegiado de articulação e influência do setor imobiliário e da construção civil na tomada de decisões, que deveria seguir uma arquitetura de planejamento urbanístico-habitacional fundada no papel do setor público, criou o terreno para a repetição de uma lógica empresarial e de uma produção de habitação social de mercado.

Ademais, na análise da tradução normativa da decisão governamental em torno do PMCMV, isto é, da regulamentação dos processos que organizaram a sua implementação e conduziram aos resultados por ele alcançados, foi possível identificar que o diálogo enfraquecido com os movimentos sociais e a deslegitimação do MCidades na concepção do Programa propiciaram a confirmação da decisão no sentido do estímulo econômico por meio da produção massiva de unidades habitacionais. Os conflitos instaurados no plano macroinstitucional imprimiram à ação governamental um tratamento da moradia mais como um produto imobiliário do que como um direito social que faz parte de um panorama muito maior e mais complexo de cidadania nas cidades, o que se revela de modo flagrante na centralização das principais competências em torno do Programa no governo federal e na CEF, em detrimento da baixa capacidade reguladora e institucional dos entes subnacionais, em especial os municípios, notadamente em decidir acerca da localização dos empreendimentos habitacionais construídos na faixa 1, dando lugar ao protagonismo das construtoras nessa deliberação, a quem cabia indicar o terreno onde o empreendimento seria construído, após avaliada e selecionada a proposta pela CEF. Nesse sentido, salienta-se a sintomática falta de articulação da base normativa da política habitacional com os princípios e instrumentos jurídico-urbanísticos das políticas urbanas proposto pelo Estatuto da Cidade.

Esse cenário favoreceu a especulação imobiliária e promoveu a periferização dos domicílios construídos em sua faixa prioritária, já que a intenção das construtoras era o menor custo possível com a compra do terreno, visando a ampliação dos lucros. Com isso, a partir da discussão aberta na obra acerca da seleção dos sujeitos/as que acessam a política e a produção periférica do espaço urbano para os/as moradores/as dos empreendimentos construídos na faixa 1, constatou-se que, ao supostamente efetivar o direito à moradia, o Programa nega o direito à cidade, na perspectiva em que o ordenamento jurídico brasileiro se apropriou do termo, apoiando-se nas macroestruturas analisadas.

Acontece que, com isso, o PMCMV continuou a lançar para fora do circuito de produção legal da habitação as pessoas que historicamente foram excluídas da arena política urbana, uma vez que as desigualdades e opressões típicas do capitalismo também são determinadas na produção do espaço. Considerando a discussão aberta no último capítulo em torno dessa questão, de contornos políticos, sociológicos e históricos, é que se propõe a interseccionalidade como uma importante chave analítica e prática para perceber como as espacialidades segregadas produzidas pelo PMCMV, em atendimento às contradições do capitalismo, continuaram a perpetuar desigualdades estruturais na realização do direito à moradia e à cidade de modo mais acentuado para determinadas pessoas e, mais que isso, para sugerir talvez não novos caminhos, mas outras pistas institucionais, a partir da experiência do PMCMV analisada até aqui.

O primeiro deles refere-se ao fortalecimento das possibilidades de participação no plano macroinstitucional. Novas gramáticas jurídicas para os processos e os sentidos da política habitacional dependem de novas gramáticas participativas. O processo de racionalização do poder que leva até a tomada de decisão governamental precisa (re)conhecer quem são os/as sujeitos/as dos direitos a serem veiculados pelos programas de ação habitacionais, já que os marcadores identitários são, na verdade, instituidores de distinções sociais nas cidades. Compreender as contradições urbanas é compreender as estratificações sociais forjadas no tecido social, que excluem mulheres, pessoas racializadas, minorias étnicas, pessoas idosas, populações LGBTQIA+, em uma perspectiva interseccional.

Não é suficiente, numa ponta da política, atender a essas pessoas se elas estiveram de fora de todo o jogo institucional que antecedeu a sua implementação: uma cidade mais justa e com locais de moradia mais acolhedores para segmentos sociais periféricos precisa ser pensada por esses indivíduos (FONTOURA, 2021). A saída certamente não é simples, na medida em que demanda uma distribuição menos assimétrica do poder político enquanto condição necessária para uma organização mais coerente dos bens públicos em favor das camadas sociais mais vulneráveis (TRINDADE & PAVAN, Segregação urbana e a dimensão socioespacial da divisão sexual do trabalho, 2022). Mulheres negras e periféricas precisam estar inseridas em espaços de poder capazes de definir as políticas urbanas e seu conteúdo – no âmbito local, na perspectiva proposta pelo Estatuto da Cidade de gerenciamento do espaço urbano, mas também em âmbito federal, considerando o *modus operandi* das políticas habitacionais no Brasil, que centralizam nessa esfera as tomadas de decisão.

Esse movimento precisa acontecer, tanto nos espaços institucionais de participação social existentes, do Congresso Nacional aos conselhos, quanto na alta burocracia que formula as políticas públicas e dialoga com os setores econômicos que inevitavelmente farão parte do debate. Não se conta aqui nenhuma novidade, até mesmo tendo em vista os acordos internacionais assinalados pelo Brasil nesse sentido, como a Conferência de Beijing, de 1995, já citada, e a mais recente Agenda 2030, que institui os Objetivos do Desenvolvimento Sustentável. Contudo, sabe-se que no Brasil há uma profunda desigualdade racial (CAMPOS & MACHADO, 2015) e de gênero (REZENDE, 2017) na representação política.

Desde a sua criação, o MCidades, por exemplo, teve apenas uma Ministra em sua chefia: em 2016, quando a socióloga Inês da Silva Magalhães ocupou o posto por pouquíssimo tempo, apenas entre 5 de abril e 12 de maio daquele ano. Ela, inclusive, havia estado à frente da SNH desde 2005 – vale ressaltar, período em que se produziram os festejados, ainda que desprezados pelo PMCMV: PNH e o PlanHab.

A lógica patriarcal e racista das estruturas sociais discutidas e denunciadas por Lélia Gonzalez nos textos mencionados na presente obra afeta também as estruturas partidárias (RIOS & MACHADO, 2020), importante elo entre a sociedade civil e o Estado, e adicionamos a essa equação os acordos políticos típicos do presidencialismo de coalizão, que determinam a distribuição das cadeiras na alta burocracia do governo federal. A batalha que aqui se coloca é complexa, mas precisa ser enfrentada para que as demandas populares possam ser vocalizadas nas esferas institucionais.

Repisa-se que Diogo Coutinho chega a apontar esse como um dos papéis do Direito nas políticas públicas, o de ser um vocalizador de demandas,[147] numa perspectiva em que se apresenta a possibilidade

---

[147] "Descrever o direito como vocalizador de demandas em políticas públicas significa supor que decisões em políticas públicas devam ser tomadas não apenas do modo mais bem fundamentado possível, por meio de uma argumentação coerente e documentada em meio aberto ao escrutínio do público, mas também de forma a assegurar a participação de todos os interessados na conformação, implementação ou avaliação da política. Para isso, o direito pode prover (ou desprover) as políticas de mecanismos de deliberação, participação, consulta, colaboração e decisão conjunta, assegurando, com isso, que elas sejam permeáveis à participação e não insuladas em anéis burocráticos" (COUTINHO, 2013, p. 197).

de utilizá-lo com o fim de assegurar que pessoas cujas cidadanias são atravessadas por marcadores de desigualdade não sejam excluídas dos mecanismos de participação e *accountability*. É uma maneira de reequilibrar a balança. Para o autor, as normas podem levar políticas públicas a serem mais democráticas, na medida em que podem disciplinar procedimentos como consultas e audiências públicas, bem como ampliar a publicidade dos atos administrativos, obrigando-os a estarem abertos aos questionamentos e anseios de uma pluralidade de atores.

Nesse sentido, Coutinho propõe que o modo como são desenhadas juridicamente as políticas pode ser mais ou menos capaz de estimular a mobilização de indivíduos que, de outra forma, não se engajariam no acompanhamento de programas de ação públicos, percebendo o Direito como "uma espécie de correia de transmissão pela qual agendas, ideias e propostas gestadas na esfera pública circulam e disputam espaço nos círculos tecnocráticos" (COUTINHO, 2013, p. 198). Ao agenciar essa demanda, o direito ressignificaria os lugares do negro e da mulher, num lugar de participação, redistribuindo poder na sociedade.

Atentar para esse fortalecimento do ativismo político e institucional de grupos marginalizados na cidade, rompendo com a percepção deles/as enquanto meros/as "beneficiários/as" da ação governamental, é uma estratégia interseccional de fazer política pública porque permite que as instâncias de poder que as editam se inclinem na contemplação das experiências que problematizam o racismo e as relações patriarcais de poder no cotidiano. Essa é uma racionalidade que se alinha à própria perspectiva de direito à cidade nas duas categorias propostas por Lefebvre: de usufruto do espaço urbano e de ter o direito de participar nas decisões, no seu planejamento e na sua produção, na perspectiva do bem-estar coletivo e não dos lucros privados (LEFEBVRE, O direito à cidade, 2015), e da definição de vida urbana a partir de "relações sociais", proposta por Harvey (2014).

Implementar políticas tendo essas compreensões no horizonte significa fazer frente aos poderosos interesses econômicos responsáveis por moldar as cidades segundo a lógica do mercado (MARICATO, 2014), elemento que atravessa a modelagem jurídico-institucional do PMCMV e os resultados que ele produz principalmente para os estratos de mais baixa renda, como apontado na análise dos planos macro e microinstitucional, nos capítulos segundo e terceiro deste livro. No entanto, o que se quer registrar com essa construção argumentativa final – ainda que soluções objetivas não sejam precisamente indicadas

– é que, primeiro, essa lógica capitalista de organização do espaço pressupõe efeitos segregatórios mais agudizados para determinados grupos; e, segundo, que os pontos criticados na estrutura jurídica do programa, quais sejam, o desprezo ao MCidades e aos movimentos pela reforma urbana no plano macroinstitucional, o protagonismo das construtoras na execução da política, notadamente na escolha do terreno onde os empreendimentos foram construídos, para serem modificados, demandam uma articulação política que faça uma reflexão crítica das desigualdades urbanas, que tem como elementos fundamentais as relações patriarcais de poder e do racismo estrutural.

Retoma-se, por fim, outro aspecto que diz respeito à integração das políticas habitacionais no guarda-chuva das políticas urbanas, que precisam ter como horizonte epistemológico o direito à cidade – e nem se está falando rigidamente de uma perspectiva utópica de solidariedade própria do conceito lefebvriano, mas da forma como ele foi modulado pelo ordenamento jurídico brasileiro, que já seria suficiente para a construção de processos políticos mais democráticos e menos comprometidos com a mercantilização do espaço: moradia está associada a planejamento urbano e a governança local. Essa é também uma medida que prescinde da criação de uma agenda interseccional, pois questões relacionadas à produção precarizada do espaço urbano que envolvem, por exemplo, segurança pública, mobilidade, proximidade entre a moradia e o emprego e infraestrutura pública adequada, afetam de modo diferenciado as mulheres e, ainda mais, as mulheres racializadas.

A interseccionalidade se afigura nesse terreno, de fato, como um ponto de partida. E o Direito, ao traduzir em uma linguagem normativa os conflitos que ganham espaço no governo quando uma política pública é pensada, não daria conta de, sozinho, desconstituir as condições básicas de uma urbanização capitalista. Entre o plano macro e o plano microinstitucional, existem debates que superam a instrumentalidade jurídica – e nesse sentido é a proposição de uma das provocações deste livro. Qual cidade? A destituída e urbanidade. Para quais sujeitas? As que acessam a moradia pela faixa 1 do PMCMV, mulheres, negras, com trajetória periférica na cidade.

Como visto, a construção da cidade (ou da anticidade) e a composição do déficit habitacional não são neutras. As disputas políticas que se travam no território urbano também não são. Ou os desenhos jurídicos-institucionais dos programas de ação governamentais se apropriam dessa complexidade – escapando das tentativas frágeis de inclusão pela via do mercado ou de uma perspectiva monofuncional de provisão de direitos, como recaiu o PMCMV ao viabilizar a moradia, negando a cidade e os outros direitos que nela se exercem, além de negar ela própria como um direito – ou as políticas públicas continuarão a (re)produzir, em suas pretensas neutralidades, as negligências teóricas e práticas que contribuem para a perpetuação das múltiplas opressões no espaço urbano.

O fortalecimento de uma agenda de pesquisa comum entre o Direito, as políticas públicas e os estudos da habitação e da cidade – ao qual se pretende agregar também a interseccionalidade – demanda um esforço analítico complexo e exige um aprofundamento crítico que se sabe não ter sido contemplado integralmente por essa obra, que representa tão somente uma contribuição ao debate. A intenção deste trabalho não é a de ignorar as conquistas alcançadas pelo PMCMV, sobretudo para a população que exerceu o direito à moradia e viveu alguma estabilidade habitacional pela primeira vez a partir do Programa, mas a de compreender o seu desenho institucional a fim de colaborar com o aprimoramento da sua "tecnologia jurídica governamental" (BUCCI, 2021) e enxergar alternativas para a gestão democrática das cidades – que sejam mais inclusivas, mais participativas, mais aglutinadoras dos nossos desejos e dos nossos direitos – notadamente com a retomada da política no governo Lula 3, após a descontinuação promovida pelo governo Bolsonaro em 2020. A nova base normativa do PMCMV – Lei nº 14.620, de 13 de julho de 2023, conversão da MP nº 1.162, de 14 de fevereiro de 2023 – não foi analisada aqui, mas é este outro caminho de pesquisa e de fazer institucional que se inaugura.

REFERÊNCIAS

ABIKO, A. K.; COELHO, L. D. O. *Mutirão Habitacional*: Procedimentos de Gestão. Porto Alegre: ANTAC, 2006 (Recomendações Técnicas HABITARE, v. 2).

ABRANCHES, S. H. H. D. Trinta anos de presidencialismo de coalizão. *Blog DADOS*, 2019. Disponivel em: http://dados.iesp.uerj.br/trinta-anos-de-presidencialismo-de-coalizao/. Acesso em: 23 jan. 2023.

ABRANCHES, S. H. H. D. Presidencialismo de coalizão: o dilema institucional brasileiro. *Dados – Revista de Ciências Sociais*, Rio de Janeiro, v. 31, n. 1, p. 5-34, 1988.

ALFONSIN, B. Cidade para todos/Cidade para todas – Vendo a cidade através do olhar das mulheres. *In:* ALFONSIN, B.; FERNANDES, E. *Direito Urbanístico*: estudos brasileiros e internacionais. Belo Horizonte: Del Rey, 2009. p. 217-230.

ALFONSIN, B. Repercussões da Nova Agenda Urbana no Direito Público e Privado no Brasil e na América Latina: o Papel do Direito à Cidade. *In:* BELLO, E.; KELLER, R. J. *Curso de direito à cidade:* teoria e prática. 2. ed. Rio de Janeiro: Lumen Juris, 2019. p. 217-230.

ALFONSIN, B. Repercussões da Nova Agenda Urbana no direito público e privado no Brasil e na América Latina: o papel do direito à cidade. *In:* BELO, E.; KELLER, R. J. *Curso de direito à cidade:* teoria e prática. 2. ed. Rio de Janeiro: Lumen Juris, 2019. p. 217-230.

ALOMAR, J. S.-C. *Condomínios de baixa renda do Programa Minha Casa, Minha Vida: direito a que cidade?* Tese (Doutorado em Arquitetura e Urbanismo) – Universidade Federal de Santa Catarina. Florianópolis. 2019.

ALVAREZ, I. P. A segregação como conteúdo da produção do espaço urbano. *In:* ROBERTO LOBATO CORRÊA, S. M. P. P. D. A. V. *A cidade contemporânea:* segregação espacial. São Paulo: Contexto, 2013. p. 111-126.

ALVAREZ, I. P. A noção de mobilização do espaço em Henri Lefebvre. *GEOUSP Espaço e Tempo*, v. 23, n. 3, p. 494-505, set./dez. 2019.

AMORE, C. S.; SHIMBO, L. Z.; RUFINO, M. B. C. Minha Casa... E a Cidade? Avaliação do Programa Minha Casa Minha Vida em seis estados brasileiros. Rio de Janeiro: Letra Capital, 2015.

ANDRADE, L. T. *Manual de direito urbanístico*. São Paulo: Thomas Reuters Brasil, 2019.

ARAGÃO, D. L. L. J. D.; HIROTA, E. H. Sistematização de requisitos do usuário com o uso da Casa da Qualidade do QFD na etapa de concepção de unidades habitacionais de interesse social no âmbito do Programa Minha Casa, Minha Vida. *Ambiente Construído*, v. 16, n. 4, p. 271-291, 2016.

ARAGÃO, T. A.; CARDOSO, A. L. A reestruturação do setor imobiliário e o Programa Minha Casa Minha Vida. *In:* MENDONÇA, J. G. D.; COSTA, H. S. D. M. *Estado e capital imobiliário:* convergências atuais na produção do espaço brasileiro. Belo Horizonte: C/ Arte, 2012. p. 81-106.

ARAÚJO, C.; VEIGA, A. Domesticidade, trabalho e satisfação pessoal: horas no trabalho doméstico e bem-estar no Estado do Rio de Janeiro. *Revista Brasileira de Ciência Política*, n. 18, p. 179-209, 2015.

ARAÚJO, J. A. Sobre a cidade e o urbano em Henri Léfèbvre. *GEOUSP Espaço e Tempo*, v. 16, n. 2, p. 133-142, 2012.

ARAÚJO, V. D. C. A conceituação de governabilidade e governança, da sua relação entre si e com o conjunto da reforma do Estado e do seu aparelho. Brasília: ENAP, 2002.

ARISTÓTELES. *A Política*. Capítulo X. ed. São Paulo: Martins Fontes, v. Livro III, 2002.

ARRETCHE, M. Intervenção do Estado e setor privado: o modelo brasileiro de política habitacional. *Espaço e debates*, v. 31, p. 21-36, 1990.

AVELAR, L.; WALTER, M. I. M. T. Lentas mudanças: o voto e a política tradicional. *Opinião Pública*, Campinas, v. 14, n. 1, p. 96-122, maio 2008.

AZEVEDO, S. D.; ANDRADE, L. A. G. D. *Habitação e poder:* da Fundação da Casa Popular ao Banco Nacional Habitação. Rio de Janeiro: Centro Edelstein de Pesquisas Sociais, 2011.

BACHRACH, P.; BARATZ, M. S. Two faces of power. *American political science review*, v. 56, n. 4, 947-952, 1962.

BACHUR, J. P. Às Portas do Labirinto. Para uma Recepção Crítica da Teoria Social de Niklas Luhmann. São Paulo: Azougue Editorial, 2010.

BALBIM, R. N. *Do Casa Verde e Amarela ao Banco Nacional da Habitação, passando pelo Minha Casa Minha Vida:* uma avaliação da velha nova política de desenvolvimento urbano. Brasília: Instituto de Pesquisa Econômica Aplicada, 2022.

BALBIM, R. Os tons de cinza do Casa Verde e Amarela. *Le Monde Diplomatique Brasil*, 28 ago. 2020. Disponível em: https://d1wqtxts1xzle7.cloudfront.net/64326467/ Os_tons_de_cinza_do_Casa_Verde_e_Amarela_-_Le_Monde_Diplomatique-libre. pdf?1598964009=&response-content-disposition=inline%3B+filename%3DOs_tons_de_ cinza_do_Casa_Verde_e_Amarela.pdf&Expires=1673963048&Signatu. Acesso em: 17 jan. 2022.

BASSUL, J. R. Reforma urbana e Estatuto da Cidade. *EURE (Santiago)*, Santiago, v. 28, n. 84, set. 2002. 133-144. Disponível em: https://www.scielo.cl/scielo.php?pid=S0250-71612002008400008&script=sci_arttext&tlng=pt. Acesso em: 20 jan. 2022.

BASSUL, J. R. Estatuto da cidade: a construção de uma lei. *In:* CARVALHO, C.; ROSSBACH, A. C. *O estatuto da cidade comentado*. São Paulo: Ministério das Cidades/ Aliança das Cidades, 2010. p. 71-90.

BELLO, E.; RIBEIRO, M. D. O direito à cidade e os novos direitos urbanos como direitos humanos e direitos fundamentais. *In:* BELLO, E.; KELLER, R. J. *Curso de direito à cidade:* teoria e prática. 2. ed. Rio de Janeiro: Lumen Juris, 2019. p. 231-252.

BERCOVICI, G. *Constituição econômica e desenvolvimento.* São Paulo: Malheiros, 2005.

BERCOVICI, G. Propriedade que descumpre função social não tem proteção constitucional. *Consultor Jurídico*, São Paulo, 6 dez. 2015. Disponível em: https://www.conjur.com.br/2015-dez-06/estado-economia-propriedade-nao-cumpre-funcao-social-nao-protecao-constitucional#:~:text=A%20propriedade%20que%20n%C3%A3o%20cumpre,%C3%A9%20pass%C3%ADvel%20de%20prote%C3%A7%C3%A3o%20constitucional.. Acesso em: 29 jun. 2023.

BERCOVICI, G.; MASSONETTO, L. F. A constituição dirigente invertida: a blindagem da constituição financeira e a agonia da constituição econômica. *Separata de Boletim de Ciências Econômicas*, v. 49, p. 1-23, 2006.

BERTH, J. Cidades sustentáveis são cidades democráticas, 2019. Disponível em: https://medium.com/@joiberth/cidades-sustent%C3%A1veis-s%C3%A3o-cidadesdemocr%C3%A1ticas-ca85ebccc0d8. Acesso em: 20 nov. 2021.

BIELSCHOWSKY, R. Anotações sobre a estratégia de crescimento pelo mercado interno de consumo popular e o programa do PT para 2003-2006. São Paulo: Instituto da Cidadania, 2001.

BIROLI, F. Divisão sexual do trabalho e democracia. *Dados*, v. 59, n. 53, p. 719-754, 2016.

BIROLI, F. *Gênero e desigualdades:* limites da democracia no Brasil. São Paulo: Boitempo, 2018.

BOLAFFI, G. Habitação e urbanismo: o problema e o falso problema. *In:* MARICATO, E. *A produção capitalista da casa (e da cidade) no Brasil industrial.* São Paulo: Editora Alfa Omega, 1979. p. 37-70.

BONAVIDES, P. O Estado social e sua evolução rumo à democracia participativa. *In:* SOUZA NETO, C. P.; SARMENTO, D. *Direitos Sociais:* fundamentos, judicialização e direitos sociais em espécie. Rio de Janeiro: Lumen Juris, 2008. p. 63-86.

BONDUKI, N. Do Projeto Moradia ao Programa Minha Casa, Minha Vida. *Teoria e Debate*, v. 82, maio 2009. Disponível em: https://teoriaedebate.org.br/2009/05/01/do-projeto-moradia-ao-programa-minha-casa-minha-vida/. Acesso em: 20 jan. 2023.

BONDUKI, N. Pioneiros da Habitação Social no Brasil. Volume 3. Onze propostas para morar para o Brasil moderno. São Paulo: Editora UNESP, 2014.

BONDUKI, N. G. *Origens da habitação social no Brasil:* Arquitetura moderna, Lei do Inquilinato e difusão da casa própria. 4. ed. São Paulo: Estação Liberdade, 2004.

BONDUKI, N. G. Origens da habitação social no Brasil. *Análise Social*, v. 127, n. 3, p. 711-732, 1994.

BONDUKI, N. G. Política habitacional e inclusão social no Brasil: revisão histórica e novas perspectivas no governo Lula. *Arq.urb*, n. 1, p. 70-104, 2008.

BONDUKI, N. G. Planos Locais de Habitação: das origens aos dilemas atuais nas regiões metropolitanas. *In:* DENALDI, R. *Planejamento habitacional:* notas sobre a precariedade e terra nos Planos Locais de Habitação. São Paulo: Annablume, 2013. p. 29-43.

BONDUKI, N. G. *Os pioneiros da habitação social:* cem anos de política pública no Brasil. São Paulo: Editora UNESP; Edições Sesc, v. 1, 2014.

BONDUKI, N. G.; ROSSETTO, R. O. Plano Nacional de Habitação e os recursos para financiar a autogestão. *Proposta: Revista Trimestral de Debate da Fase,* v. 116, 2008. 33-38. Disponível em: https://autogestao.unmp.org.br/wp-content/uploads/2014/11/ART-12_-O-PLANO-NACIONAL-DE-HABITACAO-E-OS-RECURSOS-PARA-FINANCIAR-A-AUTOGESTAO.pdf. Acesso em: 21 jan. 2023.

BOULLOSA, R. D. F. Mirando ao revés nas políticas públicas: notas sobre um percurso de pesquisa. *Revista Pensamento & Realidade,* v. 28, n. 3, p. 67-84, 2013.

BOURDIEU, P. *O poder simbólico.* 12. ed. Rio de Janeiro: Bertrand Brasil, 2009.

BRASIL. *Decreto nº 4.665,* de 3 de abril de 2003. Aprova a Estrutura Regimental e o Quadro Demonstrativo dos Cargos em Comissão do Ministério das Cidades, e dá outras providências. 2003. Disponível em: https://www.planalto.gov.br/cCivil_03/decreto/2003/D4665.htm. Acesso em: 17 ago. 2023.

BRASIL. *Decreto nº 7.499,* de 16 de junho de 2011. Regulamenta dispositivos da Lei nº 11.977, de 7 de julho de 2009, que dispõe sobre o Programa Minha Casa, Minha Vida, e dá outras providências. Disponível em: https://www.planalto.gov.br/ccivil_03/_ato2011-2014/2011/decreto/d7499.htm. Acesso em: 17 ago. 2023.

BRASIL. [Constituição (1988)]. *Constituição da República Federativa do Brasil*: promulgada em 5 de outubro de 1988. Disponível em: http://www.planalto.gov.br/ccivil_03/constituicao/constituicao.htm. Acesso em: 20 set. 2021.

BRASIL. *Exposição de motivos da Medida Provisória nº 459,* de 25 de março de 2009. 2009b. Disponível em: https://www.planalto.gov.br/ccivil_03/_ato2007-2010/2009/Exm/EMI-33-MF-MJ-MP-MMA-Mcidades-09-Mpv-459.htm. Acesso em: 26 jan. 2023.

BRASIL. *Lei nº 10.257,* de 10 de julho de 2001. Regulamenta os arts. 182 e 183 da Constituição Federal, estabelece diretrizes gerais da política urbana e dá outras providências. Disponível em: https://www.planalto.gov.br/ccivil_03/leis/leis_2001/l10257.htm. Acesso em: 17 ago. 2023.

BRASIL. *Lei nº 11.977,* de 7 de julho de 2009. Dispõe sobre o Programa Minha Casa, Minha Vida – PMCMV e a regularização fundiária de assentamentos localizados em áreas urbanas; altera o Decreto-Lei nº 3.365, de 21 de junho de 1941, as Leis nºs 4.380, de 21 de agosto de 1964, 6.015, de 31 de dezembro de 1973, 8.036, de 11 de maio de 1990, e 10.257, de 10 de julho de 2001, e a Medida Provisória nº 2.197-43, de 24 de agosto de 2001; e dá outras providências. 2009a. Disponível em: https://www.planalto.gov.br/ccivil_03/_ato2007-2010/2009/lei/l11977.htm. Acesso em: 17 ago. 2023.

BRASIL. *Plano plurianual 2004-2007:* projeto de lei de revisão. Brasília: v. II, 2004. v. II.

BRASIL. Ministério das Cidades. *Portaria nº 146*, de 26 de abril de 2016. Dispõe sobre as diretrizes para a elaboração de projetos e aprova as especificações mínimas da unidade habitacional e as especificações urbanísticas dos empreendimentos destinados à aquisição e alienação com recursos advindos da integralização de cotas no Fundo de Arrendamento Residencial – FAR, e contratação de operações com recursos transferidos ao Fundo de Desenvolvimento Social – FDS, no âmbito do Programa Minha Casa, Minha Vida – PMCMV. Disponível em: https://pesquisa.in.gov.br/imprensa/jsp/visualiza/index.jsp?data=27/04/2016&jornal=1&pagina=44&totalArquivos=148. Acesso em: 17 ago. 2023.

BRASIL. Ministério das Cidades. *Portaria nº 93*, de 24 de fevereiro de 2010. Dispõe sobre a aquisição e alienação de imóveis sem prévio arrendamento no âmbito do Programa de Arrendamento Residencial – PAR e do Programa Minha Casa, Minha Vida – PMCMV. Disponível em: https://antigo.mdr.gov.br/images/stories/Legislacao/Portarias_2010/Portaria_93_2010.pdf. Acesso em: 17 ago. 2023.

BRASIL. *Programa Moradia Digna* – Manual de Instruções. Brasília: Ministério do Desenvolvimento Regional; Secretária Nacional de Habitação, 2020. Disponível em: https://www.gov.br/mdr/pt-br/acesso-a-informacao/legislacao/secretaria-nacional-de-habitacao/Manual10SJAnenoIIPortaria31142020.pdf. Acesso em: 17 ago. 2023.

BRUNO FILHO, F. G. *Princípios de direito urbanístico*. Porto Alegre: Sérgio Antônio Fabris, 2015.

BUCCI, M. P. D. O conceito de política pública em direito. *In:* BUCCI, M. P. D. *Políticas Públicas*. Reflexões sobre o conceito. São Paulo: Saraiva, 2006.

BUCCI, M. P. D. Quadro de Referência de uma Política Pública: primeiras linhas de uma visão jurídico-institucional. *In:* SMANIO, G. P.; BERTOLIN, P. T.; MASSMANN, P. B. *O Direito na Fronteira das Políticas Públicas*. 2. ed. São Paulo: Páginas e Letras Editora e Gráfica, 2015.

BUCCI, M. P. D. Método e aplicações da abordagem Direito e Políticas Públicas (DPP). *Revista Estudos Institucionais*, v. 9, n. 3, p. 791-832, set./dez. 2019.

BUCCI, M. P. D. *Fundamentos para uma teoria jurídica das políticas públicas*. 2. ed. São Paulo: Saraiva Educação, 2021.

BUCCI, M. P. D.; COUTINHO, D. R. Arranjos jurídico-institucionais da política de inovação tecnológica: uma análise baseada na abordagem de direito e políticas públicas. *In:* COUTINHO, D. R.; FOSS, M. C.; MOUALEM, P. S. *Inovação no Brasil:* avanços e desafios jurídicos e institucionais. São Paulo: Blucher, 2017. p. 313-340.

BUCCI, M. P. D.; SOUZA, M. S. D. A abordagem Direito e políticas públicas: temas para uma agenda de pesquisa. *Sequência*, Florianópolis, v. 43, n. 90, 43, p. 1-28, 2022. Disponível em: https://www.scielo.br/j/seq/a/VZ9b5j6chf7tPL3RB3qXsxh/abstract/?lang=pt. Acesso em: 11 abr. 2023.

BUCCI, M. P. D. *Direito Administrativo e Políticas Públicas*. São Paulo: Saraiva, 2002.

BUCKINGHAM, S. Análise do direito à cidade sob a perspectiva de gênero. *In:* SUGRANYES, A.; MATHIVET, C. *Cidades para todos:* propostas e experiências pelo direito à cidade. Santiago: Habitat International Coalition, 2010. p. 57-62.

BUONFIGLIO, L. V. Habitação de interesse social. *Mercator*, Fortaleza, v. 17, 2018.

CAIXA ECONÔMICA FEDERAL (CEF). *Cartilha do Programa Minha Casa, Minha Vida*. 2010. Disponível em: http://www.ademi.org.br/docs/CartilhaCaixa.pdf. Acesso em: 17 ago. 2023.

CAMARGO, F. M. El derecho a la ciudad: de Henri Lefebvre a los análisis sobre la ciudad capitalista contemporánea. *Revista Folios*, Bogotá, n. 44, p. 3-19, jul./dez. 2016.

CAMPOS, L. A.; MACHADO, C. A cor dos eleitos: determinantes da sub-representação política dos não brancos no Brasil. *Revista Brasileira de Ciência Política*, Brasília, n. 16, p. 121-151, abr. 2015.

CARBONARI, P. C. Direito à cidade e direitos humanos: uma breve reflexão nos 50 anos da obra de Lefebvre. *Revista Filosofazer*, v. 52, n. 30, p. 40-52, 2020.

CARDOSO, A. L.; ARAGÃO, T. A. Do fim do BNH ao Programa Minha Casa Minha Vida: 25 anos da política habitacional no Brasil. *In:* CARDOSO, A. L. *O Programa Minha Casa Minha Vida e seus Efeitos Territoriais*. Rio de Janeiro: Letra Capital, 2013. p. 17-65.

CARLOS, A. F. A. *O espaço urbano:* novos escritos sobre a cidade. São Paulo: Ed. FFLCH, 2007.

CARLOS, A. F. A. A prática espacial urbana como segregação e o "Direito à Cidade" como horizonte utópico. *In:* CORRÊA, R. L.; PINTAUDI, S. M.; VASCONCELOS, P. D. A. *A cidade contemporânea:* segregação espacial. São Paulo: Contexto, 2013. p. 95-110.

CARLOS, A. F. A. A tragédia urbana. *In:* CARLOS, A. F. A.; VOLOCHKO, D.; ALVAREZ, I. P. *A cidade como negócio*. São Paulo: Contexto, 2015. p. 43-63.

CARLOS, A. F. A. Henri Lefebvre: a problemática urbana em sua determinação espacial. *GEOUSP Espaço e Tempo*, v. 23, n. 3, p. 458-477, set./dez. 2019.

CARLOS, A. F. A. Henri Lefebvre: o espaço, a cidade e o "direto à cidade". *Revista Direito e Práxis*, v. 11, n. 1, p. 349-369, 2020.

CARNEIRO, R. D. M. Velhos e novos desenvolvimentismos. *Economia e Sociedade*, Campinas, v. 21, número especial, p. 749-778, dez. 2012.

CARTA MUNDIAL PELO DIREITO À CIDADE. Porto Alegre: V Fórum Social Mundial, 2005.

CARVALHO, C.; RODRIGUES, R. *O direito à cidade*. Rio de Janeiro: Lumen Juris, 2016.

CAVALLAZZI, R. L. O estatuto epistemológico do Direito Urbanístico brasileiro: possibilidades e obstáculos na tutela do direito à cidade. *In:* COUTINHO, R.; BONIZZATTO, L. *Direito da cidade*: novas concepções sobre as relações jurídicas no espaço social urbano. Rio de Janeiro: Lumen Juris, 2007. p. 53-70.

CHILVARQUER, M. *A implementação do programa minha casa, minha vida faixa 1 no município de São Paulo*. Dissertação (Mestrado em Direito Econômico e Financeiro) – Faculdade de Direito, Universidade de São Paulo, São Paulo, 2018.

CINTRA, A. C. D. A.; GRINOVER, A. P.; DINAMARCO, C. R. *Teoria geral do processo*. 28. ed. São Paulo: Malheiros, 2012.

COELHO, L. X. P. C.; MELGAÇO, L. Raça, espaço e direito: reflexões para uma agenda decolonial no Direito Urbanístico. *In:* SOUSA JÚNIOR, J. G. D. et al. *Introdução crítica ao direito urbanístico*. Brasília: Editora Universidade de Brasília, 2019. p. 137-143 (O direito achado na rua; 9).

COLLINS, P. H. Toward a new vision: Race, class, and gender as categories of analysis and connection. *Race, Sex & Class*, p. 25-45, 1993.

COLLINS, P. H. Intersectionality's Definitional Dilemmas. *Annual Review of Sociology*, v. 41, p. 1-20, 2015. Disponível em: https://www.annualreviews.org/doi/10.1146/annurev-soc-073014-112142. Acesso em: 23 jul. 2023.

COLLINS, P. H. *Bem mais que ideias*: a interseccionalidade como teoria social crítica. São Paulo: Boitempo, 2022.

COLLINS, P. H.; BILGE, S. *Interseccionalidade*. Tradução de Rane Souza. São Paulo: Boitempo, 2021.

COLOSSO, P. *Disputas pelo direito à cidade*: outros personagens em cena. Tese (Doutorado em Filosofia) – Faculdade de Filosofia, Letras e Ciências Humanas, Universidade de São Paulo. São Paulo. 2019.

COMPARATO, F. K. *Para viver a democracia*. São Paulo: Brasiliense, 1989.

CONSELHO DE MONITORAMENTO E AVALIAÇÃO DE POLÍTICAS PÚBLICAS (CMAP). Relatório de Avaliação – Programa Minha Casa, Minha Vida. Brasília: Ministério da Economia; Secretaria de Avaliação, Planejamento, Energia e Loteria. 2020. Disponível em: https://www.gov.br/economia/pt-br/acesso-a-informacao/participacao-social/conselhos-e-orgaos-colegiados/cmap/politicas/2020/subsidios/relatorio_avaliacao-cmas-2020-pmcmv.pdf. Acesso em: 17 ago. 2020.

COUTINHO, D. R. *Direito, desigualdade e desenvolvimento*. São Paulo: Saraiva, 2013.

COUTINHO, D. R. O direito nas políticas públicas. *In:* EDUARDO MARQUES, C. A. P. D. F. *A política pública como campo multidisciplinar*. Rio de Janeiro: Editora Fiocruz, 2013. p. 181-200.

CRENSHAW, K. Mapping the Margins: Intersectionality, Identity Politics, and Violence against Women of Color. *Stanford Law Review*, v. 43, n. 6, p. 1241-1299, 1991.

CUNHA, G. R. *O Programa Minha Casa Minha Vida em São José do Rio Preto/SP*: estado, mercado, planejamento urbano e habitação. Tese (Doutorado em Teoria e História da Arquitetura e do Urbanismo) – Instituto de Arquitetura e Urbanismo, Universidade de São Paulo, São Carlos, 2014.

D'AMICO, F. O Programa Minha Casa Minha Vida e a Caixa Econômica Federal. *In*: COSTA, J. C. *O desenvolvimento econômico brasileiro e a Caixa*: trabalhos premiados. Rio de Janeiro: Centro Internacional Celso Furtado de Políticas para o Desenvolvimento; Caixa Econômica Federal, 2011. p. 33-54.

DALLARI, D. *Elementos de Teoria Geral do Estado*. 20. ed. São Paulo: Saraiva, 1998.

DI PIETRO, M. S. Z. *Direito administrativo*. 26. ed. São Paulo: Atlas, 2013.

DI SARNO, D. C. L. *Elementos de direito urbanístico*. Barueri: Manole, 2004.

DIMOULIS, D. V. *Manual de introdução ao estudo do direito*. 6. ed. São Paulo: RT, 2014.

DOMINGUES, A. (Sub)úrbios e (sub)urbanos: o mal estar da periferia ou a mistificação dos conceitos? *Revista da Faculdade de Letras – Geografia I Série*, Porto, v. 10/11, p. 5-18, 1994.

DOMINGUES, E. G. R. L. *Municipalismo e política urbana*: a influência da União na política urbana municipal. Rio de Janeiro: Lumen Juris, 2012.

EISENSTEIN, Z. An Alert: Capital is Intersectional; Radicalizing Piketty's Inequality. *The feminist wire*, 26 maio 2014. Disponível em: https://thefeministwire.com/2014/05/alert-capital-intersectional-radicalizing-pikettys-inequality. Acesso em: 13 jul. 2023.

FARIA, C. A. P. D. A multidisciplinaridade no estudo das políticas públicas. *In*: MARQUES, E.; FARIA, C. A. P. D. *A política pública como campo multidisciplinar*. Rio de Janeiro: Editora Fiocruz, 2013. p. 11-21.

FARRANHA, A. C.; SENA, L. Interseccionalidade e políticas públicas: avaliação e abordagens no campo do estudo do direito e da análise de políticas públicas. *Revista Aval*, v. 5, n. 19, p. 44-66, jan./jun. 2021.

FEDERICI, S. *O ponto zero da revolução*: trabalho doméstico, reprodução e luta feminista. São Paulo: Editora Elefante, 2019.

FELTRAN, G. D. S. Transformações sociais e políticas nas periferias de São Paulo. *In*: KOWARICK, L.; MARQUES, E. C. L. *São Paulo*: novos percursos e atores: sociedade, cultura e política. São Paulo: Editora 34/CEM, 2011.

FERNANDES, E. O estatuto da cidade e a ordem jurídico-urbanística. *In*: CARVALHO, C. S.; ROSSBACH, A. *O Estatuto da Cidade comentado*. São Paulo: Ministério das Cidades/ Aliança das Cidades, 2010. p. 55-70.

FERNANDES, E. Constructing the 'right to the city' in Brazil. *Social & Legal Studies*, v. 16, n. 2, p. 201-209, 2007.

FERNANDES, E.; ALFONSIN, B. Estatuto da cidade: razão de descrença ou de otimismo? Adicionando complexidades à reflexão sobre a efetividade da lei. *Fórum de Direito Urbano e Ambiental*, v. 8, n. 47, set. 2009.

FERREIRA, R. F. C. F. Plataforma feminista da reforma urbana: do que estamos falando? *In*: GOUVEIA, T. *Ser, fazer e acontecer*: mulheres e o direito à cidade. Recife: SOS CORPO – Instituto Feminista para a Democracia, 2008. p. 113-139.

FERREIRA, J. S. W.; MOTISUKE, D. A efetividade da implementação de zonas especiais de interesse social no quadro habitacional brasileiro: uma avaliação inicial. *In:* BUENO, L. M. M.; CYMBALISTA, R. *Planos diretores municipais*: novos conceitos de planejamento territorial. São Paulo: Annablume, 2007.

FIX, M. *Financeirização e transformações recentes no circuito imobiliário no Brasil.* Tese (Doutorado em Desenvolvimento Econômico), Instituto de Economia. Campinas: [s.n.], 2011.

FONTOURA, M. C. L. Uma cidade justa, humana e solidária para as mulheres negras. *In:* SITO, L.; QUADROS, M. F. D. *E se as cidades fossem pensadas por mulheres?* Porto Alegre: Zouk, 2021.

FRANCISCO, M. S. *UPP – A redução a favela a três letras*: uma análise da política de segurança pública no estado do Rio de Janeiro. Dissertação (Mestrado em Administração) – Faculdade de Administração e Ciências Contábeis, Universidade Federal Fluminense, Niterói, 2014.

FRANZONI, J. A.; HOSHINO, T. D. A. P. Notas para um (des)curso de Direito Urbanístico. *In:* SOUSA JÚNIOR, J. G. D. *et al. Introdução crítica ao Direito Urbanístico.* Brasília: Editora Universidade de Brasília, 2019. p. 124-130 (O direito achado na rua; 9).

FRASER, N. Rethinking the public sphere. *In:* CALHOUN, C. *Habermas and the public sphere.* Cambridge: The MIT Press, 1992. p. 69-98.

FREITAS, L. D. S. F. D.; GONÇALVES, E. Corpos urbanos: direito à cidade como plataforma feminista. *cadernos pagu,* v. 62, p. 1-17, 2021.

FROTA, H. B. O direito à cidade: desafios para a construção da utopia por uma vida transformada. *In:* SOUSA JÚNIOR, J. G. D. *et al. Introdução crítica ao direito urbanístico.* Brasília: Editora Universidade de Brasília, 2019. p. 163-171 (O direito achado na rua; 9).

FURTADO, C. Auto-retrato intelectual. *In:* OLIVEIRA, F. D. *Celso Furtado.* São Paulo: Ática, 1983. p. 30-41.

GAIO, D. O fetiche da Lei e a reforma urbana no Brasil. *In:* COSTA, G. M.; COSTA, H. S. D. M.; MONTE-MÓR, R. L. D. *Teorias e práticas urbanas:* condições para a sociedade urbana. Belo Horizonte: C/Arte, 2015. p. 283-296.

GAIO, D. O direito à cidade sob a lente dos intérpretes do Direito. *In:* SOUSA JÚNIOR, J. G. D. *et al. Introdução crítica ao direito urbanístico.* Brasília: Editora da Universidade de Brasília, 2019. p. 179-186 (O direito achado na rua; 9).

GEHL, J. *Cidades para pessoas.* Tradução de Anita Di Marco. 2. ed. São Paulo: Perspectiva, 2013.

GOHN, M. D. G. *Conselhos gestores e participação sociopolítica.* 3. ed. São Paulo: Cortez, 2007.

GOMES, A. M. I. D. S. O direito à cidade sob uma perspectiva jurídico-sociológica. *Revista Direito GV,* v. 14, n. 2, p. 459-512, 2018.

GOMIDE, A. D. A.; PIRES, R. R. C. Capacidades estatais para o desenvolvimento no século XXI. *Boletim de análise político-institucional*, Brasília, n. 2, p. 25-30, 2012. Disponível em: https://repositorio.ipea.gov.br/bitstream/11058/6760/2/BAPI_n02_p25-30_RD_Capacidades-estatais_Diest_2012-ago.pdf. Acesso em: 25 jan. 2023.

GONÇALVES, J. C. A especulação imobiliária na formação de loteamentos urbanos. Rio de Janeiro: E-papers, 2010.

GONÇALVES, R. S. *Favelas do Rio de Janeiro. História e Direito*. Rio de Janeiro: Editora Pallas, 2013.

GONZALEZ, L. Cultura etnicidade e trabalho: efeitos linguisticos e políticos da exploração da mulher. *In*: RIOS, F.; LIMA, M. *Por um feminismo afro-latino-americano:* ensaios, intervenções e diálogos. Rio de Janeiro: Zahar, 2020a. p. 25-48.

GONZALEZ, L. Discurso na Constituinte. *In*: RIOS, F.; LIMA, M. *Por um feminismo afro-latino-americano:* ensaios, Intervenções e diálogos. Rio de Janeiro: Zahar, 2020b. p. 244-262.

GONZALEZ, L. Mulher negra. *In*: RIOS, F.; LIMA, M. *Por um feminismo afro-latino-americano:* ensaios, intervenções e diálogos. Rio de Janeiro: Zahar, 2020c. p. 94-111.

GONZALEZ, L. Por um feminismo afro-latino-americano. *In*: RIOS, F.; LIMA, M. *Por um feminismo afro-latino-americano:* ensaios, intervenções e diálogos. Rio de Janeiro: Zahar, 2020d. p. 139-157.

GONZALEZ, L. Racismo e sexismo na cultura brasileira. *In*: RIOS, F.; LIMA, M. *Por um feminismo afro-latino-americano:* ensaios, intervenções e diálogos. Rio de Janeiro: Zahar, 2020e. p. 75-93.

GONZALEZ, L.; HASENBALG, C. *Lugar de negro*. Rio de Janeiro: Zahar, 2022 (edição do Kindle).

GOTTDIENER, M. *A produção social do espaço*. 2. ed. São Paulo: Editora de Universidade de São Paulo, 2016.

GOUVÊIA, L. A. *In*: SENADO, A. *As novas possibilidades para o Programa Minha Casa, Minha Vida*. [S.l.]: [s.n.], 2018. Disponível em: https://www12.senado.leg.br/noticias/especiais/especial-cidadania/as-novas-possibilidades-para-o-programa-minha-casa-minha-vida/as-novas-possibilidades-para-o-programa-minha-casa-minha-vida. Acesso em: 8 maio 2023.

GUIMARÃES, V. T. Direito à cidade e direitos na cidade: integrando as perspectivas social, política e jurídica. *Revista de Direito da Cidade*, v. 9, n. 2, p. 626-665, 2017.

HARVEY, D. *O neoliberalismo:* história e implicações. Tradução de Adail Sobral e Maria Stela Gonçalves. São Paulo: Edições Loyola, 2008.

HARVEY, D. *Cidades rebeldes:* do direito à cidade à revolução urbana. Tradução de Jeferson Camargo. São Paulo: Martins Fontes, 2014.

HIRATA, F. Minha casa, minha vida: política habitacional e de geração de emprego ou aprofundamento da segregação urbana? *Revista Autora*, v. 3, n. 4, p. 1-11, 2009.

HOLSTON, J. *Cidadania Insurgente*: disjunções da democracia e da modernidade no Brasil. São Paulo: Companhia das Letras, 2013 (edição do Kindle).

IPEA. Muito mais do que um teto. *Desafios do desenvolvimento*, n. 79, 23 maio 2014. Disponível em: https://www.ipea.gov.br/desafios/index.php?option=com_content&view=article&id=3027:catid=28&. Acesso em: 13 jul. 2023.

JACOBI, P. A cidade e os cidadãos. *Lua Nova*, v. 2, n. 4, mar. 1986.

JACOBI, P. Do centro à periferia: meio ambiente e cotidiano na cidade de São Paulo. *Ambiente & Sociedade*, n. 6/7, p. 145-162, 2000. Disponível em: https://www.scielo.br/j/asoc/a/Gyz73jQVbBwhRmwNCDRDxJJ/. Acesso em: 7 jul. 2023.

JÁCOME, M. L. *Mulheres em ação nas cidades periurbanas:* movimentos que rompem fronteiras. Recife: FASE, 2011. Disponível em: https://fase.org.br/wp-content/uploads/2011/12/Mulheres+em+acao+nas+cidades+periurbanas.pdf. Acesso em: 22 jul. 2023.

JESUS, L. E. S. D. *Os caminhos desiguais para o reconhecimento*: uma análise da relação Estado x periferia a partir do Complexo Integrado de Educação de Itabuna. Dissertação (Mestrado em Estado e Sociedade) – Centro de Formação em Ciências Humanas e Sociais, Universidade Federal do Sul da Bahia, Porto Seguro, 2019.

KERSTENETZKY, C. L. Políticas públicas sociais. *Texto para Discussão nº 92*, 2014.

KINGDON, J. W. Como chega a hora de uma ideia? *In*: SARAVIA, E.; FERRAREZI, E. *Políticas Públicas – Coletânea Volume 1*. Brasília: ENAP, 2006. p. 219-224.

KLINTOWITZ, D. *Entre a reforma urbana e a reforma imobiliária*: a coordenação de interesses na política habitacional brasileira nos anos 2000. Tese (Doutorado em Administração Pública e Governo) – Escola de Administração de Empresas de São Paulo. Fundação Getulio Vargas, São Paulo, 2015.

KLINTOWITZ, D. Por que o Programa Minha Casa Minha Vida só poderia acontecer em um governo petista? *Cad. Metrop.*, São Paulo, v. 18, n. 35, p. 165-190, abr. 2016.. Disponível em: https://www.scielo.br/j/cm/a/WPBGnhjVhxLdzGXGNFTdYRQ/?lang=pt. Acesso em: 25 jan. 2023.

KOWALTOWSKI, D. C. C. K. *et al*. A critical analysis of research of a mass-housing programme. *Building Research & Information*, v. 47, n. 6, p. 716-733, 2019.

KOWARICK, L. *A espoliação urbana*. Rio de Janeiro: Paz e Terra, 1980.

KOWARICK, L. Áreas centrais de São Paulo: dinamismo econômico, pobreza e políticas. *Lua Nova*, São Paulo, n. 70, p. 171-211, 2007. Disponível em: https://www.scielo.br/j/ln/a/vzkMJhwZWVvcG3g3yn4ZKGg/abstract/?lang=pt. Acesso em: 29 jun. 2023.

KRAUSE, C. H.; BALBIM, R. N.; LIMA NETO, V. C. *Minha casa minha vida, nosso crescimento:* onde fica a política habitacional? Brasília: Instituto de Pesquisa Econômica Aplicada (Ipea), 2013.

LABORATÓRIO ESPAÇO PÚBLICO E DIREITO À CIDADE. *Ferramentas para avaliação da inserção urbana dos empreendimentos do MCMV*. São Paulo: Universidade de São Paulo, 2014.

LACERDA, L.; GUERREIRO, I.; SANTORO, P. F. Por que o déficit habitacional brasileiro é feminino. *Labcidade*, 2021. Disponível em: http://www.labcidade.fau.usp.br/por-que-o-deficit-habitacional-brasileiro-e-feminino/. Acesso em: 22 jul. 2023.

LAHERA, E. Encuentros y desencuentros entre política y políticas públicas. *In*: FRANCO, R.; LANZARO, J. *Política y políticas públicas en los procesos de reforma de América Latina*. 1. ed. México: FLACSO, 2006. p. 75-99.

LASSWELL, H. D. *Politics*: Who Gets What, When, How? New York: McGraw-Hil, 1950.

LEFEBRVE, H. *Hegel, Marx et Nietzsche (o el reino de las sombras)*. Tradução de Mauro Armiño. 8. ed. México: Siglo veintiuno editores, 1988.

LEFEBVRE, H. *A vida cotidiana no mundo moderno*. São Paulo: Ática, 1991.

LEFEBVRE, H. *A produção do espaço*. Tradução de Doralice B. Pereira e Sérgio Martins. [S.l.]: [s.n.], 2006. Disponível em: https://gpect.files.wordpress.com/2014/06/henri_lefebvre-a-produc3a7c3a3o-do-espac3a7o.pdf. Acesso em: 29 jun. 2023.

LEFEBVRE, H. *O direito à cidade*. Tradução de Rubens Eduardo Frias. 5. ed. São Paulo: Centauro, 2015.

LEFEBVRE, H. *Espaço e Política:* o direito à cidade II. Belo Horizonte: Editora UFMG, 2016.

LEFEBVRE, H. *A revolução urbana*. 2. ed. Belo Horizonte: Editora UFMG, 2019.

LEMOS, G. O. De Soweto à Ceilândia: siglas de segregação racial. *Paranoá*, n. 18, 2017. 1-13.

LEVI, L. Verbete "Governo". *In*: BOBBIO, N.; MATTEUCCI, N.; PASQUINO, G. *Dicionário de política*. 1. ed. Brasília: Universidade de Brasília, 1998. p. 553-555.

LIMA, M. Apresentação. *In*: GONZALEZ, L.; HASENBALG, C. *Lugar de negro*. Rio de Janeiro: Zahar, 2022. (Edição do Kindle).

LIPSKY, M. *Burocracia de nível de rua*: dilemas do indivíduo nos serviços públicos. Tradução de Arthur Eduardo Moura da Cunha. Brasília: Enap, 2019.

LOUREIRO, M. R.; MACÁRIO, V.; GUERRA, P. *Democracia, arenas decisórias e políticas públicas:* o Programa Minha Casa Minha Vida. Brasília: Instituto de Pesquisa Econômica Aplicada, 2013.

LOUREIRO, M. R.; MACÁRIO, V.; GUERRA, P. H. Legitimidade e efetividade em arranjos institucionais de políticas públicas: o Programa Minha Casa Minha Vida. *Revista de Administração Pública*, Rio de Janeiro, v. 49, n. 6, p. 1.531-1.554, nov./dez. 2015. Disponível em: https://www.scielo.br/j/rap/a/HT4QJ3TtgvD76MS39wprB3L/?format=html&lang=pt. Acesso em: 25 jan. 2023.

LOUREIRO, M. R.; SANTOS, F. P. D.; GOMIDE, A. D. Á. Democracia, arenas decisórias e política econômica no governo Lula. *Revista Brasileira de Ciências Sociais*, v. 26, n. 76, jun. 2011. 63-76. Disponível em: https://www.scielo.br/j/rbcsoc/a/gqpmmN4TDyNFXk7Z7BSvGqx/abstract/?lang=pt. Acesso em: 24 jan. 2023.

LUNARDI, S. R. G. Finalidades e formas de efetivação do direito fundamental à habitação: a inclusão social com base na experiência francesa. *In:* LUNARDI, S. R. G. *Inclusão social e sua efetivação.* Curitiba: CRV, 2011. p. 175-200.

MARCO, C. M. D.; BATTIROLA, A. M. D. PROGRAMA HABITACIONAL CASA VERDE E AMARELA – UMA ANÁLISE SOBRE A IMPORTÂNCIA DO DEBATE NAS ESFERAS PÚBLICAS PARA A CONSTRUÇÃO DO ESPAÇO PÚBLICO. *Revista de Direito da Cidade,* v. 13, n. 4, 1855-1887, out./dez. 2021.

MARCUSE, P. From critical urban theory to the right to the city. *CITY,* v. 13, n. 2-3, p. 185-197, jun./set. 2009.

MARCUSE, P. O direito nas cidades e o direito à cidade? *In:* SUGRANYES, A.; MATHIVET, C. *Ciudades para tod@s.* Por el derecho a la ciudad, propuestas y experiências. Santiago (Chile): Habitat International Coalition, 2010. p. 89-102.

MARICATO, E. Direito à terra ou direito à cidade? *Cultura Vozes,* Petrópolis, v. 89, n. 6, 1985.

MARICATO, E. *Política habitacional no regime militar.* Petrópolis: Vozes, 1987.

MARICATO, E. *Metrópole na periferia do capitalismo:* ilegalidade, desigualdade e violência. São Paulo: Hucitec, 1996.

MARICATO, E. *Habitação e cidade.* São Paulo: Atual, 1997.

MARICATO, E. *Brasil, cidades:* alternativas para a crise urbana. Petrópolis: Vozes, 2001.

MARICATO, E. Política urbana e o ministério das cidades: algumas diretrizes de implementação. *Pós*: Revista do Programa de Pós-Graduação da Faculdade de Arquitetura e Urbanismo, São Paulo, n. 14, p. 10-23, 2003.

MARICATO, E. O Ministério das Cidades e a política nacional de desenvolvimento urbano. *Políticas Sociais*: Acompanhamento e Análise, Brasília, n. 12, fev. 2006. 211-220. Disponível em: http://repositorio.ipea.gov.br/handle/11058/4165. Acesso em: 23 jan. 2023.

MARICATO, E. O estatuto da cidade periférica. *In:* CARVALHO, C. S.; ROSSBACH, A. *O Estatuto da Cidade Comentado.* São Paulo: Ministério das Cidades/ Aliança das Cidades, 2010. p. 5-22.

MARICATO, E. *O impasse da política urbana no Brasil.* 3. ed. Rio de Janeiro: Vozes, 2014. (Edição do Kindle).

MASCARO, A. L. *Estado e forma política.* São Paulo: Boitempo Editorial, 2015.

MASSONETTO, L. F. Pontos cegos da Regulação Urbanística: notas sobre uma regulação programática entre o Direito Econômico e o Direito Urbanístico. *Revista Fórum de Direito Financeiro e Econômico,* Belo Horizonte, v. 4, n. 6, p. 141-154, set./fev. 2015.

MATTOS, L. P. *Nova ordem jurídico-urbanística:* função social da propriedade na prática dos tribunais. Rio de Janeiro: Lumen Juris, 2006.

MAUTNER, Y. A periferia como fronteira de expansão do capital. *In:* DÉAK, C.; SCHIFFER, S. R. *O processo de urbanização no Brasil.* São Paulo: Editora da Universidade de São Paulo, 1999.

MCKITTRICK, K. *Demonic Grounds:* Black Women and the Cartographies of Struggle. Minneapolis: University of Minnesota Press, 2006.

MEIRELLES, H. L. *Direito Administrativo Brasileiro*. 21. ed. São Paulo: Malheiros, 1996.

MELO, M. A. B. C. D. Classe, burocracia e intermediação de interesses na formação da política de habitação. *Espaço e Debates*, v. 8, n. 24, p. 75-85, 1988.

MENDES, A. F. Ciência Política: O conceito de direito à cidade entre o estável e o efêmero. *In:* BELLO, E.; KELLER, R. J. *Curso de direito à cidade:* teoria e prática. 2. ed. Rio de Janeiro: Lumen Juris, 2019. p. 53-69.

MENEZES, R. L. V. D. S. *Crítica do direito à moradia e das políticas habitacionais*. Rio de Janeiro: Lumen Juris, 2017.

MEYER, J. W.; ROWAN, B. Institutionalized organizations: formal structure as myth and ceremony. *American Journal of Sociology*, n. 83, p. 340-363, 1977.

MINISTÉRIO DAS CIDADES (MCIDADES); SECRETARIA NACIONAL DE HABITAÇÃO (SNH). *Plano Nacional de Habitação*. Brasília: Ministério das Cidades/ Secretaria Nacional de Habitação. Disponível em: https://urbanismo.mppr.mp.br/arquivos/File/Habitacao/Material_de_Apoio/PLANONACIONALDEHABITAO.pdf. Acesso em: 17 ago. 2023.

MOLINARO, C. A. Direito à cidade e proibição de retrocesso. *In:* MOLINARO, C. A. *Anais do 13º Congresso Internacional de Direito Ambiental. Direito ambiental, mudanças climáticas e desastres:* impactos nas cidades e no patrimônio cultural. São Paulo: Imprensa Oficial do Estado de São Paulo, 2009. p. 21-36.

MOLLO, M. D. L. R. Desenvolvimentismos, inclusão social e papel do Estado. *Cadernos do Desenvolvimento*, Rio de Janeiro, v. 11, n. 19, p. 131-143, jul./dez. 2016.

MONTESQUIEU. *Do Espírito das Leis*. São Paulo: Nova Cultural, 1997.

MORAIS, M. D. P. Breve diagnóstico sobre o quadro atual da habitação no Brasil. *Políticas sociais: acompanhamento e análise*, Brasília, IPEA, n. 4, p. 109-118, 2002. Disponível em: https://portalantigo.ipea.gov.br/agencia/images/stories/PDFs/politicas_sociais/BREVE4.pdf. Acesso em: 6 ago. 2023.

MORAND, C.-A. Le droit neo-moderne des politiques publiques. Paris: LGDJ, 1999.

NASCIMENTO, D. M. *et al.* Programa Minha Casa Minha Vida: desafios e avanços na Região Metropolitana de Belo Horizonte. *In:* AMORE, C. S.; SHIMBO, L. Z.; RUFINO, M. B. C. *Minha casa. e a cidade?* Avaliação do programa minha casa minha vida em seis estados brasileiros. Rio de Janeiro: Letra Capital, 2015. p. 195-228.

NERIS, N. Um efeito alquímico: sobre o uso do discurso dos direitos pelas/os negras/os. *Revista Direito e Práxis*, v. 9, n. 1, p. 250-275, 2018.

NETTO, V. M. A urbanidade como devir do urbano. *EURE*, Santiago, v. 39, n. 118, p. 233-263, set. 2013. Disponível em: https://www.scielo.cl/pdf/eure/v39n118/art10.pdf. Acesso em: 7 jul. 2023.

NEVES, T. R. C. Dinâmicas da moradia na cidade capitalista: das ocupações às remoções. *In:* GAIO, D. *Remoções forçadas e a administração pública.* Belo Horizonte: Imprensa Universitária da UFMG, 2020. p. 5-21.

OLIVEIRA, V. F. D. Do BNH ao Minha Casa Minha Vida: mudanças e permanências na política habitacional. *Caminhos de Geografia*, Uberlândia, v. 15, n. 50, p. 36-53, jun. 2014.

ONU HABITAT. *Women and housing*: Towards inclusive Cities. Nairobi: United Nations Human Settlements Programme (UN-HABITAT), 2014. Disponivel em: https://unhabitat. org/women-and-housing-towards-inclusive-cities. Acesso em: 14 jul. 2023.

ORGANIZAÇÃO DAS NAÇÕES UNIDAS (ONU). Nueva Agenda Urbana. Quito: Conferência das Nações Unidas sobre Habitação e Desenvolvimento Urbano Sustentável (Habitat III), 2017. Disponível em: https://uploads.habitat3.org/hb3/NUA-PortugueseBrazil. pdf. Acesso em: 25 nov. 2021.

PECI, A.; PIERANTI, O. P.; RODRIGUES, S. Governança e New Public Management: convergências e contradições no contexto brasileiro. *Organizações & Sociedade*, v. 15, n. 46, p. 39-55, jul./set 2008. Disponivel em: https://www.scielo.br/j/osoc/a/Mpktr8kGXJ4hpRnhZshSRSJ/abstract/?lang=pt. Acesso em: 19 abr. 2023.

PEREIRA, A. L. D. S. Reflexões sobre o fenômeno da "centralidade" a partir do quadro teórico da "Antropologia da Cidade". *Ponto Urbe. Revista do núcleo de antropologia urbana da USP*, São Paulo, n. 11, p. 1-18, 2012.

PEREIRA, L. C. B. A reforma do estado nos anos 90: lógica e mecanismos de controle. *Lua Nova*, n. 45, p. 45-95, 1998. Disponível em: https://www.scielo.br/j/ln/a/xQZRPfMdr HyH3vjKLqtmMWd/?lang=pt. Acesso em: 22 abr. 2023.

PETRELLA, G. M.; PRIETO, G. F. T. Os fantasmas se divertem: propriedade privada, expropriação e interdição ao direito à cidade. *Revista Direito e Práxis*, Rio de Janeiro, v. 11, n. 1, p. 562-590, 2020.

PINTO, V. C. *Direito urbanístico:* plano diretor e direito de propriedade. 3. ed. São Paulo: RT, 2011.

PIOVESAN, F. O direito ao meio ambiente e a Constituição de 1988. *In:* BENJAMIN, A. H.; FIGUEIREDO, G. J. P. D. *Direito ambiental e as funções essenciais à justiça:* o papel da advocacia de Estado e da Defensoria Pública na proteção do meio ambiente. São Paulo: Revista dos Tribunais, 2011. p. 55-83.

PIRES, T. Racializando o debate sobre direitos humanos. *SUR-Revista Internacional de Direitos Humanos*, v. 15, n. 28, p. 65-75, 2018. Disponível em: https://sur.conectas.org/wp-content/uploads/2019/05/sur-28-portugues-thula-pires.pdf. Acesso em: 21 jul. 2023.

PIRES, T. Prática e teoria: direito à cidade e interseccionalidade: pistas para a ação e para a pesquisa. *In:* BELLO, E.; KELLER, R. J. *Curso de direito à cidade:* teoria e prática. 2. ed. Rio de Janeiro: Lumen Juris, 2019. p. 187-199.

POCHMANN, M. Novo desenvolvimentismo como resposta à crise global. *In:* CASTRO, D.; MELO, J. M. *Panorama da comunicação e das telecomunicações no Brasil.* Brasília: Ipea, 2012. p. 15-28.

PURCELL, M. Citizenship and the right to the global city: reimagining the capitalist world order. *International Journal of Urban and Regional Research*, v. 27, n. 3, p. 1564-1590, 2003.

REZENDE, D. L. Desafios à representação política de mulheres na Câmara dos Deputados. *Revista Estudos Feministas*, Florianopólis, v. 25, n. 3, p. 1.199-1.218, set./dez. 2017.

RIBEIRO, A. L. R. C. *Racismo estrutural e aquisição da propriedade:* uma ilustração na cidade de São Paulo. 1. ed. São Paulo: Editora Contracorrente, 2020.

RIOS, F.; MACHADO, C. Qual o efeito Marielle para a política brasileira? *Nexo Jornal*, 13 mar. 2020. Disponível em: https://www.nexojornal.com.br/ensaio/2020/Qual-o-efeito-Marielle-para-a-pol%C3%ADtica-brasileira. Acesso em: 23 jul. 2023.

RIOS, F.; MACIEL, R. Feminismo negro brasileiro em três tempos: mulheres negras, negras jovens feministas e feministas interseccionais. *Labrys: Études féministes/estudos feministas*, v. 31, p. 120-140, 2018.

RODRIGUES, A. M. *Na procura do lugar o encontro da identidade:* um estudo do processo de ocupação de terras. Osasco: FFCLH, 2009.

RODRIGUES, S. F. *A casa dos sentidos*. Lisboa: ARQCOOP, 2009.

ROLNIK, R. Eu sou você amanhã: a experiência chilena e o 'Minha Casa, Minha Vida'. *Blog da Raquel Rolnik*, 10 maio 2012. Disponível em: https://raquelrolnik.wordpress.com/2012/05/10/eu-sou-voce-amanha-a-experiencia-chilena-e-o-minha-casa-minha-vida/. Acesso em: 5 jul. 2023.

ROLNIK, R. A construção de uma política fundiária e de planejamento urbano para o país: avanços e desafios. *Políticas Sociais: acompanhamento e análise – Artigos*, Brasília, n. 12, p. 199-210, fev. 2006. Disponível em: https://portalantigo.ipea.gov.br/agencia/images/stories/PDFs/politicas_sociais/ensaio1_raquel12.pdf. Acesso em: 10 jul. 2023.

ROLNIK, R. 10 anos do Estatuto da Cidade: das lutas pela Reforma Urbana às cidades da Copa do Mundo. *In:* RIBEIRO, A. C. T.; VAZ, L. F.; SILVA, M. L. P. *Quem planeja o território? Atores, arenas e estratégias.* Rio de Janeiro: Letra Capital, 2012. p. 87-104.

ROLNIK, R. *Como fazer valer o direito das mulheres à moradia?* São Paulo: Relatoria Especial para o Direito à Moradia Adequada; Conselho de Direitos Humanos da ONU, 2012. Disponível em: http://www.labcidade.fau.usp.br/download/PDF/2011_ONU_Direito_das_Mulheres_a_Moradia.pdf. Acesso em: 20 nov. 2021.

ROLNIK, R. Mudanças no FGTS e no Minha Casa, Minha Vida: e os mais pobres? *blog da Raquel Rolnik*, 23 fev. 2017. Disponível em: https://raquelrolnik.wordpress.com/2017/02/23/mudancas-no-fgts-e-no-minha-casa-minha-vida-e-os-mais-pobres/. Acesso em: 10 jun. 2023.

ROLNIK, R. *Guerra dos Lugares*. 2. ed. São Paulo: Boitempo, 2019.

ROLNIK, R. *et al.* O Programa Minha Casa Minha Vida nas regiões metropolitanas de São Paulo e Campinas: aspectos socioespaciais e segregação. *Cadernos Metrópole*, São Paulo, v. 17, p. 127-154, maio 2015.

ROLNIK, R.; KLINK, J. Crescimento econômico e desenvolvimento urbano: por que nossas cidades continuam tão precárias? *Novos estudos CEBRAP*, n. 89, p. 89-109, 2011. Disponível em: https://www.scielo.br/j/nec/a/RVtd8zVwYXXbP74GzMM7tsD/abstract/?lang=pt. Acesso em: 12 maio 2023.

ROYER, L. D. O. *Financeirização da política habitacional*: limites e perspectivas. São Paulo: Annablume, 2014.

ROMANO, S. *O ordenamento jurídico*. Florianópolis: Boiteux, 2008.

RUIZ, I.; BUCCI, M. P. D. Quadro de problemas de políticas públicas: uma ferramenta para análise jurídico-institucional. *Revista Estudos Institucionais*, v. 5, n. 3, p. 1.142-1.167, set./dez. 2019.

SABATIER, P. A. The Need for Better Theories. *In:* SABATIER, P. A. *Theories of the Policy Process*. Colorado: Westview Press, 2007.

SABEL, C. F. Beyond principal-agent governance: experimentalist organizations, learning and accountability. *In:* ENGELEN, E. R.; HO, M. S. D. *De Staat van de Democratie. Democratie voorbij de Staat*. Amsterdam: Amsterdam University Press, 2004. p. 173-195 (WRR Verkenning, n. 3).

SAFFIOTI, H. *O poder do macho*. São Paulo: Editora Moderna, 1987.

SAFFIOTI, H. Rearticulando gênero e classe social. *In:* BRUSCHINI, C.; COSTA, A. D. O. *Uma questão de gênero*. Rio de Janeiro: Rosa dos Tempos, 1992. p. 183-215.

SALINGAROS, N. A. *et al*. Antipadrões da habitação social na América Latina. *ArchDaily Brasil*, 18 mar. 2019. Disponível em: https://www.archdaily.com.br/br/913162/antipadroes-da-habitacao-social-na-america-latina. Acesso em: 5 jul. 2023.

SALOMON, L. M. The new governance and the tools of public action: an introduction. *Fordham Urban Law Journal*, v. 28, n. 5, p. 1.609-1.674, 2001.

SANTOS JÚNIOR, O. A. D.; MONTANDON, D. T. Síntese, desafios e recomendações. *In:* JÚNIOR, O. A. D. S.; MONTANDON, D. T. *Os planos diretores municipais pós Estatuto da Cidade*: balanço crítico e perspectivas. Rio de Janeiro: Letra Capital, 2011. p. 27-56.

SANTOS, B. D. S. *A crítica da razão indolente*: contra o desperdício da experiência. São Paulo: Cortez, 2002.

SANTOS, M. *Economia espacial*: críticas e alternativas. 2. ed. São Paulo: Editora da Universidade de São Paulo, 2003.

SANTOS, M. *A natureza do espaço*: técnica e tempo. Razões e Emoções. 4. ed. São Paulo: Editora da Universidade de São Paulo, 2004.

SANTOS, M. *A urbanização brasileira*. 5. ed. São Paulo: Editora da Universidade de São Paulo, 2020.

SANTOS, M. C. R. C. F. *Constitucionalismo e justiça epistêmica*: o lugar do movimento constitucionalista haitiano de 1801 e 1805. Rio de Janeiro: Telha, 2021.

SANTOS, M. M. D.; LESSA, L. G.; PONTE, T. O. Assessoria técnica e organização popular em defesa do direito à cidade: a experiência das ZEIS em Fortaleza, Ceará. *In:* SOUSA JÚNIOR, J. G. D. *et al. Introdução crítica ao direito urbanístico.* Brasília: Editora Universidade de Brasília, 2019. p. 209-2014.

SANTOS, W. G. D. *Cidadania e justiça:* a política social na ordem brasileira. Rio de Janeiro: Campus, 1979.

SARAT, A.; SILBEY, S. The pull of the policy audience. *Law & Policy*, v. 10, n. 2-3, p. 97-166, 1988. Disponível em: https://onlinelibrary.wiley.com/doi/abs/10.1111/j.1467-9930.1988.tb00007.x. Acesso em: abr. 2023.

SARLET, I. W. *Dignidade da pessoa humana e direitos fundamentais na Constituição de 1988.* 2. ed. Porto Alegre: Livraria do Advogado, 2002.

SAULE JUNIOR, N. *Direito urbanístico:* vias jurídicas das políticas urbanas. Porto Alegre: Sérgio Antônio Fabris Editor, 2007.

SAULE JUNIOR, N. Direito à Cidade como paradigma da governança urbana democrática. *Instituto Pólis*, 30 mar. 2005. Disponível em: https://polis.org.br/wp-content/uploads/2014/07/750.pdf. Acesso em: 25 nov. 2021.

SAULE JÚNIOR, N.; UZZO, K. A trajetória da reforma urbana no Brasil. *Suelo Urbano*, 2009. Disponível em: https://www.suelourbano.org/bibliotecas/2017/09/26/a-trajetoria-da-reforma-urbana-no-brasil/. Acesso em: 20 jan. 2022.

SCHMID, C. Networks, borders, differences: towards a theory of the urban. *In:* BRENNER, N. *Implosions/explosions:* towards a study of planetary urbanization. Berlin: Jovis, 2014. p. 67-80.

SECCHI, L. Modelos organizacionais e reformas da administração pública. *Revista de Administração Pública*, Rio de Janeiro, n. 43, p. 347-369, mar./abr. 2009.

SERAPIÃO, F. Linking the formal and informal: Favela urbanisation and social housing in São Paulo. *Architectural Design*, v. 86, n. 3, p. 70-79, 2016.

SERRAN, J. R. *O IAB e a política habitacional.* São Paulo: Schema, 1976.

SHIMBO, L. Z. *Habitação social, habitação de mercado*: a confluência entre estado, empresas construtoras e capital financeiro. Tese (Doutorado em Arquitetura e Urbanismo) – Escola de Engenharia de São Carlos, Universidade de São Paulo, São Carlos, 2010.

SILVA, A. A. E. *DIREITO, DESENVOLVIMENTO E POLÍTICAS PÚBLICAS:* uma análise jurídica do Programa Brasil Quilombola. Tese (Doutorado em Direito) – Faculdade de Direito, Universidade de São Paulo, São Paulo, 2015.

SILVA, E. A. D. Um passo além? O que a abordagem interseccional pode oferecer aos estudos urbanos. *Civitas*, v. 21, n. 3, p. 434-444, set./dez. 2021.

SILVA, F. L. *Coordenação governamental no presidencialismo de coalizão brasileiro:* estudo de caso sobre o Ministério das Cidades no Governo Lula. 2014. Dissertação (Mestrado em Administração Pública e Governo) – Fundação Getúlio Vargas, São Paulo, 2014.

SILVA, J. A. D. *Processo Constitucional de Formação das Leis*. São Paulo: Malheiros, 2017.

SILVA, M. S.; COSTA, S. K. Cartografia preliminar dos vínculos sociais no processo morador: moradia no Condomínio São José, Itabuna, BA. *Revista Cesumar*, v. 23, n. 2, p. 267-289, 2018.

SILVA, R. R. S. E. Sociologia urbana: contradições urbanas, movimentos sociais e luta pelo direito à cidade. *In*: BELLO, E.; KELLER, R. J. *Curso de direito à cidade*. 2. ed. Rio de Janeiro: Lumen Juris, 2019. p. 89-104.

SOARES, R. C. *et al*. Verificação de manifestações patológicas em condomínios residenciais do programa "Minha Casa, Minha Vida" ocasionados por falta de manutenção preventiva da baixada cuiabana. ANAIS. *In*: *1º Congresso Brasileiro de Patologia das Construções*, Foz do Iguaçu–PR. 2014.

SINGER, A. *Os sentidos do lulismo*: reforma gradual e pacto conservador. São Paulo: Companhia das Letras, 2012.

SOJA, E. W. *Geografias pós-modernas*: a reafirmação do espaço na teoria social crítica. Tradução de Vera Ribeiro. Rio de Janeiro': Zahar, 1993.

SOJA, E. W. The city and spatial justice. *Justice spatiale, spatial justice*, n. 1, set. 2009. Disponível em: https://www.jssj.org/wp-content/uploads/2012/12/JSSJ1-1en4.pdf. Acesso em: 2023 jun. 28.

SOUZA, E. L.; SUGAI, M. I. Minha Casa Minha Vida: periferização, segregação e mobilidade intraurbana na área conurbada de Florianópolis. *Cadernos Metrópole*, São Paulo, v. 20, n. 41, p. 75-98, abr. 2018.

SOUZA, J. (Sub)cidadania e naturalização da desigualdade: um estudo sobre o imaginário social na modernidade periférica. *Política & Trabalho*, João Pessoa, n. 22, p. 67-96, abr. 2005.

SOUZA, J. É preciso teoria para compreender o Brasil contemporâneo? Uma crítica a Luís Eduardo Soares. *In*: SOUZA, J. *A invisibilidade da desigualdade brasileira*. Belo Horizonte: UFMG, 2006.

SOUZA, M. B. D.; HOFF, T. S. R. O governo Temer e a volta do neoliberalismo no Brasil: possíveis consequências na habitação popular. *urbe. Revista Brasileira de Gestão Urbana*, v. 11, p. 1-14, 2019. Disponível em: https://www.scielo.br/j/urbe/a/3MJh66qb4LrfjwrFL dyttrQ/?format=html&lang=pt. Acesso em: 6 jun. 2023.

SOUZA, M. L. *Mudar a cidade*: uma introdução crítica ao planejamento e à gestão urbanos. Rio de Janeiro: Bertrand Brasil, 2004.

SOUZA, M. L. Which right to which city? In defense of political-strategic clarity. *Interface*, v. 2, p. 315-333, 2010.

SUNDFELD, C. A. O Estatuto da Cidade e suas diretrizes gerais. *In*: DALLARI, A. A.; FERRAZ, S. *Estatuto da Cidade (Comentários à Lei Federal 10.257/2001)*. 2. ed. São Paulo: Malheiros, 2006. p. 45-60.

TATAGIBA, L. Os conselhos gestores e democratização das políticas públicas no Brasil. *In*: DAGNINO, E. *Sociedade civil e espaços públicos no Brasil*. São Paulo: Paz e Terra, 2002. p. 47-104.

TAVOLARI, B. *Direito e cidade: uma aproximação teórica*. Dissertação (Mestrado em Direito) – Faculdade de Direito, Universidade de São Paulo, São Paulo, 2015.

TAVOLARI, B. Direito à Cidade: uma trajetória conceitual. *Novos Estudos Cebrap*, n. 104, p. 93-109, mar. 2016.

TONUCCI FILHO, J. B. M. Do direito à cidade ao comum urbano: contribuições para uma abordagem lefebvriana. *Revista Direito e Práxis*, v. 11, p. 370-404, 2020.

TORRENS, A. C. Poder Legislativo e políticas públicas: uma abordagem preliminar. *Revista de Informação Legislativa*, Brasília, Senado Federal, v. 50, n. 197, p. 189-204, jan./mar. 2013.

TRIBUNAL DE CONTAS DA UNIÃO. *Relatório de auditoria operacional no Programa Minha Casa Minha Vida*. Secretaria Geral de Controle Externo. Secretaria de Métodos Aplicados e Suporte à Auditoria (Seaud). Brasília. 2013.

TRINDADE, T. A. Direitos e cidadania: reflexões sobre o direito à cidade. *Lua Nova*, n. 87, p. 139-165, 2012.

TRINDADE, T. A.; PAVAN, Í. L. Segregação urbana e a dimensão socioespacial da divisão sexual do trabalho. *Revista Brasileira de Ciências Sociais*, v. 37, n. 110, p. 1-19, 2022.

VAINER, C. B. Patría, empresa e mercadoria: notas sobre a estratégia discursiva do Planejamento Estratégico Urbano. *In*: ARANTES, O.; VAINER, C.; MARICATO, E. *A cidade do pensamento único:* desmanchando consensos. 3. ed. Petrópolis: Vozes, 2002. p. 75-103.

VALLADARES, L. D. P. Estudos recentes sobre a habitação no Brasil: resenha da literatura. *In*: VALLADARES, L. D. P. *Repensando a habitação no Brasil*. Rio de Janeiro: Zahar, 1983.

VALLE, V. R. L. D. Mercantilização de direitos fundamentais e o potencial regressivo das decisões judiciais. *In*: RIBEIRO, M.; BEZERRA, J. J. *Constituição, processo e cidadania*. Brasília: Gomes & Oliveira, 2015.

VERAS, M. P. B.; BONDUKI, N. G. Política habitacional e a luta pelo direito à habitação. *In*: COVRE, M. D. L. M. *A cidadania que não temos*. São Paulo: Brasiliense, 1986. p. 40-72.

VIEIRA, R. V. *O urbano como negócio:* habitação de interesse social. Curitiba: Appris Editora, 2016.

VILLAÇA, F. São Paulo: segregação urbana e desigualdade. *Estudos avançados*, v. 25, n. 71, p. 37-58, 2011.

WILLIAMS, P. J. La dolorosa prisión del lenguaje de los derechos. *In*: BROWN, W.; SIERRA, I. C. J.; WILLIAMS, P. J. *La critica de los derechos*. Bogotá: Siglo del Hombre Editores, 2003. p. 43-73.

WISSENBACH, T. C. *A cidade e o mercado imobiliário*: uma análise da incorporação residencial paulistana entre 1992 e 2007. Dissertação (Mestrado em Geografia Humana) – Faculdade de Filosofia, Letras e Ciências Humanas, Universidade de São Paulo, São Paulo, 2008.

Esta obra foi composta em fonte Palatino Linotype, corpo 10
e impressa em papel Avena 70g (miolo) e Supremo 250g (capa)
pela Gráfica Star7.